北京行政学院社会学教研部
Department of Sociology, Beijing Administrative Institute
北京人口与社会发展研究中心
Beijing Population and Society Studies Center

创意阶层与城市发展

以场景、创新、消费为视角

吴 军 齐 骥 著

THE CREATIVE CLASS
AND URBAN DEVELOPMENT

From the Perspective of Scene,
Consumption and Innovation

人民出版社

责任编辑：曹　利

图书在版编目（CIP）数据

创意阶层与城市发展：以场景、创新、消费为视角 / 吴军，齐骥
　　著 . —北京：人民出版社，2022.2
　ISBN 978－7－01－023810－4

Ⅰ.①创⋯　Ⅱ.①吴⋯ ②齐⋯　Ⅲ.①城市发展—研究—中国
　Ⅳ.① F299.2

中国版本图书馆 CIP 数据核字（2021）第 197165 号

创意阶层与城市发展：以场景、创新、消费为视角

CHUANGYI JIECENG YU CHENGSHI FAZHAN：
YI CHANGJING、CHUANGXIN、XIAOFEI WEI SHIJIAO

吴　军　齐　骥 著

人民出版社 出版发行
（100706　北京市东城区隆福寺街 99 号）

北京盛通印刷股份有限公司印刷　新华书店经销

2022 年 2 月第 1 版　2022 年 2 月北京第 1 次印刷
开本：710 毫米 × 1000 毫米 1/16　印张：16
字数：250 千字

ISBN 978－7－01－023810－4　定价：59.00 元

邮购地址 100706　北京市东城区隆福寺街 99 号
人民东方图书销售中心　电话（010）65250042　65289539

本书是国家哲学社会科学基金一般项目"新发展阶段的场景营城模式与动力机制研究"（项目编号：21BSH059）阶段性成果。同时，本书被列入"中共北京市委党校、北京行政学院学术文库系列丛书"。

前言

当前，许多学者强烈感受到世界正发生着重大变化，可是，究竟是怎样一种变化，学者们尚未达成共识。近20多年，国际城市研究学者们提出并不断完善的创意阶层理论对这个未定的共识进行了旗帜鲜明的回应。

随着工业社会向知识经济时代（有学者称其为后工业社会或信息社会）转型，一种创新型的城市发展模式逐渐形成，创造力成为城市发展的主要驱动力。《中华人民共和国国民经济和社会发展第十四个五年规划和2035年远景目标纲要》明确指出，坚持创新驱动发展，全面塑造发展新优势。创新驱动的实质就是人才驱动，创意阶层作为创新人才的重要组成部分，在驱动城市发展中发挥着越来越重要的作用。当前，我国城市发展的动力开始从"人口红利"逐渐转向"创新人才红利"，从"招商引资"逐步转向"招才引智"，这为更高质量、更有效率和更可持续的城市发展提供了内生动力。国际城市研究也表明，创意人才等创新性人力资本集聚会带来创新、消费、技术、投资、就业等诸多元素的增长，区域治理效能也会获得大幅提升。因此，对于未来城市发展与城市竞争来说，能否吸引创意阶层等创新性人力资本已成为政策规划成败的关键。因此，本书对该议题的关注与讨论，具有重大的理论与现实意义。

本书分为四个专题。

专题一聚焦创意阶层等创新性人力资本，重点阐述创意阶层的含义、类型及其对城市发展的作用，从理论层面对相关基本概念进行了辨析。除此之外，本部分还对中国创意阶层城市群分布和北京创意阶层城市流动进行了初步分析，并得出以下结论：创意阶层等创新性人力资本对城市发展至关重要；城市要想在未来竞争中立于不败之地，城市政策的重点应该向"筑巢引凤"转移。

专题二集中探讨了城市发展的场景模型。城市可以通过构筑多样和优质的城市场景（舒适物系统）来吸引创意阶层等创新性人力资本，尤其可以通过场景营造来提升地区品质和消费机会。本部分介绍了三个相互嵌套的城市发展模型、国内外对于场景实践的研究以及北京两个场景营造案例。通过解构北京中关村创业场景和798艺术区创意场景，读者可以更好地理解创意阶层和场景营造与城市发展之间的关系。

专题三聚焦城市创新，包括自我表达文化场景与城市创新、场景蜂鸣与城市文化创新以及"北上广深"城市创新能力的比较，用具体的自我表达文化场景和场景蜂鸣原理来解释创意阶层如何激发城市创新。

专题四从消费角度探讨了文化生活圈、青年社区消费场景需求以及城市夜间文化消费等。这些议题与创意阶层的集聚有着重要关联，同时也是今天和未来城市发展的重要领域。

总体来看，四个专题紧密关联。专题一聚焦阐述何谓创意阶层等创新性人力资本及其对城市发展的作用。在此基础上，专题二聚焦场景营造，探讨吸引创意阶层聚集的城市新路径。专题三和专题四讨论创意阶层聚集为所在地区带来的影响，比如城市创新和消费增长等。

事实上，工业城市发展和知识经济时代下的城市发展逻辑存在显著差异，前者更多的是以生产导向和工业逻辑来营造城市，后者则更多从生活导向和人本逻辑来营造城市。尽管诸如土地、劳动力、资金、管理技术等传统生产要素依然发挥着重要作用，但如果仅重视这些生产要素，则在推动实现城市更高质量发展和高品质生活的目标上可能会存在动力不足的问题。城市不仅要关注产业发展的需要，也要关注从事产业的人的需要。因此，我们需要新的视角来理解和把握知识经济时代下的城市发展新逻辑。

创意阶层作为创新人力资本的重要组成部分，在今天和未来的城市发展中扮演着重要角色。对于该群体来说，选择一座城市工作与生活，就意味着选择了不同的城市场景与生活方式，从某种程度上也意味着选择了不同的人生。实际上，这也是一种场景意向、消费理念和创新价值的城市表达。

本书不求面面俱到，只求在重要领域选择关键议题进行探讨。希望这种探讨能够带领读者从新视角来重新审视当今和未来的城市发展。

目 录

contents

专题一 创意阶层

专题四　文化消费

专题一
创意阶层

第一章　何谓创意阶层

当前，许多学者强烈感受到现今世界正发生着重大变化，可是，究竟是怎样一种变化，学者们尚未达成共识。多伦多大学的理查德·佛罗里达（Richard Florida）教授提出"创意阶层"理论，对这个未定的共识进行了旗帜鲜明的回应。持该理论观点的学者还包括芝加哥大学社会学系教授特里·克拉克（Terry Clark）、哈佛大学城市经济学教授爱德华·格莱泽（Edward Glaeser）和社会学家丹尼尔·贝尔（Daniel Silver）等。他们认为，工业社会正转入一种创新型的增长模式，即创造力成为城市发展的主要驱动力，因此，未来大城市的竞争力体现在高素质人力资本的持有水平以及影响该群体集聚的城市舒适性与场景上。而创新创意经济的兴起更是对社会阶层的划分产生了深远影响。

一、创意阶层的含义与类型

（一）创意阶层的含义

20世纪70年代以来，美国著名社会学家丹尼尔·贝尔（Daniel Bell）提出了"后工业社会"概念，著名社会思想家和现代管理学之父彼得·德鲁克（Peter Drucker）阐述了"后资本主义社会"的特点，哈佛大学城市经济学教授爱德华·格莱泽诠释了"消费城市"理论，芝加哥大学城市社会学教授特里·克拉克提出了"新政治文化"理论，北京大学社会学系教授郑也夫宣称"后物欲时代"即将来临……而我们对"后现代""后工业"之类的提法更为熟悉。正如这些学者一样，很多人都强烈感受到现今世界正发生着重大变化，可是，究竟是怎样一种变化，他们尚未达成共识。

在这样的背景下，多伦多大学的理查德·佛罗里达明确提出"创意阶层"（The Creative Class）理论，并对这个未定的共识进行了旗帜鲜明的回应。该理论强调，工业社会正转入一种创新型的增长模式——创造力（Creative）成为经济增长与城市发展的主要动力。创造力（即创新创意）不仅改变着生活，还改变着城市形态和社会结构，而创意阶层不仅会成为未来世界经济的主要推动力量，而且也将是大城市争夺的热门资源，因为该群体被看作未来大城市竞争制胜的关键。据不完全统计，创意性产业每天为世界创造 220 亿美元的价值，以高于传统产业 24 倍的速度增长，美国 GDP 的 7%、英国 GDP 的 8%（伦敦）都来自创新创意产业（The Creative Industry）。该产业已经或正在成为世界大城市经济增长的主要动力来源。

早在 2000 年，佛罗里达就敏锐地捕捉到后工业时代的社会特征：以企业为中心的"组织化"制度式微，文化创意和消费娱乐的经济时代即将来临。在《创意阶层的崛起》（*The Rise of Creative Class*）一书中，他不仅提出了"创意阶层"这一名词，而且掷地有声地宣告了创意阶层的兴起，论述了创意阶层的特征、价值观和生活方式，并向城市领导者和企业家们展示了这样的理论：创意阶层的聚集自然带来技术、投资和就业等经济增长因素，所以，能否吸引创意阶层成为城市政策和城市规划成败的关键。这与爱德华·格莱泽和特里·克拉克的观点一致，即未来大城市的竞争力取决于高素质人力资本的持有水平以及影响该群体集聚的城市舒适性与场景上。类似的研究还表明，创意阶层更喜欢选择具有包容性、多样性和开放性的城市社区，吸引创意阶层集聚需要提升城市舒适性与进行场景营造。

　　事实上，城市和人一样，各具性格禀赋。有些城市偏爱自由，有些城市倾向保守。创意阶层为什么喜欢开放性和包容性环境呢？克拉克教授带领的新芝加哥学派城市研究团队用两个例子进行了很好的说明。以两个艺术家为例。假如每个艺术家每周工作时长相同，使用的工具（计算机、涂料、软件等）也几乎相同。艺术家 1 住在富有朝气的场景中，那里鼓励自我表达价值观，比较开放与包容，布置有许多精致和迷人的展览，艺术活动丰富，不断涌现的创业领袖产生了带动示范作用。艺术家 2 居住的地方，这些特质比较弱，甚至排斥这些特质。艺术家 1 扎根肥沃的艺术土壤，这里的场景为其即兴创作和冒险提供了开放的环境以及分享观点和技艺的机会。这里鼓励人们创新，鼓励人们摆脱传统的刻板成见。这样的场景，能够催生高品质的艺术创作，能够给地区发展带来丰厚的艺术红利。艺术家 2 刚好相反。因此，人们不仅在土地上"行走"，而且在场景中生活。再以两个电脑游戏设计公司，即技术公司 A 和技术公司 B 为例。公司 A 位于"艺术之州"，所处场景鼓励个人自我表达，创新氛围浓厚；公司 B 位于"守旧之州"，人们固守传统。好的"土壤"能够为公司提供各种资源，如智力资源（人力）和社会资本。在一个彰显个性、鼓励创新和生机勃勃的场景中，公司 A 要比公司 B 的业绩表现更为"抢眼"。

　　因此，对于科技公司选址来说，选择鼓励自我表达场景的地方，更能促进产品创新与增长经济。对于艺术家来说依然如此，好的场景是他们进行创作的资源，是他们汲取养分的沃土。就像你家附近突然通了地铁，交通条件改善，周围房价和人口陡增一样，你家附近突然增加了你喜欢的咖啡店、比萨店、画廊等，这些舒适物不仅可以增加消费和就业，还能够使本地区的人们生活更加舒适、愉悦，周围房价和人口也会慢慢增加，扣除交通价值，多出来的就是场景所带来的价值提升。

（二）创意阶层的类型

创新创意经济的兴起对社会阶层的划分产生了深远影响。许多学者对工业时期新兴阶层的兴起进行着不断探讨。20 世纪 60 年代，彼得·德鲁克对新兴工人阶层的地位与重要性进行研究后，提出了"知识工作者"的概念。20 世纪 70 年代，丹尼尔·贝尔在其研究中提出了一个新兴的、更为精英化的社会阶层，这一阶层是在生产型的工业时代向消费型的后工业时代转变过程中出现的，包括科学家、工程师、管理者和教育者等。20 世纪 90 年代，在以上基础上，罗伯特·莱特（Robert Reich）又提出了"符号学家"这一称谓，专指那些操作概念和符号的工作人员。保罗·福塞尔（Paul Fussell）对新兴社会准则和价值体系进行研究后，提出了"X 阶层"理论。他在著作《格调：美国阶层体系指南》（*Class: A Guide Through the American Status System*）中，用"X 阶层"指代从"高级穷人"发展起来的上层中产阶级，一个崛起的"X 阶层"将会挑战目前的阶层划分。特里·克拉克提出了"新政治文化"（The New Political Culture）的概念，用来分析后工业城市革新与财政紧缩的新兴文化力量。

这些学者和佛罗里达一样，都涉及新兴阶层的范畴，不同的是，佛罗里达把这部分群体称为"创意阶层"。其主要观点是，创意阶层出现的根源在于经济性，该阶层的经济职能决定并且表明了其对社会、文化和生活方式的选择。创意阶层依靠创新创意来创造价值。因此，该阶层包含了一大批知识工作者，如科学家、工程师、文化创意工作者、高薪科技人才、金融服务人才、娱乐休闲专业人才等。

在定义该阶层时，佛罗里达并非通过财产、资本和生产资料所有权来探讨，而是从"个体如何在各自的经济职能这一基石上构建社会阶层和身份认同"角度对其进行界定。他们的社会背景、文化程度、消费能力、喜好志趣以及身份的建构都来源于此。大部分创意阶层在物质层面上既不占有也不控制巨额财产。他们的财产来自无形资产——创造力。尽管创意阶层成员尚未将自身视为一个独特的社会阶层，但事实上他们拥有非常相近的品位、旨趣、愿望、偏好和习惯等。就目前情况来看，尽管创意阶层表现得并没有那么明晰，但是，该群体的共性已经逐步显现并得到加强。

创意阶层由两种类型的成员组成：超级创意核心人群和专业创意人群。前者包括计算机与数学类职业，建筑与工程类职业，生命科学、自然科学和社会科学类职业，教育、培训和图书类职业，艺术、设计、娱乐、休闲、体育和媒体类职业。后者是指管理类职业、商业与财务运营类职业、法律类职业、医疗与技术类职业、高端销售与销售管理类职业等。佛罗里达把最具创造力的工作定义为创造易于传播并可广泛使用的新形式。例如，设计一种可以广泛制造、销售与使用的产品，或者是提出一种可以在众多领域中应用的理论，抑或创造出经久不衰的音乐等。这些是超级创意核心人群的常规工作，他们从中获得报酬。除了解决问题，他们还有责任发现问题。

佛罗里达认为，与超级创意核心人群相比，专业创意人群集中分布在知识密集型行业，如高科技行业、金融服务业以及法律、卫生保健、工商管理领域。他们创造性地解决问题，同时还利用广博的知识来处理具体的问题。胜任该类工作通常需要接受较高程度的正规教育，因此，需要高水平的人力资本。尽管他们会不时创造出用途广泛的方法和产品，但是这并不是他们的基本工作。他们需要不断做的事情是独立思考。他们用新颖的方法因地制宜地解决问题。比如医生、律师和经理等，他们会采用这种工作方式处理所遇到的各种问题。在工作过程中，他们参与测试并改进新技术、新方案和管理方法，甚至尝试独立研发。当他们越来越多地参与研究工作时，只要经历一次跳槽或升迁，就可能跻身超级创意核心人群：

他们的主要任务是创造易于传播并可广泛使用的新模型。

佛罗里达带领的研究团队以美国统计局标准职业分类为基础，把参与劳动生产的成年人分为四类：农业阶层、劳工阶层、服务业阶层和创意阶层（超级创意核心人群和专业创意人群）。以此为基础，考察美国近百年来的各阶层变化。他们发现，美国的创意阶层占美国就业人口总数的 30%，其中，超级核心创意人群占总就业人口的 12%。除此之外，他们还认为，传统劳工阶层占美国就业人口总数的 25% 左右。该阶层包括生产运营、物资运输、修理、维护与建筑等从业者。其他为服务业阶层，由低技术、低收入、低自由度、低教育程度的从业者组成，如卫生保健员、餐饮服务员、私人护理、低端办公室工作人员等。

二、创意阶层的价值观及其流动

当前，人们的价值观、行为准则与习惯等都发生了重大且深刻的改变，这些改变反映出创意阶层的崛起。佛罗里达从三个维度对创意阶层的价值观与行为特征进行了概括。

一是个性化。创意阶层表现出强烈的个性化与自我表达的倾向。他们不喜欢听从组织或机构的指挥，抵制传统的集体性规范，并试图形成一种能够反映他们创意精神的价值观、生活方式和行动准则。

二是精英化。创意阶层非常重视精英人物所具备的实力，这是怀特所提出的"组织人"阶层具有的一种品质。创意阶层努力工作、勇于挑战、自我激励。他们不再以挣钱的多少或经济等级的高低来衡量自我。金钱可以作为成功的一种标志，但是金钱不能代表全部。

三是多样性。多样性是该群体价值观的基本标志，他们反对通过种族、民族、性别、党派、性取向、外貌等来划分等级。

克拉克对后工业城市进行研究后发现了相似的新兴群体，他用"新政治文化"的理论阐述了该群体的价值观与行为特征。他认为，随着后福特主义生产方式替代传统的生产方式，社会进入后工业时代。在这个时代，大批具有更高教育程度、更高收入、更多在研究和管理领域内就职的人正成为社会中坚。他们不同于传统的"社会中坚"，在价值观上表现出一种"新政治文化"。著名的城市研究与规划专家张庭伟教授概括了新政治文化以下几个特点。

（1）传统的左翼—右翼、自由派—保守派之间的区分变得模糊。具有新政治文化价值观的人们在社会问题上往往更多表现出自由派或左翼的倾向，如关心弱势群体，支持女权运动，认可同性恋者，主张宽容的基本人生态度。但在经济上他们则倾向保守，如主张减少对经济的干预，让市场法则引导经济增长等。因此，在价值观上，社会问题和经济问题可以分开，即价值观本身可以是多面的，甚至是自相矛盾的。

（2）具有新政治文化价值观的群体以及代表他们的政府，对具体的城市问题的关心超越了对抽象的意识形态的关心。而在众多的城市问题中，对城市社会问题的关注又超越了对经济问题的关注。

（3）在前工业社会和工业社会中，人们的分化多基于社会政治的群体因素，如阶级、种族和党派等。而在后工业社会中，新的社会分化则更多基于非政治的个体因素——教育程度和性别的差异所引起的分化。由于注重个人的差异，社会个人主义，随同市场个人主义一起，有膨胀的趋势。

（4）与这种独立的个人主义价值观相关，传统的等级式的政治组织（如政党）的影响力正在减弱，而掌握更多知识的居民作为个体参与决策的愿望在上升。这一点，在高学历、高收入的中青年群体中表现尤为突出。

佛罗里达曾经开展过一项"城市舒适性（Urban Amenity）与创

意阶层居住选择"的研究。当时，匹兹堡的创意阶层外流引发了有关当局的重视，并委托他进行研究。他们大胆推测，是否可以通过投资艺术、文化和土地保护等措施，来扭转人才外流的趋势。结果发现，体现特定生活方式的舒适性设施对需要高技能创意阶层的企业来说尤为重要。原因在于，高技能创意阶层的收入较高，有能力享受高品质的生活。佛罗里达的研究还表明，许多城市长期以来将城市舒适物（Urban Amenities）作为推动当地经济增长和城市发展的重要工具。城市当局和领导者动辄就会支付数十亿美元兴建体育场馆、购物中心、文化中心、娱乐休闲设施来提升城市形象。这说明，后工业社会中的个体在选择居住地方时，相当看重生活品质。

佛罗里达同时指出，相对于通常意义上的舒适物设施，创意阶层更易被那些活泼随意和分布于街边的设施吸引。克拉克对芝加哥的研究揭示了舒适物设施的"新功能"，他们将城市看作"娱乐机器"（The City as Entertainment Machines）。格莱泽完成的一项更为细致的研究，为克拉克的观点提供了佐证。他们将城市的这种变化称为"由生产型城市向消费型城市的转变"。他们的结论是，大多数城市的未来取决于这些城市吸引高素质人力资本的能力。随着高素质人群的不断壮大和日趋富裕，企业和家庭等组织的流动性不断加强，城市重建与塑造对个体和组织有吸引力的设施变得尤为重要。

无独有偶，发表在《经济学人》的一篇没有署名的文章指出，"酷"的地理分布（The Geography of Cool），[①] 从纽约到柏林，全世界所有扮演"文化和时尚中心"角色的城市，成为吸引创意阶层和催生新技术密集型产业的领先区域。为了检验这个观点，佛罗里达和他的研究生们展开了一系列的研究。从审视城市气候、专业运动、娱乐活动开始，特别区分了规模较小的街区舒适物设施（便利店、社区服务中心、市民组织等）与大规模的基础建设（博物馆、歌剧

---

① 该文章刊登在 2000 年 4 月的 "The Economist" 期刊上。

院、运动队、交响乐团、芭蕾舞团等）。结果发现，这些城市舒适性设施、活动与人群等组合场景对创意阶层的吸引力非常大，在推动本地经济增长和城市发展方面扮演着重要角色。尤其值得注意的是，在吸引创意阶层和构建高科技产业方面，小规模舒适物设施如生气勃勃的街区生活、随时可用的户外娱乐设施和休闲文化中心，表现出独特的优势。佛罗里达以奥斯丁市为例来说明这个观点。该市当局正在有意识地构建一座足以吸引创意阶层和高科技企业的城市，尽管该市没有全美主要的体育赛事和专供传统"高品位人士"娱乐的世界级文化机构，但是，它拥有非常完善的户外娱乐休闲设施、生机勃勃的社区文化中心和各种市民组织与活动等。

三、吸引创意阶层的政策转变：从 "招商引资" 到 "招才引智"

中国城市在过去 40 余年取得了长足的发展，城市化率从 1978 年的 17.9% 增长到 2019 年底的约 60.6%。世界城市、国际性城市和区域城市群等构成了中国目前城市发展的框架和目标。然而，当讨论现有的"中国模式"时，我们始终绕不开世界工厂、人口红利、出口加工等概念。中国制造业长期以低端的劳动密集型产业为主，产品主要处于全球工业链附加值部分，自己的核心技术和著名的国际品牌并不多。再加上传统产业能源消耗高，环境破坏力强，这种经济结构绝对不利于可持续发展。过去几十年，充足的廉价劳动力在全球化过程中为中国发展提供了"人口红利"，但是，伴随着老龄化社会的提前到来，"人口红利"优势变弱，劳动力过剩时代已经到来，这给中国的可持续发展带来巨大压力。中国要想产业升级、技术创新以及打造创新型城市，并在未来的全球竞争中获得优势，就必须培养和吸引创意阶层。从"人口红利"转向"创意阶层红利"，从"招商引资"转到"招才引智"，从"中国制造"走向"中国创造"将是保证中国经济社会可持续发展的关键。

佛罗里达指出，美国社会已经分化成四个职业群体：农业阶层、劳工阶层、服务业阶层和创意阶层。创意阶层与服务业阶层共同构成了第三产业人口。纽约、伦敦、洛杉矶、芝加哥、东京等大城市第三产业就业人数占总就业人口80%以上。而北京的这一比例为70%，上海这一比例不到60%。很多学者都意识到中国城市第三产业质量和容纳就业机会比重需要提升。事实上，这个差距主要源于缺少创意阶层。同时，创意阶层的崛起会带来对高品质工作和生活的要求，服务业会连带发展。这就要求城市领导者们加强对城市场景的营造和供给，因为城市生活品质至关重要，是吸引创意阶层的重要因素。

今天，人口构成模式和社会结构正在发生改变。过去，传统的发展模式是产业增长聚集吸引人群，而知识经济时代是创新创意向创意阶层喜欢的地方聚集，人力资本集群远比公司集群更重要。无论在全国还是地方，人才流动性空前加强，创意阶层将跨越国境和地域，聚集到适宜其发展的地方，并促进当地经济社会发展质量整体提升。这提醒政策制定者：一方面，创意阶层的全国化、全球化、跨区域流动不可阻挡，应对内开放人口流动体系，对外促进全球创意阶层流入中国；另一方面，如佛罗里达所强调的那样，吸引创意阶层的关键在于建设满足该群体偏好的环境，而且人文环境比商业环境更为重要。

第二章 中国创意阶层城市群集聚分析

创意阶层集聚程度在某种程度上能够反映一个区域的创新创意水平。创新创意驱动实质上是人才驱动。在工业现代化时期，区域发展重视规模、技术因素，而容易忽视人才和区域空间自身。随着后工业趋势的增强，区域发展未来的核心动力将转向创新创意。佛罗里达提出城市创新创意需要技术、人才和宽容环境三个基础条件。中国创意阶层多指创新创意人士，包括科学技术人员、文化产业等拥有创意能力和创新精神的人力资本。城市创新创意发展并不是孤立运作的，需要整合技术、人才、空间和各个主体。密集、共享的社会网络是创新创意的基础，城市群中各个城市的协调与紧密联系为各行各业联络、各种活动发生、人与人的社会交往与互动等提供了可能。就此，创新创意人士的集聚反映了创新创意水平，而城市群是创新创意人士集聚的轴心。城市群作为一个整体，为创意阶层集聚并发生社会互动提供了广阔空间。通过增强区域内人与人之间的链接广度、深度，促发深度的沟通和信息交流，整个区域就可能实现创新创意水平的提升。

一、中国创意阶层的城市群集聚情况 [①]

"创意阶层"范围限定为"金融业""文化、体育和娱乐业""科学研究、技术服务和地质勘查业""信息传输、计算机服务和软件业"4个行业的从业者。位商是指某地区某产业产值在本地区的比值/同一部门产值在全国的比重。我们采用此概念建构"创意阶层商"来衡量四个城市群中各个区域、城市在创意阶层集聚中的结构差异。本章中的"创意阶层商"是指本地区创意阶层数量占本地区总职工的比值/四大城市群创意创新人才数量占其总职工的比值。

京津冀城市群、长江三角洲城市群、珠江三角洲地区及成渝地区双城经济圈创意阶层商分别为1.69、0.85、0.77及0.80，京津冀城市群在创意阶层集聚上具有显著优势。从创意阶层集聚总人数看，京津冀城市群集聚的创意阶层总数最高，达334.08万，略高于长江三角洲城市群的321.34万，并远高于珠江三角洲地区的144.90万及成渝地区双城经济圈的134.60万（见表2—1）。

在四大城市群中，京津冀城市群的创意阶层商最高，且只有京津冀城市群的创意阶层商超过1。在新的发展时期，京津冀城市群形成了创意阶层高地，也就掌握了未来发展的动力。此外，除了北京市、天津市这些在京津冀城市群中经济、人才规模具有优势的城市，也涌现出承德市、石家庄市、保定市等创意阶层比重较高的新动能地区。这些城市依靠京津冀城市群综合带动作用，成为区域统筹发展的获益者。以承德市为例，2018年12月该市印发了《承德市人才助力产业发展三年行动计划（2018—2020年）的通知》，提

---

① 本章涉及的中国创意阶层城市群集聚的研究数据来源于《中国城市统计年鉴》。

出通过主动承接京津人才和项目落地等措施，借力京津高端产业、科技、人才、研发资源，做大做强新兴产业，实施战略性新兴产业人才引进计划。

尽管京津冀城市群的创意阶层商高居全国首位，创意阶层集聚总人数高达 334.08 万，但城市群内各个城市创意阶层集聚平均水平低于珠江三角洲地区。京津冀内部各个城市创意阶层集聚水平不均衡，北京创意阶层集聚总人数占到京津冀城市群创意阶层总人数的 68.68%，而珠江三角洲地区中首位城市深圳市创意阶层总人数占其城市群创意阶层总人数的 41.43%。

此外，从京津冀城市群创意阶层内部结构看，信息传输、计算机服务和软件业人才比重最高，达到 38.56%，超过四大城市群平均水平，也超过其他城市群，但其他三类创意阶层比重均低于四大城市群平均水平，说明京津冀城市群创意阶层结构略有不均衡。其科学研究、技术服务和地质勘查业创意阶层比重仅为 23.92%，文化、体育和娱乐业创意阶层比重仅为 5.85%。京津冀城市群应调整创意阶层的结构比重，增加金融业，文化、体育和娱乐业，科学研究、技术服务和地质勘查业的比例，增强艺术创意和科学研究驱动力（见图 2—1）。

最后，在京津冀城市群内部，创意阶层集聚空间分布不均衡。就创意阶层总体首位度看，京津冀城市群高达 6.28，远高于长江三角洲城市群的 3.18、珠江三角洲地区的 1.21、成渝地区双城经济圈的 2.41。具体到不同创意阶层类别，空间分布不均衡更加凸显。除金融业外，京津冀城市群的文化、体育和娱乐业，信息传输、计算机服务和软件业，科学研究、技术服务和地质勘查业人才集聚首位度均远高于其他城市群的相应值，分别高达 8.40、13.08、6.64。一般而言，首位度小于 2 较好，说明城市群内部协调发展，城市群拥有竞争力并可持续发展（见表 2—2）。

表2—1　四大城市群创意阶层集聚总体情况描述

城市群	创意阶层商	创意阶层集聚平均标准化得分	创意阶层集聚总人数（人）
京津冀城市群	1.69	0.27	3340803
长江三角洲城市群	0.85	0.03	3213401
珠江三角洲地区	0.77	0.36	1449041
成渝地区双城经济圈	0.80	−0.49	1345972

注：京津冀城市群包括14个地级以上城市，具体包括北京市，天津市，河北省的张家口、承德、秦皇岛、唐山、沧州、衡水、廊坊、保定、石家庄、邢台、邯郸，以及河南省安阳市。长江三角洲城市群以上海市，江苏省南京、无锡、常州、苏州、南通、扬州、镇江、盐城、泰州，浙江省杭州、宁波、温州、湖州、嘉兴、绍兴、金华、舟山、台州，安徽省合肥、芜湖、马鞍山、铜陵、安庆、滁州、池州、宣城27个城市为中心区。粤港澳大湾区由香港、澳门两个特别行政区和广东省广州、深圳、珠海、佛山、惠州、东莞、中山、江门、肇庆9个珠三角城市组成；因统计口径原因，本章仅涉及9个珠三角城市即研究珠江三角洲城市群。成渝地区双城经济圈包括16个地级以上城市，具体包括重庆市，四川省成都、自贡、泸州、德阳、绵阳、遂宁、内江、乐山、南充、眉山、宜宾、广安、达州、雅安、资阳。

资料来源：《中国城市统计年鉴（2019）》。

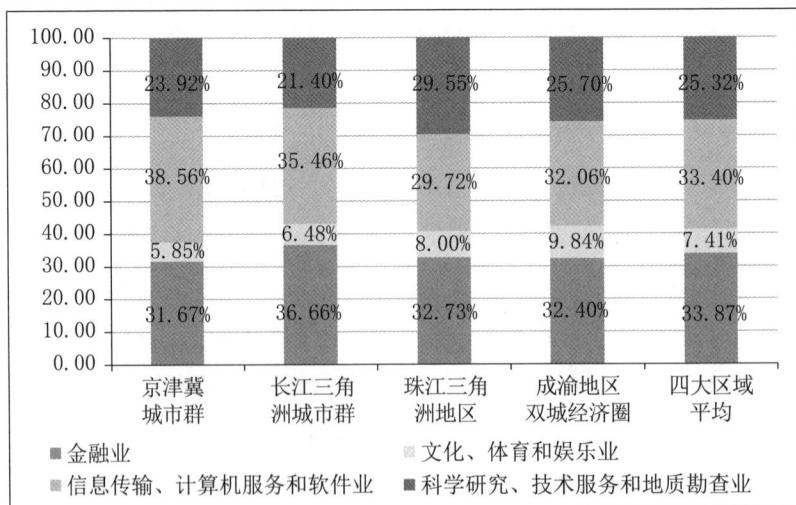

图2—1　各城市群创意阶层类型结构

资料来源：《中国城市统计年鉴（2019）》。

表2-2　四大城市群创意阶层集聚首位度

人才项目	京津冀城市群	长江三角洲城市群	珠江三角洲地区	成渝地区双城经济圈
金融业	3.21	3.02	1.74	1.13
文化、体育和娱乐业	8.40	2.16	1.23	2.76
信息传输、计算机服务和软件业	13.08	2.97	1.22	6.79
科学研究、技术服务和地质勘查业	6.64	3.41	1.11	2.29
创意阶层	6.28	3.18	1.21	2.41

注：首位度＝城市群首位人才数／城市群第二位人才数。

资料来源：《中国城市统计年鉴（2019）》。

二、舒适物因素对创意阶层城市集聚的影响

在新的发展阶段，人才集聚不仅受经济和工作机会的影响，也对生活质量较为重视。舒适物因素对创意阶层城市群集聚的影响越来越明显。舒适物是指使人在感官和心情上感到舒适、愉悦、满足的事物，包括设施、活动、服务等。目前，我国大城市经济社会发展更加依靠技术、消费和文化驱动，创意阶层更加看重生活质量和实现个人发展的环境。可以说，城市群的舒适物情况和创意阶层集聚程度紧密相连。在此意义上，创意阶层的集聚实际上是对城市群舒适物水平的"用脚投票"。

为了具体研究舒适物水平对城市群创意阶层集聚的影响，我们通过因子分析法客观地建构舒适物体系。对各个舒适物指标数据进行自然对数化和标准化后，利用最大方差法提取数据，并进行正交旋转对这些因素进行因子分析。通过多次因子分析，不断删除共同度较低的变量，最终经过筛选能够使得剩余变量形成一个单一主成分的体系。此时，KMO值为0.797，说明各个变量之间的重叠程度较好，比较适合进行因子分析。巴特利特球形度检验显著性为

$p=0.000<0.001$，可以拒绝原假设，各个变量具有较强的相关性。由此，目前可以得到较为满意的因子分析模型。

舒适物体系由 6 个因素组成，分别为"专利申请数""专利授权数""普通高等学校数""博物馆数""医院数""外商直接投资合同项目"。这些因素能够反映舒适物的典型特征，也能够反映"科教文卫"水平以及对外开放水平。这些舒适物因素是创意阶层特别需要的。

科技创新在舒适物体系中发挥基础作用，高等教育是重要因素。对各个成分系数进行计算，可以得出各个舒适物因素在舒适物体系中的比重。以专利授权数、专利申请数为代表的"科"层次占比最高，分别达到 18.75% 和 18.63%，这突出了科技创新在创意阶层与城市群联结中的基础地位；而普通高等学校数是"教"层次的典型因素，博物馆数是"文"层次的典型因素，其在舒适物体系中也发挥了重要作用，分别占比 17.26% 和 16.61%；以外商直接投资合同项目为代表的对外开放环境也占舒适物体系的 16.35%（见图 2-2）。

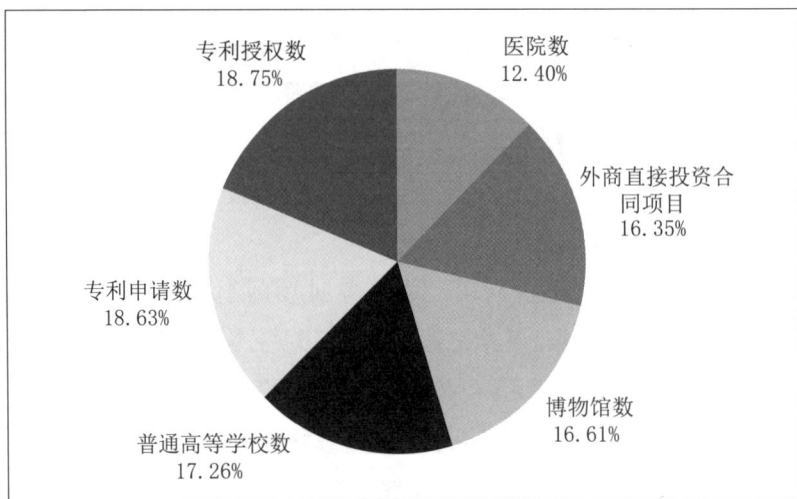

图 2-2　舒适物体系各因素比重

资料来源：《中国城市统计年鉴（2019）》。

综上，可以看出以"科教文卫"和对外开放程度组成的舒适物体系与创意阶层的特征紧密相连。

　　舒适物水平影响创意阶层集聚，京津冀城市群需要提升舒适物水平以保持创意阶层集聚优势。由舒适物和创意阶层集聚水平标准化得分联立而成的散点图看，各个城市的舒适物水平与创意阶层集聚水平紧密相关，呈正向相关，直线拟合 R^2=0.796。这在一定程度上说明舒适物水平对创意阶层集聚有重要作用。此外，结合散点图和拟合直线可以发现，长江三角洲城市群城市多位于拟合直线下方，其舒适物发展较完善，创意阶层集聚潜力较高。而京津冀城市群、成渝地区双城经济圈的各城市多位于拟合直线上方，其舒适物发展滞后于创意阶层集聚（见图 2—3）。对于京津冀城市群来说，要想在未来保持创意阶层集聚的优势地位，需要增强城市群舒适物的发展。

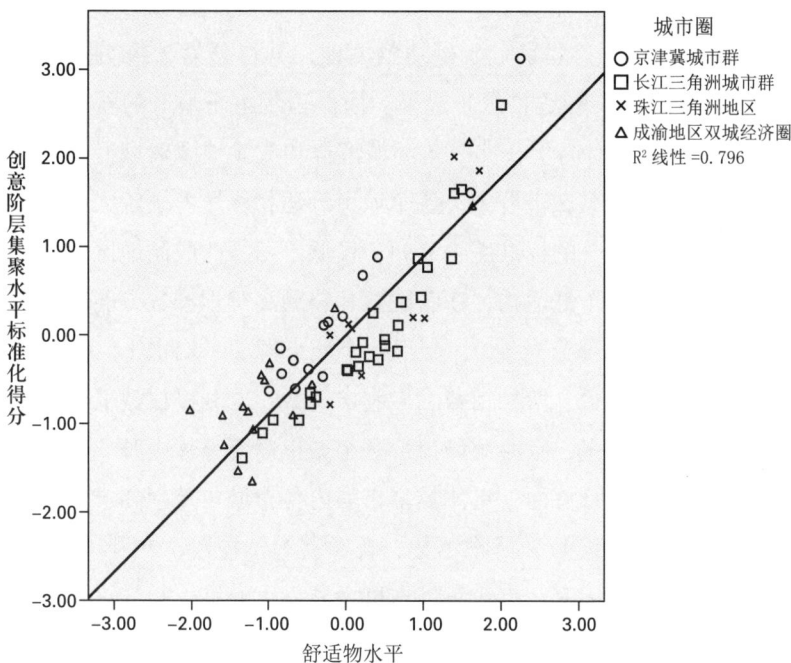

图 2—3　各城市群舒适物与创意阶层集聚水平标准化得分联立散点图

资料来源：《中国城市统计年鉴（2019）》。

珠江三角洲地区内部各个城市舒适物水平发展均衡，总体良好，而成渝地区双城经济圈发展相对较差。基于因子分析形成的舒适物体系，可以计算各个城市群舒适物水平的标准化得分，进而运用 ANOVA 方法对各个城市群城市舒适物平均水平进行比较，模型组间自由度为 3，组内自由度为 65，F=6.553。结果发现，各个城市群之间的舒适物发展水平存在显著差异（sig=0.001＜0.05）。珠江三角洲地区总体舒适物水平发展最好，长江三角洲城市群次之；而京津冀城市群、成渝地区双城经济圈则低于各城市群平均水平，其中成渝地区双城经济圈大幅低于东部各城市群，其标准化平均得分仅为 –0.80。相对而言，珠江三角洲地区内部各个城市舒适物水平差异最小，其标准差为 0.72，而成渝地区双城经济圈内部各个城市舒适物水平差异最大，其标准差为 1.04（见表 2—3）。

就京津冀城市群而言，需要增强城市群内舒适物的平衡。在京津冀城市群中，北京处于舒适物高地，其得分为 2.24 分，在所有 66 个城市中，舒适物水平最高。而舒适物水平最低的城市得分为 –0.99 分，相对高于长江三角洲城市群和成渝地区双城经济圈的最低值。但京津冀城市群中，各个城市舒适物水平差别较大，舒适物水平标准化得分的标准差为 0.94，仅低于西部的成渝地区双城经济圈。具体到各个舒适物，在医院数和普通高等学校数方面，京津冀城市群标准化得分高于 0，高于各个城市群的平均水平。而外商直接投资合同项目、博物馆数、专利申请数、专利授权数低于各个城市群的平均水平，京津冀城市群各个城市需要整体提升。在外商直接投资合同项目方面，京津冀城市群内各个城市差别高于其他三个城市群；而医院数、博物馆数、普通高等学校数、专利申请数、专利授权数各个因素在京津冀城市群内差异大幅高于长江三角洲城市群和珠江三角洲地区（见表 2—4）。

表2-3　各城市群舒适物水平标准化得分描述性统计

地区	平均值	标准差	最小值	最大值	个案数
京津冀城市群	-0.06	0.94	-0.99	2.24	14
长江三角洲城市群	0.32	0.82	-1.34	2.01	27
珠江三角洲地区	0.55	0.72	-0.21	1.72	9
成渝地区双城经济圈	-0.80	1.04	-2.02	1.63	16
合计	0.00	1.00	-2.02	2.24	66

资料来源：《中国城市统计年鉴（2019）》。

表2-4　各城市群具体舒适物水平标准化得分描述性统计

舒适物因素	城市群	平均值	标准差
医院数	京津冀城市群	0.64	0.84
	长江三角洲城市群	-0.22	0.89
	珠江三角洲地区	-0.43	0.74
	成渝地区双城经济圈	0.05	1.21
外商直接投资合同项目	京津冀城市群	-0.38	0.73
	长江三角洲城市群	0.28	0.69
	珠江三角洲地区	1.40	0.51
	成渝地区双城经济圈	-0.93	0.72
博物馆数	京津冀城市群	-0.07	1.00
	长江三角洲城市群	0.47	0.82
	珠江三角洲地区	-0.19	0.93
	成渝地区双城经济圈	-0.62	1.01
普通高等学校数	京津冀城市群	0.34	0.97
	长江三角洲城市群	0.12	0.87
	珠江三角洲地区	0.20	0.82
	成渝地区双城经济圈	-0.61	1.14

（续表）

舒适物因素	城市群	平均值	标准差
专利申请数	京津冀城市群	−0.34	0.88
	长江三角洲城市群	0.47	0.69
	珠江三角洲地区	0.76	0.74
	成渝地区双城经济圈	−0.92	0.89
专利授权数	京津冀城市群	−0.28	0.86
	长江三角洲城市群	0.40	0.77
	珠江三角洲地区	0.81	0.75
	成渝地区双城经济圈	−0.88	0.89

资料来源：《中国城市统计年鉴（2019）》。

三、打造区域舒适性系统

在知识经济发展和区域发展战略的大背景下，创意阶层集聚成为城市群发展的重要驱动力。本章根据时代特点，在传统创新人才的基础上，扩展人才内涵，提出创意阶层概念。创意阶层不仅能与技术相结合，更能与消费、文化创意创新和区域人文环境紧密结合，他们是知识经济时代发展的新要素。在区域发展战略背景下，创意阶层的集聚能够更好地发挥效率优势，在城市群内发挥纽带作用，并与城市群内各要素互联互通、区域系统发展的特征相适应，推动区域人才协调发展，最终在城市群内部形成良性循环，建成我国创新创意高地，增强城市群间的循环流动，促进我国区域协调发展。

本章实证结果发现，创意阶层集聚与区域舒适物发展水平紧密相关。本章构建了城市群舒适物体系，以分析创意阶层集聚。在新的发展时期，创意阶层的集聚已经不仅仅根据经济、就业环境，而是更在意区域的文化社会设施和环境，也就是让他们生活、工作感到舒适的环境。创意阶层的集聚也不仅仅考虑一个城市本身的环境，更开始倾向城市群的发展环境。因此，本章通过城市群舒适物体系分析创意阶层集聚。利用因子分析法，基于《中国城市统计年鉴（2019）》数据建构舒适物体系，其具体包括"专利申请数""专利授权数""普通高等学校数""博物馆数""医院数""外商直接投资合同项目"6个具体指标，分别涵盖"科教文卫"和区域对外开放包容程度等方面的特征，这些特征与创意阶层的需求特点紧密相连。

京津冀城市群应立足舒适物系统规划与建设，提升舒适物质量，筑牢创意阶层高地。就创意阶层集聚水平而言，无论是集聚人才的数量，还是创意阶层在整个社会的比重，京津冀城市群都占有优势地位。这为京津冀城市群厚积薄发，形成我国乃至世界创新创意高地奠定了坚实基础。但是京津冀城市群的创意阶层集聚存在不平衡情况，创意阶层"虹吸效应"明显，制约了整个城市群区域创新创意均衡发展水平提升。需要通过促进舒适物系统的均衡发展来引导创意阶层合理流动与集聚，带动和激发整个城市群创意阶层集聚水平。只有实现京津冀城市群内部"科教文卫"设施和对外开放包容程度的系统性完善，才能更好促进京津冀城市群整体的高质量发展。这将为北京的创新创意高地建设"添砖加瓦"。因此，应打破"一亩三分地"思维，推动创意阶层与相关活动的跨区域合作，解决好中心城市发展同周边城市统筹问题，构建协同有力、竞争有序、共享共赢的区域创新创意发展新格局，助力世界级创新创意高地建设。

第三章　北京创意阶层城市流动：
以创新创业者为例

　　创意阶层向大城市流动集聚是当代中国社会的普遍现象，而创新创业群体就是其中重要组成部分之一。随着"大众创业、万众创新"浪潮的来临，这种人力资源的流动集聚更加明显，这会直接影响大城市的竞争力与未来发展方向。但问题的关键是，该群体为什么在这里集聚而不是另外其他地方呢？传统观点认为，诸如收入多少等经济因素在创意阶层城市流动中起着关键作用。但是，根据对北京1200多个创新创业者的调查，结论并不完全是这样。研究发现，单纯的经济因素并不是该群体在大城市流动集聚的唯一动力，甚至不是主要因素。城市可提供的学习资源、公共服务、包容性、生活方式和文化氛围等社会文化因素在其流动中也发挥着重要作用。因此，除了传统经济因素外，社会文化作为一种新动力，正驱动着创意阶层在城市空间的流动集聚。该群体的城市抉择不仅赋予了人口流动研究更多的社会文化意义，而且还影响了城市的下一步发展。

一、关于流动因素的争论

（一）研究问题

什么因素影响着诸如创新创业者等创意阶层的城市流动选择？传统的答案是诸如收入高低、工作机会和生活成本等经济性因素。但是，在近十几年的欧美学术研究文献中，越来越多的学者开始意识到，经济因素在城市增长中已经开始慢慢失去主导作用。与此同时，中国的许多大城市，诸如北京、上海和广州等，生活成本逐年升高，失业情况又越来越严重，但城市集聚人力资源的能力却没有下降，反而越来越强。如果是经济因素左右着人口流动，那么，大城市生活成本变高、失业率上升等因素就会影响人口向大城市流动集聚的速度与强度。但现实中却是大城市人口吸引集聚的能力越来越强。这说明传统经济逻辑已经很难对此现象（人口流动）进行充分的解释。最近几年，国内学者对大学毕业生城市流动的研究也说明了这一新现象。工作机会、生活成本等经济因素也许并不是左右年轻人城市流动选择的首要因素。事实上，在过去三十多年间，欧美城市人口增长经历了"文化转向"：收入多少等经济性因素开始让位于以消费为导向的文化参与，包括各种休闲娱乐活动。这些因素是吸引人口城市流动的新动力，其重要程度甚至超过了传统观点认为的经济因素。

基于国际对话与本土问题相结合的研究视角，本章拟采用定量分析的方式初步检验近年来在欧美社会日益流行的人口流动"文化转向"现象在中国是否同样存在。实际上，相较于欧美学者所强调的文化因素，社会性因素在中国人口流动中的作用也较为明显，尤其是在创新创业者等创意阶层中更是如此。单纯的经济诉求并不是创新创业者流动的唯一因素，还有诸如包容性、文化创造、社会性互动以及大都市体验等。从这个层面来说，该群体可能赋予流动更多的社会文化意义。我们研究发现，在创意阶层看来，城市已不再是简单的工作地点，也不是莫罗奇笔下的"增长机器"，更多的是一种创新创业的集中地，一种引领未来的娱乐消费机器。越来越多的创新创业者在城市流动中选择，激发与实践创意、追逐梦想与价值、进行社会性互动与文化创造，以及体验大都市独有的生活方式与节奏。尤其是最近两年，创新创业群体等创意阶层在大城市迅速崛起，作为当代中国城市化进程中流动人口的重要组成部分，同时，也是人口流动中比较活跃的群体，他们的城市抉择将直接影响城市经济社会的发展和方向。本研究聚焦该群体的流动集聚逻辑，对城市如何吸引创新创业类创意阶层、推动地区经济社会整体性发展具有重要的参考意义。

（二）三种理论观点

城市人口增长的经典理论分析可以追溯到马克思和韦伯。他们二人均认为，城市增长是区域经济和工业化发展的结果。比如，马克思曾经指出，机器大生产引发了生产方式的变革，农业社会向工业社会转变，资本主义制度才得以确立，而城市发展从封建社会以土地所有制和农业为基础逐渐演变为资本集中和雇佣劳动力集聚的区域或国家中心。但随后的研究者意识到，随着后工业社会的来临，经济因素在推动城市增长方面的作用开始降低，甚至逐渐失去主导作用。芝加哥大学城市社会学教授特里·克拉克最近30年对美国城市的研究也说明了这一点。他特别强调，城市增长的传统模式已经过时。

与此同时，在最近几十年关于城市增长的文献中，很多提到城市经济的增长已经不是简单的城市化过程，更多是强调人口增长的动力。这一城市增长理论的主要逻辑是：人力资源的空间分布是由每个个体自由偏好选择的结果，这种偏好选择更多地强调城市空间质量，而这其中，比较重要的是城市提供的生活体验，包括各种创新创意、文化创造、休闲娱乐、社会性互动，以及城市包容性环境和自我表达氛围等。不同人群对不同种类的生活体验作出选择，并影响着城市人口的流动集聚，从而带来了不同的城市增长模式。因此，那些能够吸引创意阶层集聚的城市就能够获得较快的经济增长，因为这些流入的创意阶层是经济增长的发动机。在后工业时代的今天，那些诸如创新创业者等创意阶层往往会倾向于选择迁移到有包容性、文化创造力、丰富休闲娱乐设施以及社会性互动较强的地方。

事实上，纵观西方百年关于城市人口增长的理论文献，其主要研究取向大致分为两种：其一是传统模式，工业化生产与经济发展推动城市增长，经济物质因素主导人口流动；其二是新模式，消费娱乐和都市生活体验推动城市增长，社会文化因素影响人口流动。

传统模式回溯到马克思与韦伯，强调工业化推动城市增长，工作机会、收入和生活成本等经济性因素是个体迁移的决定性因素。在此基础上，形成了以经济诉求为主的工业增长理论。同时，与经济诉求相对应的个体区位选择，更多表现出的是工业园区的空间概念，因为这里聚集了为数众多的工厂或企业，能够提供大量的工作岗位，而这里的社会纽带是通过协调基于生产方式结成的不同群体的利益而形成的。这样的研究理路在中国的学者研究里也有所体现。比如，在借助西方理论框架分析中国人口流动的原因时，更多的学者把城市人口增长聚焦到城乡之间的"推力"和"拉力"上，认为城市比农村有着更多就业机会和相对较高的收入等因素影响着人口流动。

对于城市增长的新模式来说，它流行在最近十年的城市研究中，对其进一步细分，可概括为三个主要流派。

一是理查德·佛罗里达的创意阶层理论。佛罗里达认为，吸引和留住创意阶层是城市经济增长的基础动力。他指出，创意人才的出现可以增加城市创新能力，而创新能力可以推动城市创新经济的增长，特别是高新技术与信息产业部门的增长与扩张。接着，他又进一步分析指出，城市增长的基础动力来源于技术（Technology）、人才（Talents）和宽容（Tolerance）环境，即"3T"理论。他特别强调，在新经济社会形态下，创意阶层聚集到一起能够产生大量的社会性互动和文化创造，能够营造出一种独特的环境氛围，从而推动城市增长。在他看来，一个城市只有具备了这三方面的资源才能够不断增长，才能够在众多的城市竞争中制胜。事实上，他给城市增长指出了另外一条路径，即城市的发展与吸引、留住创意阶层的能力关联性越来越强，并且成为城市发展的新路径。

二是爱德华·格莱泽等学者强调了自然气候和社会技术进步对人力资源的集聚作用。"格莱泽们"认为，自然气候环境和技术是城市增长最为重要的两个因素。有的人群比较偏爱气候热的地区，如加利福尼亚海滩；有的人群比较喜欢寒冷一点的气候，如风城芝加哥。无论是热的地区还是冷的地区，都应该是比较适合居住的，这样就会集聚更多的人力资源。人力资源的到来也推动了整个城市生活质量的提高，那么，城市就会变成一个以"消费"为导向的增长模式。另外，知识经济的发展，全球化和创新网络的构建已经把传统城市变成了"智慧城市"；智慧城市用科技与沟通给市民带来更多的竞争、更多创新观念和学习机会，从而使得城市人口流动集聚现象更加明显。

三是特里·克拉克等学者提出的作为娱乐机器的城市理论。他们认为，人力资源城市增长模式是不完整的。原因有二：其一，这种模式没有回答"人力资源最初在哪里集聚以及为什么在那里集聚"的问题；其二，人力资源强调的人口增长，主要是指创意阶层等人群，事实上，公共环境对不同的社会阶层也会产生影响。克拉克和劳埃德等学者进一步分析指出，有些公共物品会影响在城市里居住的每一个人，如干净的空气、适宜的气候等。创意阶层可能更喜欢城市的多样性和包容性环境氛围，而有些人群却更喜欢城市的同质性，认为相同文化的城市社区更有利于孩子教育、更加安全等。老年人群体更倾向于气温适宜和山水优美的自然环境，而年轻人更倾向于诸如酒吧、书店、咖啡馆、博物馆等设施与活动集中的区域。因此，不同的公共环境对不同的人群具有不同的吸引力。

后来，他和丹尼尔又发展出场景理论（The Theory of Scenes）来解释新增长模式。场景理论认为，文化的概念太过宽泛。城市文化是指传统高雅的戏剧还是世俗文化，是莎士比亚剧场、经典的交响乐还是地方的、真实性的普通市民活动？如芝加哥蓝调和加州野炊文化。文化是创新实验性的，那它是前卫的艺术展、先进的剧场和奇怪的建筑还是街道涂鸦文化、农场普通生活？抑或自行车道路或是简单手工艺？在这么多争议中，对于本地区来说，应该发展哪一种文化呢？这些在政策制定者面前都是模糊的，更不用说不同肤色、不同种族、不同阶层和不同性别等对文化的偏好了。场景理论就是综合考虑劳动力、生产和消费等因素来解释城市增长，这样就可避免单方面解释所产生的偏见。场景就是一种社会空间，借助于舒适性设施（Amenities）等集合，强调各种社会性互动和文化创造等带来的都市生活方式体验。正是这些因素正在对人口流动产生影响。

场景把消费组织成有意义的社会实体，不是简单地研究消费，而是研究消费的社会结构。城市不是简单提供货物的地方，而是提供公共环境，并且将其组合转化成有意义的生活文化体验的地方。因此，我们可以探讨不同消费者对不同城市公共环境的差异性追求，只有这样，我们才能发现城市环境、城市文化作为场景在城市发展与地区增长中的作用。场景理论还强调，消费者对于不同时空的环境作出的反应是有差异的。只有觉得环境有价值，消费者才会去消费体验，因此，城市对流动者来说，是一个复合体，流动者不会单方面考虑城市的某一个特点，而是会结合自身情况与城市的综合特性来作出流动抉择。不同的流动者，在城市选择中会表现出不同的倾向和偏好。

在城市增长新模式的三种流派基础上，本研究将进一步推进，更准确地说，探讨诸如公共环境与服务、文化创造/休闲娱乐、包容性以及社会性互动等以消费为导向的都市生活方式体验对人口流动的影响。为区别工业化生产的经济因素对人口流动集聚的作用，我们把这种新因素归结为社会文化因素。那么，本研究就是初步检验最近十年在美国社会日益流行的新城市增长模式在中国是否已经出现，以及新增长模式对于中国目前的城市增长发展有怎样的指导意义。

基于以上分析，本章将通过实证分析的方式探索以下四个主要问题：

Q1：经济因素在创新创业者流动选择中是否开始失去主导作用？同时，除了经济因素之外，还有哪些因素对该群体流动选择产生影响？

Q2：在众多的影响流动选择的因素中，不同类型创新创业者之间是否存在差异以及存在怎样的差异？

Q3：欧美社会日益流行的"文化转向"现象是否在中国大城市已经出现？

Q4：在城市增长理论模式上，中国是否有自己独有（本土化）的特点呢？

二、研究设计与方法

（一）数据来源

本章讨论的创意阶层主要是指创新创业者群体。2015年9月

起，课题组选取创新创业者比较集中的地区——北京中关村 1
区 16 园进行整群随机抽样。抽样的地区有中关村西区（创业大
街）、东区（互联网教育创新与互联网金融创新中心）、中关村
丰台园、朝阳电子城和东城园胡同创意工厂等。前后共发放问卷
1500 份，回收 1300 份，有效问卷 1288 份。从样本结构上看，基
本覆盖了新时期创业者的绝大部分领域，如互联网教育、互联网
金融、电商服务、网络安全、自动化智能、文化艺术和休闲娱乐等
领域。

（二）概念界定与操作化

本研究涉及两个核心概念，一是创新创业者，二是流动逻辑。

本研究所讨论的创新创业者，主要是指利用科技把创意转化为
产品并将产品生意化的人士。他们多从事一些新兴产业，如电子商
务、互联网教育与本地生活智能化 APP 开发等。他们具有很高的
文化水平，还有一部分具有海外留学经历，一部分是大企业高管。
他们是新世纪以来产生的创意阶层的重要组成部分。

流动逻辑是指城市流动选择的驱动力，即什么因素驱动着创新
创业者群体选择某个城市而非其他地方。本研究主要以北京为例，
论述为什么该群体在北京流动集聚而非其他城市？

根据已有研究文献，关于流动动力的影响因素有很多种，最
传统的观点是经济因素，如"收入情况"和"工作机会"等。这
也是经常被学术界所讨论的；除此之外，涉及社会文化范畴。根
据所讨论的主题以及已有文献中的论述，本研究从众多因素中选
取了城市包容性、文化氛围、生活方式、公共服务和沙龙俱乐部
活动等。

如果把该群体流动选择意愿作为因变量，那么，经济、社会和
文化等诸要素就是影响流动选择的自变量。为了测量这些自变量对
因变量的影响作用，本研究构建了一个流动选择动力量表。

如表3-1所示，本章构建的9个选项中，每个后边都有三个备选答案："同意""一般"和"不同意"。按照正向思维的方式，这些备选答案分别赋值为5分、3分和1分。举例：对于"收入比较高"选项，如果被调查者选择"同意"，赋值5分，选择"一般"，赋值3分，选择"不同意"，赋值1分。其他选项依此类推。这样就构建出一个关于流动动力的测量量表。

表3-1 创新创业者居留意愿影响因素测量

城市居留意愿影响因素	同意 5分	一般 3分	不同意 1分
1.收入比较高			
2.工作机会多			
3.行业发展氛围好			
4.城市包容性强			
5.文化氛围较浓厚			
6.生活方式比较有魅力			
7.公共服务好			
8.社区有活力			
9.学习资源丰富			

通过这张测量表，我们可以较为清楚地看到流动选择的传统答案，诸如收入情况、工作机会等经济因素，也包括影响流动选择的新动力，如包容性、文化氛围、生活方式、公共服务等。相较于传统观点所主诉的经济维度，本研究对于流动动力的探索更加"多维"与"立体"，不仅有经济因素，还包括了社会文化范畴。

对于因变量的设定，在问卷中，我们用"假如现状不变，您会选择在北京长期居住吗？"这一问题来测量，备选答案为"是=1"和"否=0"，属于二分类变量，命名为"居留意愿"。

根据研究文献和研究假设，本章对创新创业者流动选择的影响因素进行分类，归结与提炼出以下9个自变量，1个因变量，具体如下：

Y—居留意愿

X₁—收入情况；　　X₂—工作机会；　　　X₃—行业发展；

X₄—包容性；　　　X₅—文化氛围；　　　X₆—生活方式；

X₇—公共服务；　　X₈—沙龙俱乐部活动；　X₉—学习资源。

首先，利用流动选择影响因素量表进行频次统计与分数统计，计算各因素的均值（平均得分），对均值大小进行比较，得出各个因素对于流动选择影响程度的初步结论。其次，采用统计模型LOGISTIC回归进行参数估计，对初步结论进一步分析检验。因为"居留意愿"作为因变量，是二分类变量，作为自变量诸要素经量表转化为连续性变量（量表打分），符合模型要求。

三、流动因素的比较

传统研究观点认为，诸如"收入情况"和"工作机会"等经济诉求是人们集聚到大城市的主要原因。但是，在欧美最近十年的研究文献中，经济因素作为流动的主导因素开始让位于其他因素，尤其是在创新创业等创意阶层城市流动中表现得更为明显，如城市包容性、城市能够提供的学习资源、独特生活方式与体验以及文化氛围等。

中国作为世界体系的一部分，尤其是最近几年，"北上广深"等超大型城市的发展，正在凸显着大国崛起背景下的城市发展规律。据统计，2014年北京、上海和深圳的城市化率分别约为86.30%、88.02%和100%，已经达到甚至超越了发达国家普遍认为的70%的水平。对于中国这些最发达的城市或地区来说，国际学术研究中讨论的"经济因素在城市增长中主导作用是否开始减弱，以及欧美社会日益流行城市增长的新模式是否在中国已开始出现呢"？

本部分主要借助定量分析方法，对这一问题进行探索性分析。为了更具体地了解创新创业者群体等创意阶层大城市集聚的逻辑，在解释这些影响流动选择的动力因素时，本章不仅探讨已有文献中的"经济因素"，而且还开创了一些新的维度，力求对人口流动动力的解释更加立体多维。

（一）流动选择影响因素的量表均值比较分析

基于以上目的，本部分首先对影响流动选择的因素进行均值排序，依据是被调查者在"流动选择动力量表"上的平均得分。计算方法为：M（均值）=（P 频次 ×F 单项分值）/P 该项总频次。

结果显示，经济因素和社会文化因素都很重要，其中经济性因素重要程度高于社会文化因素。具体为："行业发展"（4.17）是创新创业者选择在北京长期居住的最重要原因，其次是这座城市给他们提供的"工作机会"（4.09）。相较于行业发展和工作机会，"学习资源"（4.01）在该群体城市选择中也发挥着重要作用。相较于行业发展、工作机会和学习资源来说，"收入情况"（3.52）对流动选择的影响并没有那么突出。这也说明创新创业者对当下收入的多少并不像传统观点认为的那么"在意"。事实上，这批创意阶层也非常看重北京这座城市提供的行业发展、工作机会和学习资源等影响因素。

从这个角度来看，诸如"收入情况"这样的经济因素已不再是创新创业者等创意阶层城市流动选择的最重要原因或主导因素，这种因素对城市流动选择的影响已经减弱。相较于收入情况来说，该群体更看重城市提供的行业发展，能够提供的工作机会以及城市带来的学习资源等。例如，北京高校密集提供了大量的 IT 人才，营造了很好的行业发展氛围，也提供了很多新兴产业工作机会。

除此之外，城市提供的公共服务（3.57）以及城市本身的"包容性"（3.57）对创新创业者来说也非常重要，对该群体的流动选择也产生了较大影响，如北京优质的教育和医疗资源。另外，北京的生活方式（3.41）和文化氛围（3.30）也超过了一般取值（3.0），对创新创业者城市流动选择也产生了重要影响（见表3-2）。总之，城市包容性、公共服务、学习资源、生活方式和文化氛围等非经济性因素对创意阶层城市集聚也有重要影响，并且这种影响会日益显著。

表3-2　影响北京创新创业者流动选择因素测量分值比较

排序	影响因素	平均得分
X_1	收入情况	3.52
X_2	工作机会	4.09
X_3	行业发展	4.17
X_4	包容性	3.57
X_5	文化氛围	3.30
X_6	生活方式	3.41
X_7	公共服务	3.57
X_8	沙龙俱乐部活动	3.21
X_9	学习资源	4.01

注：N=1288，表中得分按照同意 =5、一般 =3、不同意 =1、没选 =0 分别赋值，然后根据公式：均值 =（"同意"频次 × "同意"赋值 + "一般"频次 × "一般"赋值 + "不同意"频次 × "不同意"赋值）/ 总频次；根据这个公式计算出该选项得分，即为创新创业者流动选择影响因素得分，代表其对流动选择的影响程度。

从创新创业者整个群体角度来看，"收入情况"等经济性诉求已经不能主导该群体的流动选择，行业发展、学习资源、城市包容性、公共服务、生活方式与文化氛围等因素在创新创业者城市流动选择中开始发挥重要作用。那么，这样的流动属性在群体内部是否存在差异呢？比如，创新创业团队中，合伙人和普通员工之间角色功能不同，受教育程度不同，他们在城市流动选择动力上又有什么不同或差异呢？

事实上，一个创新创业团队，一般由两种类型的人员组成——合伙人和普通员工。根据我们的调研，无论是 15 人左右的团队还是 5 人左右的团队，都有一个或几个核心成员，他们往往是整个项目的发起人或合伙人，在整个创业过程中处于核心地位，本研究把这种在创新创业过程中处于中心位置的员工标记为"合伙人"，他们是一种核心创新创业人力资源。与此相反，其他处于非核心位置或边缘地位的就是普通员工，代表着边缘创新创业人力资源。作为两种不同的人力资源类型，代表着两类创新创业能力。根据访谈，合伙人的创新创业能力与欲望要高于普通员工。在城市流动选择方面，两种类型的人力资源也存在着较大差异。

研究发现，在城市抉择影响因素方面，无论是工作机会、行业发展还是收入情况，这些经济因素对合伙人（核心创新创业人力资源）城市流动选择的影响程度都高于普通员工（边缘创新创业人力资源）。同时，"收入情况"对于这部分群体来说，并没有想象的那么重要，得分仅为 3.59 和 3.50，远远低于学习资源、公共服务和城市包容性等因素的得分（见表 3-3）。

除此之外，合伙人在学习资源（4.12）、城市包容性（3.73）和公共服务（3.61）三个维度上的平均得分均高于普通员工得分，这说明，与边缘人力资源相比，核心创意阶层更看重城市可提供的学习资源、包容性和公共服务资源等因素。

另外，生活方式、文化氛围和沙龙俱乐部活动对合伙人和普通员工城市流动选择的影响并没有太大差异，但这些因素仍然是这些人力资源城市流动集聚的重要影响因素。

事实上，对于创新创业人力资源群体来说，诸如"收入情况"等经济因素在该群体流动选择方面的影响作用减弱；相较于普通员工，尽管"赚钱"对合伙人仍具有很大吸引力，但学习资源、城市包容性和公共服务是他们更为看重的。对于普通员工来说，他们更在乎的是这个城市能否给其提供工作机会和未来的职业发展空间，而非当下赚钱多少，其他方面的影响因素二者并没有显著差异。

表3-3 不同创新创业人力资源类型的流动选择影响因素比较

影响因素	得 分	
	合伙人（核心创新创业人力资源）	普通员工（边缘创新创业人力资源）
收入情况	3.59	3.50
工作机会	4.12	4.07
行业发展	4.17	4.16
包容性	3.73	3.52
文化氛围	3.32	3.28
生活方式	3.37	3.43
公共服务	3.61	3.55
沙龙俱乐部活动	3.29	3.18
学习资源	4.12	3.99

注：N=1284，合伙人=328人，普通员工=956人，表中得分按照同意=5、一般=3、不同意=1、没选=0分别赋值，然后根据公式：均值=（"同意"频次×"同意"赋值+"一般"频次×"一般"赋值+"不同意"频次×"不同意"赋值）/总频次；根据这个公式计算出该选项得分，即为创业者流动选择影响因素得分。

总之，通过对创新创业者群体及其内部不同类型人力资源的量表均值分析，可以初步得出结论，诸如"收入情况"这样的经济因素在影响该群体流动选择上已经并不再起主导作用；与收入相比，该群体（尤其是核心创新创业人力资源）更看重与在乎的是这个城市或地区能够营造的行业发展氛围与前景。除此之外，城市可提供的学习资源、包容性、公共服务，以及文化氛围、生活方式等都对该群体的流动选择产生了显著影响。

（二）流动选择影响因素的 Logistic 回归参数估计

以上分析所得出的关于流动选择影响因素的初步结论是否成立呢？本部分将利用 PASW Statistics 23 对其进行参数估计，主要运用 Logistic 回归模型。

在进行参数估计之前，首先对 9 个自变量进行共线性检验。因为各自变量间可能存在一定程度的线性依存关系，即多重共线性，这种多重共线性关系常常会增大估计参数的均方误差和标准误差，从而引起回归模型拟合上的矛盾及不合理。结果显示，本研究的 9 个自变量之间并不存在多重共线性问题。

在此前提下，运用 PASW Statistics 23 对其进行参数估计，结果如表 3-4 所示。线性回归方程为：

$$Y=-2.774+0.059X_1+0.088X_2+0.027X_3+0.177X_4+0.163X_5+0.003X_6+0.140X_7+0.044X_8+0.111X_9$$

$$p=[1+\exp(2.774-0.059x_1-0.088x_2-0.027x_3-0.177x_4-0.163x_5-0.003x_6-0.140x_7-0.044x_8+0.111x_9)]^{-1}$$

表 3-4　创新创业者流动选择影响因素 Logistic 回归与参数估计

		B	标准误差 S.E.	瓦尔德 Wald	自由度 df	显著性 Sig.	Exp（B）
步骤 1ª	收入情况	0.059	0.088	0.438	1	0.508	1.060
	工作机会	0.088	0.109	0.647	1	0.421	1.091
	行业发展	0.027	0.109	0.063	1	0.802	1.028
	包容性	0.177	0.103	2.913	1	0.088	1.193
	文化氛围	0.163	0.106	2.360	1	0.125	1.177
	生活方式	0.003	0.108	0.001	1	0.979	0.997
	公共服务	0.140	0.109	1.652	1	0.199	1.151
	沙龙俱乐部活动	0.044	0.104	0.178	1	0.673	1.045
	学习资源	0.111					
	常量	-2.774	0.609	20.739	1	0.000	0.062

注：a. variables entered on step 1：收入情况、工作机会、行业发展、包容性、文化氛围、生活方式、公共服务、沙龙俱乐部活动、学习资源；显著性 $p<0.05$。

回归模型检验（见表 3−5）。

表 3−5　模型系数的 Omnibus 检验

		卡方 Chi-square	自由度 df	显著性水平 Sig.
步骤 1	步骤 Step	29.736	9	0.000
	块 Block	29.736	9	0.000
	模型 Model	29.736	9	0.000

根据 Omnibus Tests 和 Classification Tablea、Chi-square12.991、$p<0.001$，说明该模型显著性明显。通过判别分析，模型预测结果的准确率为 63.4%。从统计学的角度来看，此次的参数估计是比较有效的（见表 3−6）。

表 3−6　分类表 aClassification Table

			预测		
	实测 Bserved		居留意愿		正确百分比 Percentage Correct
			0	1	
步骤 1	居留	0	548	172	76.1
	意愿	1	296	264	47.1
	总体百分比				63.4

注：a. 分界值为 0.500。

由预测模型可知，各因素与流动选择的相关关系。在 9 个自变量中，除了 X_6 系数是负值，其他 8 个选项都是正值，与城市流动选择呈正相关，即城市在这些因素方面的供给越充分，创新创业者群体越容易流入与集聚。X_6 为负数且取值较小，说明生活方式并没有对该群体流动选择产生很大影响。

另外，由预测模型还可以发现，各个因素对流动选择变动的贡献。从各变量的系数来看，城市包容性、文化氛围、公共服务和学习资源 4 个变量的系数比较大，它们对创新创业者流动选择的影响很大，其中，城市包容性影响最大，其次是文化氛围，再次是公共服务和学习资源。收入情况、工作机会、行业发展等自变量的系数较小，对该群体流动选择影响也较弱。从这组数据可以看出，经济性因素并不是创新创业者等创意阶层流动选择的主导性原因，相反，诸如城市可提供的学习资源、公共服务、城市本身的包容性、文化氛围以及沙龙俱乐部活动等非经济性因素发挥了主要影响作用。如果把收入情况作为经济因素的典型代表，那么，相较于经济因素，社会文化因素更容易吸引集聚创新创业者等人力资源群体。因此，"经济因素开始在流动选择中失去主导作用"的假设基本成立，这种城市增长的新现象在中国超大城市（比如北京）已经出现。

四、流动选择的新逻辑

创新创业者是创意阶层的重要组成部分。创意阶层向大城市流动集聚是当代中国社会的普遍现象，尤其是随着"大众创业、万众创新"浪潮的来临，这种人力资源的城市流动集聚更加明显。这种趋势直接影响着城市未来的增长方式和核心竞争力。但问题的关键是，该群体为什么在这里集聚而不在另外其他地方集聚呢？

传统观点认为，诸如收入情况、工作机会和生活成本等经济性因素在创意阶层城市流动选择中起着关键作用。但是，通过对北京创新创业者群体的研究，我们发现并不完全是这样。研究显示，单纯的经济因素并不是该群体向大城市流动集聚的唯一动力，甚至不是主要因素。相反，诸如城市包容性、文化氛围、公共服务、学习资源、沙龙俱乐部活动以及大城市提供的独特生活方式等社会文化因素在流动选择中发挥着重要作用，并且这种作用越来越明显。

这也印证了本研究假设 Q1 和 Q3 的合理性。单纯经济因素在创新创业者等创意阶层群体流动选择中并不一定是主导性因素，社会文化方面的因素也发挥了重要作用。同时，欧美社会最近十几年所流行的"文化转向"现象已经开始在中国超大城市中出现，至少在北京已经显现。相较于传统的城市发展模式，创新创业者等创意阶层流入集聚到北京，将会改变和重塑一种新的城市发展模式。这种新的发展模式将可能对中国其他大城市的发展起到很强的现实指导意义。

除此之外，在影响流动选择的因素中，除了西方学术界强调的诸如包容性、文化氛围与创造以及生活方式体验等与文化相关的因素外，本研究还发现了城市可提供的学习资源、公共服务与沙龙俱乐部活动等"社会性"因素对创意阶层流动选择的影响。创新创业者等创意阶层群体对城市可提供公共服务的质量，以及带来更多社会性互动的沙龙俱乐部活动的需要，与中国人独有的文化价值观、习俗和历史制度等有关。本研究认为，正是这些新因素的加入，丰富了城市流动的内容，使得流动选择影响因素分析更加"立体"，在解释力上更加多维，更加贴近人们实际的城市流动抉择。这也证明了研究假设 Q4。但从创新创业者这个群体的城市流动来看，确实存在着中国独有的、本土化的特点。该群体对公共服务和社会性互动的需求恐怕是城市政策议程不得不考虑的议题。

总之，尽管最近十几年欧美发达国家日益流行的"文化转向"对中国诸如创新创业者等创意阶层的流动选择具有一定的解释力，但还不够充分。中国人独有的文化熏陶、历史背景和现实制度等，使得人力资源城市流动表现出了本土化的特色，如特别强调公共服务维度。这与中国区域发展不平衡、城乡与城市内部的二元结构不无关系。

最后，本研究对于政策实践的意义在于怎么推动下一轮的大城市转型发展，吸引优秀人力资源流动集聚，提高城市人力资源水平就是一种不错的选择。如何吸引与留住这批年轻的创意阶层是城市未来竞争制胜的关键。本章呈现的创新创业者流动选择的影响因素，对增强城市吸引集聚人才能力、提高城市人力资源水平有很强的现实指导意义。

专题二
场景营造

第四章 三个相互嵌套的
城市发展模式

纵观国内外城市发展历程，城市发展表现出明显的历史阶段性。从古代城邦到工业城市，再到后工业城市，每个时期的城市都会面临一些特定问题，其发展的驱动要素也会发生较大变化。从传统的生产要素，如土地、资本、劳动力和管理技术，到后来的人力资本要素，再到知识经济时代的新要素城市舒适性与场景……每一次发展驱动要素的切换，都反映着城市发展模式的转变，同时也反映了经济社会的变迁。场景营造专题主要选择北京这座超大城市，以城市现代化发展历程为重点，分析场景营造推动地区发展转型的路径与作用。

一、传统生产要素与城市发展

中华人民共和国成立以来，中国的城市发展经历了比较曲折的过程。中华人民共和国成立之初，为了实现国民经济的快速恢复，中央政府和各级城市政府安排了100多个重点项目工程，希望通过这些项目建设带动华北、西北和西南等地区城市的快速发展。当时的城市政策导向，比较注重生产性设施建设，消费与生活文化服务设施建设并不是很多。北京也不例外。在这一阶段，土地、资本、劳动力、管理技术等生产要素对城市的快速发展起着关键性推动作用。

北京的工业基础是中华人民共和国成立之后的前两个五年计划奠定的。中华人民共和国成立之后，三个在第二次世界大战前已存在的企业，即新华印刷厂、清河制呢厂和石景山钢铁厂立即恢复和扩建，但大规模的工业发展是从第一个五年计划开始的。背后两个主导力量是苏联的援助和对已有的资本主义工业和手工业的社会主义改造。其间主要是新建和发展电子、纺织、机械、建材等工业，到1957年工业总产值达到23.1亿元，而现代工业已占总产值的74.3%。

在第二个五年计划（1958—1962年）期间，北京市更加重视工业发展，政府的主要方针是以中央规划为基础，建设比较先进且部门齐全的工业体系。"大跃进"时期，工业发展出现了速度过快、规模过大的倾向。当时贯彻"以钢为纲"的方针，投资重点转向重工业，专注于燃料动力、冶金、机械、化工、建材等基础工业的发展。钢铁工业是重中之重，对石景山钢铁厂进行改造和扩建，使其成为钢铁联合企业。机械工业方面，在西郊建成了锅炉、汽轮机、重型电机三个电动设备企业，在市郊建了内燃机、齿轮、汽车等企业，在东北郊酒仙桥建了十几个大中型电子企业。化学工业方面，在东南郊形成了新的化工区，生产化肥、农药、医药、燃料、橡胶制品等。重工业之外，食品工业也得到一定的投资和发展，纺织业也有温和增长。总而言之，在这两个五年计划期间，工业投资共34.9亿元，占全市总投资三分之一以上。到1962年，全市工业总产值达42亿元，相当于1949年的26.7倍，平均年增长28.8%，其中重工业占32.2%，轻工业占28.8%。工业总产值在工农总产值中的比重，由1949年的55%上升到92%。①

---

① 该部分参考了著名学者薛凤旋、刘欣葵合作的《北京：由传统国都到中国式世界城市》一书，该书对北京这一时期的发展进行了较为系统的梳理，反映了当时北京城市发展的阶段性特征。

"文化大革命"（1966—1976 年）十年，除了燕山石化总厂外，北京鲜有新的工业发展。多为对现有企业的改造和扩建，而且主要集中在重工业。1970—1979 年总工业投资 66 亿元，其中 89.5% 投向化工、机械和冶金三大重型工业。因此，自第二个五年计划以来向重工业及基础工业的倾斜政策，仍然持续至 1978 年。以产值计，1979 年的总值，重工业占了 63.7%。1980 年以后，中共中央对北京工作的四项指示及国务院对北京城市规划的审批，使北京的城市功能有了重大改变，并为北京工业发展提供了一个新方向，开始了由社会主义中央规划向社会主义市场经济的过渡。北京工业需要重新调整以适应本地的需求，且不能与它的城市功能，即作为全国的政治、文化、教育、旅游和科技中心相冲突。主要的新方向是：

第一，向轻工业转移；

第二，向非污染性及对环境不干扰的工业转移；

第三，压制及减少耗水、耗能的重工业；

第四，向高科技、高增值工业转移。①

最明显的表现是增加轻工业投资。在 1949—1979 年，平均只有 12.4% 的工业总投资投向轻工业。这个百分比在 1979—1988 年提升为 28.7%，在 1990 年为 26.1%。在 1980—1990 年的十年，全市工业净产值增加了 1.6 倍，562 亿元，其中 43.4% 来自轻工业。事实上，轻工业的贡献在这期间一直保持在 40% 以上，除了 1985年只占 36.7%。而在 1969—1979 年，其贡献只在 30%—40%，最低的 1971 年只有 26.9%。1980—1990 年，全市工业产值平均增长10%。但与首都功能相适应，而又合乎环保要求，以及高科技与适应城市消费市场的工业，包括电子、食品、纺织、印刷及汽车工

---

① 薛凤旋、刘欣葵二位学者对这一阶段四个特点的概括，说明了当时北京城市发展面临的一些重要难题与挑战。

业，其增长幅度都高于平均增长率。表4—1显示了它们在这一时期的高速增长情况。

表4—1　北京市1949—1990年十大工业产值

单位：百万元人民币

工业	1949年	1952年	1957年	1965年	1970年	1975年	1980年	1985年	1990年
机械	18	86	285	893	2148	3970	5842	9777	15129
化工	2	17	57	306	856	1419	4166	5737	7704
冶金	8	77	167	846	1338	1634	2271	2752	4756
纺织	18	77	138	171	298	379	823	1210	2909
食品	34	201	323	546	643	972	1457	2157	2650
文体用品	24	64	143	337	315	451	767	1296	471
成衣	18	77	138	171	298	379	823	1210	1955
建筑材料	2	38	98	239	396	486	769	1039	1601
电力	8	14	42	254	418	626	743	781	975
手工艺品	不详					162	333	674	777

资料来源：《北京统计年鉴1992》《北京：由传统国都到中国式世界城市》。

尤其值得注意的是，改革开放以后，城市经济社会快速发展，但大多数的发展模式或路径都绕不开工业化这条主干线。北京在这方面也是如此，这一时期的城市发展绩效衡量指标，往往与经济建设及经济效益紧密关联。当时，很多城市都提出了"变消费城市为生产城市"的口号，特别强调工业生产性投入。以北京为例，作为全国的政治中心，在城市规划与建设过程中，同样是通过土地扩展、资本投入（招商引资）、劳动力成本优势以及现代化管理技术等来推动"首钢"、"燕山石化"、汽车制造等巨型生产性企业落地，成为当时名副其实的全国经济生产中心之一。这种现象在国内许多工业城市发展中比较普遍，即用传统生产要素来驱动城市发展。

二、人力资本因素与城市发展

随后，人力资本对于城市发展的作用开始得到人们的普遍认可。从 20 世纪 80 年代开始，北京特别重视人力资本的作用。比如，1988 年，北京市海淀区政府就开始着手建立中关村科技园，后来它成为中国第一个国家级高新技术产业开发区、第一个国家自主创新示范区、第一个国家级人才特区。中关村科技园区是我国科教智力和人才资源最为密集的区域，拥有以北京大学、中国人民大学、清华大学为代表的高等院校 41 所，以中国科学院、中国工程院所属院所为代表的国家（市）科研院所 206 家；拥有国家重点实验室 67 个，国家工程研究中心 27 个，国家工程技术研究中心 28 个；拥有大学科技园 26 家，留学人员创业园 34 家。根据《北京统计年鉴 2017》数据，2016 年底北京科技创新从业人员达到了 81 万多人。另外，据不完全统计，北京常住人口中，受过高等教育的人口数量占比超过了 30%，在全国排名第一。数量庞大的高级人力资本对于北京的城市发展发挥着重要推动作用。

事实上，早在 1990 年北京市就出现了产业的转型升级。北京产业转型是在中央政府主导下地方政府全力推进的结果。1997 年，北京市把"首都经济"界定为以知识经济为导向、以高新技术产业为核心、以第三产业为主导的开放型经济。进入 21 世纪，北京产业结构优化升级的步伐加快。2001 年为申报奥运会承诺首钢搬迁，2002 年提出振兴现代制造业，2005 年初国务院批复城市总体规划，提出"提升三产质量，重点发展现代服务业与文化产业"的思路。北京 GDP 的增长速度主要来自第二产业和第三产业的增长，2010

年第三产业创造的产值 GDP 占比为 75%。其中，信息产业实现增加值 1989.2 亿元，占地区生产总值的 14.1%；文化创意产业实现增加值 1697.7 亿元，占地区生产总值的 12.0%；高技术产业实现增加值 888.8 亿元，占地区生产总值的 6.3%（资料来源于北京市 2011年统计年鉴）。[①]

在这一时期，北京市产业转型呈现出工业高端化、生产性服务业壮大、文化创意产业迅速崛起、新型战略产业增多等特点。这些产业对于人力资源的要求越来越高。来自全国各地的精英会聚到北京，北京成为名副其实的人才荟萃的地方。

著名学者薛凤旋、刘欣葵在《北京：由传统国都到中国式世界城市》一书中指出，2000 年以来，北京市人口受教育程度不断提高。到 2010 年，北京市近三分之一的人接受过大学专科及以上高等教育。受过高等教育的人口中，研究生为 69.1 万人，占总人口的 3.7%；大学本科为 310.9 万人，占 16.5%；大学专科 237.8 万人，占 12.6%。北京市 16 个区的人口文化素质有所不同，其中，城近郊区大专及以上人口比重达到 30% 以上，具有高科技产业园区和大学校园优势的海淀区这一比重高达 49%；拥有金融产业特点的西城区，这一比重达到 41%。这也说明随着北京产业的转型升级，人口素质也在快速提升。当前，北京市的高级人力资本保有量不断增加，转变为发展的动力和潜力，快速推动着城市的发展。

三、城市舒适性与城市发展

北京作为中国的首都，是世界历史文化名城和文明古都之一，拥有 3000 多年建城史和 800 多年建都史。源远流长的历史长河，

---

① 薛凤旋、刘欣葵：《北京：由传统国都到中国式世界城市》，社会科学文献出版社 2014 年版，第 195—201 页。

孕育发展了京都文化，时间的沉淀造就了京都的文化影响力。仅从世界文化遗产来看，这座城市位居全国之最，世界文化遗产多达 7 处，包括周口店北京人遗址、故宫、长城、颐和园、天坛、明十三陵、大运河，这些文化遗迹每年吸引着成千上万的国内外游客。另外，北京还是现当代创意文化的发源地，2015 年全市文化创意产业实现增加值 3179.3 亿元，占地区生产总值的 13.8%，从业人员高达 120 多万人，相当于美国一个超大城市的人口规模。

这些文化遗迹、文化产业的载体，主要表现为文化舒适物，大型舒适物有很多，譬如公园、博物馆、展览馆等，这些文化遗迹多以修缮与改造为主；而小型舒适物诸如咖啡馆、艺术馆、书店等，则是文化创意人员聚集与创作的主要场所。因此，我们认为正是这些舒适物让北京具有了独特的文化魅力。同时，这座城市还凸显了以消费为导向的发展动力特征，特别是舒适物的建设，不断塑造和重构了这些地区的环境质量和人们的生活品质。从源头上看，北京从建立之初就有着消费导向的特质，从建筑到饮食，从市井到皇家，从生活到艺术……消费主义与休闲娱乐等功能体现在生活方式和地区质量上，影响着城市发展的各个方面。

事实上，2008 年北京奥运会之后，随着空气污染加重，更多的人意识到城市环境的重要性。最近几年，北京下大力气推动"疏解整治促提升"专项行动，对城市复兴与空间品质的提升有很大作用。在这一过程中，除了整治背街小巷、违章建设、拆墙打洞等问题，北京市还建设与更新了一大批舒适物设施，并借助舒适物的建设来推动城市场景营造，比如公园、书店、博物馆、画廊、艺术馆等一系列地标景观。这些实践极大地改善了城市空间品质，同时也提升了城市宜居水平。

北京城市化在全国处于领先水平。2018 年北京市常住人口规模总量为 2154.2 万人，常住人口数为 1863.4 万，城镇化率高达86.5%。其中，东城区、西城区和石景山区城镇化率达到 100%。

城市化有利于需求升级，尤其是对于文化消费提出了更高要求。随着文化消费需求的变化，北京城市舒适物的种类不断增多，规模也迅速扩大。

北京城市功能调整后，要建设全国文化中心，要把首都这篇大文章做好，重点要抓好"一核一城三带两区"①，即以培育和弘扬社会主义核心价值观为引领，以历史文化名城为保护根基，以大运河文化带、长城文化带、西山永定河文化带为抓手，推动公共文化服务体系示范区和文化创意产业发展引领区建设，把北京建设成为弘扬中华文明和引领时代潮流的文化名城、中国特色社会主义先进文化之都。首都文化是北京这座城市的魂，主要包括源远流长的古都文化、丰富厚重的红色文化、特色鲜明的京味文化和蓬勃兴起的创新文化四个方面。这些城市功能的实现，都离不开城市舒适物系统的规划与建设。

何谓舒适物（Amenities）②？我们认为，舒适物可以是一个温馨书屋，或者是一个有情调的咖啡店，抑或一间特色鲜明的餐馆，还可以是一个海滨阳光沙滩，甚至是一个友好的自行车道或步行道等。舒适物的不同组合构成了场景以及场景蕴含的价值观与生活方式，对创意阶层的空间流动与集聚产生驱动作用，影响新经济形态和就业机会，从而推动区域发展。

2014 年至今，习近平总书记多次视察北京并发表重要讲话，对首都发展提出明确要求。习近平总书记强调的北京要"建设国际

---

① 一城是指北京老城，三带是指大运河文化带、长城文化带、西山永定河文化带，两区是指建设公共文化服务体系示范区和文化创意产业发展引领区。

② 舒适物"Amenities"的翻译有多种，便利设施、生活文化设施、文化设施等。本书认为，这些翻译都过于强调硬件设施，并没有把诸如服务、活动、地方体验、地方情感以及当地市民价值观等综合地方质量的意思表达出来，更没有把该词所表达的"能够带来愉悦的所有事物"的含义表达准确。经过反思思考，我们采用舒适物来表示该词的含义，即能够为城市带来舒适宜居感受的事物，包括设施、活动、服务等。

一流的和谐宜居之都"的战略目标，既是北京发展蓝图的核心要义，又是北京未来发展的动力源泉。随后，新版《北京城市总体规划（2016 年—2035 年）》这一重要文件颁布实施，把北京城市功能准确地定位为"四个中心"，即全国政治中心、文化中心、国际交往中心和科技创新中心；优化城市功能和空间布局，科学配置资源要素，统筹生产、生活、生态空间，把北京建设成为国际一流和谐宜居之都。可以预见，未来北京城市功能的实现，城市舒适物与场景营造将发挥越来越重要的作用。

四、三个相互嵌套的城市发展模型

正如以上分析的那样，工业时期和后工业时期的城市发展模式有很大的不同，其发展的驱动力也有很大差异。前者强调生产，以生产功能为主导来建设与规划城市。后者更强调城市宜居性，强调生活和消费等，突出舒适物建设和场景塑造，用这些城市"软"环境的提升来聚集动力，推动城市发展。尤其是在北京进入"减量发展"阶段之后，城市舒适性和场景塑造推动地方发展的作用已越来越明显。

通过以上分析，本章简要勾画了现代北京城市发展的驱动力转变历程，从诸如土地、资本、劳动力等传统生产要素到人力资本要素，再到城市舒适性与场景营造等。参考新芝加哥学派城市研究成果，结合北京城市发展情况，本章将城市发展的三个层次模型进行了完善。

从下图不难发现，城市发展模型是相互递进的三个层次，它们之间是继承与互补关系。具体而言，在早期的传统城市发展模型中，诸如土地、资本、劳动力和管理技术等生产要素影响着地方经济增长和人口流动。到城市发展的第二个层次，人力资本又作为一个新要素加入城市发展历程，人力资本和传统生产要素一起对经济增长和人口流动产生影响作用。

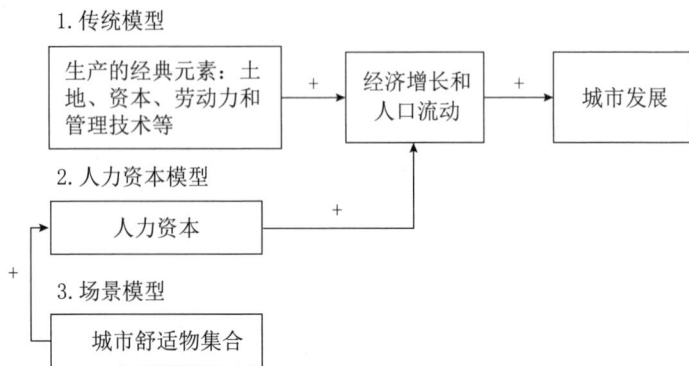

1. 传统模型

生产的经典元素：土地、资本、劳动力和管理技术等　+　经济增长和人口流动　+　城市发展

2. 人力资本模型

人力资本　+

+

3. 场景模型

城市舒适物集合

图4-1　三个相互嵌套的城市发展模式 [①]

但问题的关键是，创意阶层空间流动与集聚受到城市舒适物多少与品质高低，以及相关场的匹配性等软性因素的影响。因为舒适物系统在很大程度上决定了一个地方的宜居性，场景决定了一个地方的乐趣性。一个地方只有具有宜居性和乐趣性，才能吸引聚集创意阶层。

也就是说，对于城市来说，同样的生产要素和人力资本水平，城市舒适物越多，场景越丰富，宜居性越好，人力资本空间聚集越明显，城市发展也就越快。这就是知识经济时代城市发展的新特点。

从舒适物种类的多寡可以检验某个地方的宜居程度，从场景角度可以捕捉属于地方的文化特征与美学品质，解决关于地方的乐趣性问题。它们共同影响着创意阶层空间流动聚集及地方的发展路径。

---

① 在原有模型基础上进行了修改完善，原模型来源于 Terry Nichols Clark，Richard Florida，Edward L. Glaeser，Gary Gates and other Coauthors，The City as an Entertainment Machine，Lexington Books，2004/2010.

　　这样的城市发展规律不仅在北京出现，在近年来的美国许多城市中也有所体现。根据芝加哥大学城市研究专家克拉克的分析，美国许多城市的政策制定者们，已经意识到舒适物和场景对于城市发展的重要性，并开始致力于规划与建设提升城市居民生活质量的舒适物。

　　比如，结合本地文化特点，规划建设各种舒适物设施，举办各种节庆活动，刺激市民文化消费行为；有的地方为了吸引年轻的自行车爱好者，还专门修建了自行车赛道等。这些措施已经证明，舒适物和场景在促进地方消费和经济社会发展方面有着很显著的作用。

　　毫无疑问，在这一过程中，也增加了地方的吸引力。因此，本章认为，在某种程度上可以说，这是后工业时代城市发展的一剂"良方"，即城市舒适性与场景主导下的城市发展战略。

第五章　城市发展场景模型研究扫描

前面我们分析了城市发展的三个相互嵌套模型，其中，场景模型主要借助创意阶层这个"中间变量"对城市发展产生作用。事实上，场景模型与城市舒适性研究是一项跨国研究事业，许多国际合作者已经和正在开展工作。① 借助于"舒适性"（Amenity）、"舒适物"（Amenities）、"场景"（Scenes）等理论工具，研究者们让文化与城市发展驱动、现代社会生活塑造产生了因果关联，使原来模糊不清的文化意涵能够让人去触摸、去体验、去测量、去验证，从而使文化真正为我们的城市政策服务，为相关从业者服务，为广大居民服务。当一个社区变成一个场景时，它可以成为培养各类精神的地方。比如，不同舒适物类型与组合场景背后蕴含了不一样的价值观，如传统主义、自我表达、越轨等。数据分析表明，具有强烈自我表达色彩的场景能够促进当地经济增长和创新，因为这样的场景能够吸引和增强科技人才的聚集。

一、场景的国际研究：美国、加拿大、西班牙

（一）美国芝加哥的场景研究

美国的场景研究起源比较早，多集中在实证经验分析与理论整

---

① 已有相关研究的链接，地址为 scenescapes.weebly.com。

体建构上。该研究起源于20世纪80年代，芝加哥大学社会学系终身教授特里·克拉克先生领衔一项跨国研究——"财政紧缩与城市创新项目"（The Fiscal Austerity and Urban Innovation Project），多个高校、企业、市政等机构参与了该项研究。他们以邮政业务编码数据（BIZZIP）、城市黄页（YP）和人口普查数据为主，对美国1200多个城市和世界38个国际性大城市里的成千上万种舒适物设施与活动进行了分类统计、整理与比较，形成了一系列成果，包括著作《新政治文化》（2006）、《作为娱乐机器的城市》（2010）、《托克维尔能否卡拉OK？》（2014）、《场景：空间品质如何塑造社会生活》（2016）等。

　　舒适物与场景营造推动着芝加哥城市转型研究。他们认为，到2000年，芝加哥主要的产业已经聚焦到娱乐休闲和文化艺术等领域。芝加哥当时的市长戴利（Daley）在其第一期和第二期任职期间，推行了城市美化运动，规划与建设了大量的舒适物与场景，这也助推了芝加哥划时代的巨变。这些年，芝加哥的经济基础、文化和政策已经彻底改变，在许多方面的改革类似于东欧、拉美和亚洲政府，我们可以从这些改变中学到很多重要的经验教训。

　　关于芝加哥的陈旧的刻板印象[①]认为，芝加哥的市民，尤其是领导者，似乎都是保守的。那么，是什么因素使得这些发生改变了呢？在戴利第一期任职期间，这座城市的动力之源是重工业，大多数常住居民都是蓝领阶层。而如今，芝加哥是一座后工业化城市，支柱产业已经演变成休闲娱乐业，而且这主要体现在对于舒适物与场景的消费上。

　　归纳这次巨变的动因，大致有三条：第一，工业社会向后工业社会的过渡；第二，当地自我管理的社会关系向更多全球模式转变、教育和通信交流的增加，这是首要的两个条件；第三，政治领

---

① 克拉克教授在他的著作《新政治文化》一书中较早对该观点进行了论述。

导模式的非集权化、市民和消费者参与的不断增多。

对于后工业社会来说，在减少独裁主义社会关系、赞成联合执政及平等主义方面，新职业和新技术同等重要。这使得人们能够接受更好的教育，完成更专业化的工作。每个阶层的工人都期待自己表现得像专家一样（专业）。后工业市场比旧工业车间更抽象和更全球化，有更多的承包工作和远距离的供应品，商品可以销售到世界各地，电脑、传真、廉价的空运、互联网等工具可以帮你完成一切。技术为有线办公提供了支撑。在这方面，美国 100 个最大公司的转型就是证据。[①]

事实上，城市里最具革命性的变化是非生产性的内容。比如，城市中最重要的产业已经成为娱乐业，城市官员明确规定娱乐业包括旅游业、约会场所、餐厅、旅馆和一切相关的经济活动，而这些活动都离不开好的舒适物建设；另外，旅客人数从 1993 年的 32 万上升到 1997 年的 429 万，平均每位旅客每天消费 242 美元。芝加哥的地区经济规模从 1997 年的 1.6 亿美元上升到 2.9 亿美元。[②]

在美国，诸如公园这样的舒适物基本上都分布在芝加哥的密歇根湖畔，每年都会吸引很多游客到来。这与当时的伯纳姆城市规划有着千丝万缕的联系，根据这个前瞻性的城市规划，芝加哥建设了大量的舒适物，很多遗留下来的城市美景至今仍为大量游客所津津乐道。20 世纪 90 年代，大多数舒适物设施全部重建完成，包括新的游艇码头、人行道、户外喷泉和停满游艇的海港，以及周围的沙滩、包围城市的环湖路线等。路上有自行车运动者、慢跑的人、滑冰的人，周围还有野餐的人，等等。

戴利市长曾骄傲地宣称，芝加哥将种植更多树，他任职期间植

---

① 克拉克教授在新旧城市研究范式中，论述了全球化、美学对城市创新的影响。
② 克拉克教授在一份关于公共艺术研究报告中对此问题进行了讨论。

树的数量超过了世界历史上任何一位市长，大约 100 万棵。20 世纪 90 年代，芝加哥大量种植鲜花和灌木，进行相关的景观美化。

芝加哥转型成功的城市政策经验可简单概括为：严格管理、管理增长，强调舒适物系统和场景的消费。

舒适物系统日益促进着城市的发展。后工业城市仍然需要立足经济基础，但芝加哥最大的产业已成为娱乐业（餐厅、酒店、会议等）。改善城市生活方式、增加社区舒适物等政策，都是为了创建一个宜居宜人的城市。舒适物对于城市生活甚至城市经济发展和人口增长的普遍意义开始得到一些经济学家和城市政策分析师的承认，佛罗里达等学者试图利用全国城市数据衡量这些过程，他们从高质量的餐馆、自行车道的发展、人口增长、高科技工作等方面发现了许多不同的城市舒适物带来的实质性影响。

（二）加拿大多伦多的场景研究

不同于美国纯实证经验的研究分析，加拿大对于舒适物与场景的研究多集中在城市政策与城市规划领域，即如何把场景整合到地方政策中去。

自 2001 年以来，多伦多大量的文化和富有表现力的组织和设施都出现了戏剧性的发展。几乎所有这些组织和设施的增速都快于商业整体的增长，有一些增长还要更快。例如，2001 年到 2009 年，室内设计师和舞蹈公司的数量增加了一倍多。21 世纪初，当地的艺术活动兴起，文化事务机构日益活跃，与城市经济发展部门的合并使其得到进一步发展。公民社会活动家们畅所欲言，"美化城市"团体组织了游说活动，提出对广告牌征税，将税收专门用于发展艺术。"艺术家选举"运动打出口号，"我是一名艺术家，我投票"，他们举行市长辩论和发行报告卡，提出关注艺术发展的市议会候选人是怎样的。他们采用传统的压力集团策略，专门针对一些关键地区拉选票，在这些地区，越来越多在艺术领域工作的人（或与在艺术领域工作的人结婚的人）参与了集团投票，这在低投票率的选举中发挥着重要作用。

多伦多大学社会学系的丹尼尔·西尔教授在《场景：空间品质如何塑造社会生活》一书中谈到场景影响地方政策的两个多伦多城市案例。其中一个案例是一个带有废弃电车修理铺的居民区：是否应该将修车铺拆除，腾出空间来修建传统的草坪、游乐场、公园，还是将其改装为艺术家工作室，或是展览和表演场所、农贸市场、社区食品商店、环境教育中心等？另一个案例探讨了一个草根和独立的艺术家社区，在过去的十年，那里有许多年轻的艺术家占用以前的工厂和仓库。后来租金不断上涨，公寓也越建越多，越来越多的人搬到社区居住，社区的艺术团体和支持他们的企业以"良好规划"的名义组织起来开展活动，为社区的创造性文化工作保留了一个立足之地。

这两个案例都包含了实地政治争议，这些争议激发了人们对政策问题的热情，使得地方场景问题成为辩论和争议的焦点。虽然这些争端的解决几乎没有受到官方政策的直接影响，但它们迫使城市管理者将文化政策与土地使用规划紧密联系在一起。换句话说，这些争议引发了公开讨论和有意识的思考：究竟是什么让一个地方具有独特的魅力和吸引力——正是这些争议引发了对场景的明确的政策讨论。

通过对多伦多多个案例的研究，丹尼尔·西尔提炼出了基于场景的城市政策的主线。最普遍的原则是，将经济和社会的全球宏观趋势与当地环境和政治文化联系起来。以下是五个具体原则。①

第一，考虑与场景相关的政策议题的利益相关者——文化事务部门、文化产业、非营利文化组织、社会活动团体、公民、市长、

---

① Daniel Aaron Silver and Terry Nichols Clark, *Scenescapes: How Qualities of Place Shape Social Life*, The University of Chicago Press, Chicago & London, 2016, pp.315-316.

艺术家、居民、青年等。不同地方具体的行动者群体会有所不同，各自的影响和资源也会有所不同。要想成功，就要把这些群体聚集在一起，并使他们的利益一致。

第二，保持灵活变通。记住，要把你的鸡蛋放在多个篮子里。不要只考虑单个项目，比如图书馆、博物馆、画廊或餐馆，而要考虑如何将许多这样的私人和公共的设施结合起来，从而营造一个吸引人的场景。

第三，以赋权作为衡量成功的标准。取得成效通常意味着让更多的人实现自我完善。考虑一下，什么样的场景最能让市民改变自己，并成为最好的自己。规范的衡量标准是，什么时候人们会搬到一个社区或离开一个社区，或相对平均的教育程度，或收入水平有所上升，但也要注意更微妙的过程，如人们出席地方会议、参与社区清理、参加节日活动的情况，或当地人对这些事务的看法。对于那些将不提高社区租金或收入作为目标的人来说，要慎用竞争性的标准，要考察他们又会作出怎样不同的反应。

第四，实现特定的目标很重要，但是提升组织能力也很重要。评价政策结果，不仅要看哪些群体得到了他们想要的。今天我们可能不会得到我们想要的一切，但我们可以改变这个游戏的规则，添加新的成员，并促使新的政策工具和理念更深入地融入决策过程和决策体系中。对于艺术家或青年组织这样的新团体和场景来说，这很关键。

第五，与市民交谈，倾听他们的意愿。不要说"如果我们建了它，人们就会来"。取而代之的是，首先，询问人们想要什么，并评估附近的项目。然后，请规划师和建筑师将这些意愿纳入新的土地使用和建设规划中，请他们评价单个项目会如何影响区域场景。

（三）西班牙的场景研究

西班牙的场景研究多集中于创造性阶层、场景消费与城市发展之间的关联上。代表性学者有克莱门特·纳瓦罗（Clemente J. Navarro）和克里斯提娜·马特奥斯（Cristina Mateos）。他们在《欧洲城市与区域研究》（*European Urban and Regional Studies*）上发表了题为《西班牙城市场景、创造性阶层和发展》的论文，集中讨论了以文化消费机会为导向的场景的重要性，并以此来解释西班牙城市之间的收入差异。他们提出不同地区创造性阶层和文化消费机会的测量指数，并运用多元回归分析来展示场景对当地收入的影响。除了人力资本和创造性阶层，他们的研究结论显示：不同种类的文化消费机会（场景）对当地收入产生了重要的影响。

克莱门特·纳瓦罗和克里斯提娜·马特奥斯的研究聚焦于以往学者较少关注的文化消费机会。这是以更加广阔的视角来探究城市和区域发展。他们认为，不同文化消费机会的聚集或是说创造性阶层的聚集吸引不同的群体，同时对地区发展有特定的影响，这一影响独立于其他因素。作为文化消费机会，场景在增进创意的扩散与转移的同时，更能促进生活方式的多元化。[①] 因此，以创新的生活方式为导向的场景，便成了一种既可以吸引创意，又能够增强创意对地区发展的影响的适宜环境。

更具体来讲，他们致力于分析西班牙城市的创造性阶层，并试图对有关创造性阶层议题的三个常规问题作出解答：创造性阶层聚集在哪里？是什么因素在影响创造性阶层的分布？创造性阶层对当地的收入有怎样的影响？他们的主要目的是表明在吸引创造性阶层和增强创造性阶层对当地收入影响的过程中，作为影响因素之一的场景，其重要性所在。创新的场景是否影响了创造性阶层的分布？这些场景是否强化了创造性阶层对当地收入的影响？他们回顾了创造性阶层议题的主要假设，并给出了场景的概念及其影响的具体假

---

① Silver, D., Clark, TN and Navarro, C.J., Scenes: socialcontext in an age of contingency, *Social Forces* 88, 2010, pp.2293-2324.

设，以西班牙城市数据作为经验分析材料，论述以消费为导向的场景对于创造性阶层区位选择的重要性。

创造性阶层区位选择的议题，关键在于文化消费机会。为了吸引和留住创造性阶层，在所有的可提供条件中，地理位置必须提供适合其成员的文化消费机会。简言之，创造性阶层的有关研究假设关注生活品质，尤其是涉及城市服务和文化设施的生活品质，并将这种生活品质视为城市和区域发展的有力解释因素。

此外，文化消费机会将地点转换成不同的场景，这种场景以促进和允许自我表达的生活方式为基础。更具体来说，场景包含这样一种空间，在这种空间，生活方式通过有意义的文化消费形式外化。它并不是具体的舒适物设施或文化消费，而是一整套鼓励文化实践发展的便利设施，这种文化实践反映出一整套的价值以及公认的美学标准和真实性。

不同场景的聚居地或其中的一部分正在吸引着拥有不同生活方式和文化消费模式的群体。所以，这不是有关场景发展影响的一般假设，而是某种"情境的相对主义"：不同类型的人迁移到拥有不同便利设施的地方，而吸引一个人的东西或许会使其他人感到不愉快。因此，存在具体的"场景溢价"（Cultural Scene Premiums）。每一个独立集合的文化消费机会、每一个场景对不同的群体均有不同的价值，进而吸引或排斥他们。

二、国内多个城市的场景研究

截至 2019 年 7 月 31 日，以中国知网（CNKI）数据库为主进行场景文献搜索，一共有 233 篇相关论文。其中，从 2013 年开始，国内关于场景研究的文献以年均 20 篇以上递增。从研究内容上看，这些文献多集中在场景理论介绍和案例分析上；从地域来看，作者主要分布在北京、武汉、广州、上海等研究机构，包括高校、党校、社科院等。

（一）场景与创意社区、艺术区发展研究

武汉大学国家文化发展研究院陈波、吴云梦汝等学者认为，在创意经济时代，创意社区的发展有助于城市文化发展，城市社会性创意的加强，为城市发展提供了新动力。在工业化社会发展背景下，文化创意产业园区、创意产业集聚区作为我国文化创意产业的空间载体，其"同质化""空心化"问题在以经济为主导的城市发展中表现越来越明显，文化创意在现有园区发展中体现不足。在后工业城市的转型更新过程中，创意园区的转型升级和创意社区的构建对激发文化创意产业和城市复兴有积极推动作用。

陈波等学者通过场景理论的维度体系和分析框架，对我国城市创意社区进行维度分析和场景设计，有助于为我国城市创意社区未来建设提供新的发展模式与发展思路。他们认为，目前我国创意社区的发展还处在探索阶段，其未来发展需要在现存的创意园区、文化产业集聚区、创意街区等形态的基础上，转换和更新发展思路，构建更能体现创意社区本质和更能推动城市发展的理论框架。创意社区的场景设计首先应该对创意社区空间划分维度进行考察。针对目前我国创意园区"空心化""同质化"等主要问题，他们从场景营造的角度给出了解决框架，如公共场域空间开发、创意生态培育、公共服务供给等。通过场景营造来打造"创意磁场"。

长安大学艺术系崔艳天等学者认为，场景营造可以激发艺术区活力。他们认为，艺术区作为以艺术家为主导的专业性城市文化空间，是后工业化社会的魅力景观和大都市的文化地标。艺术家的创新创意能力和艺术家之间、艺术家与艺术机构之间的互动最终带来了创新活力。他们通过对西安艺术区的形成机制的研究发现，租金低廉是初始动力，历史建筑与空间特色激发创作灵感，自由的创作

环境与多元价值观是艺术区的灵魂，政策变迁则影响艺术区的兴衰。空间内各要素的互动形成了艺术创作生态圈，带来了创意氛围和品牌效应，带动了空间的商业繁荣，但商业的过度发展冲淡了艺术氛围，过高的租金迫使艺术家出走。

崔艳天等学者们认为，基于场景理论视角来营造富有创新活力的艺术区，要着眼艺术区形成的物质要素、组织要素和制度要素，厘清发展定位，分类扶持培育；合理布局舒适物设施，满足差异化诉求；创新管理体制，优化扶持政策；营造多元价值观氛围，构建艺术场景。构建艺术区创新活力机制，必须保证艺术家的生存空间，发挥艺术家的主导功能，为艺术家创造宽松的创作环境，搭建自由交流的平台。场景理论为营造艺术区的创新活力氛围提供了解决思路。

（二）场景与城市更新、老工业基地转型研究

场景与城市更新研究主要通过场景分析来讨论城市更新的文化策略。浙江树人大学人文与外国语学院徐雅琴认为，在城市更新过程中，以文化设施建设为主的既有路径效果不佳且连带出的社会问题容易引起"塌方式"城市衰败。场景理论通过城市社会学视角解读经济增长问题，作为基础背景和文化符号的场景，为文化策略失败提供了解释之理和解决之道。她以浙江省 P 市城市更新为例得出结论：营造有参与性和生活感的真实性场景、更富现代化与适度新潮前卫的戏剧性场景及借助产业发展落地良好的政策愿景是城市更新文化政策的优化路径。

徐雅琴等学者还认为，道路、楼宇以及园区犹如城市骨骼，而城市场景的涵养是真正具有生命力的血肉，关注实施文化策略的场景是公共政策制定的首要原则。她从 P 市城市更新文化策略的优化角度提出了三个方面的具体政策建议：第一，丰富日常生活，提高城市场景本真性。日常生活是使作为产业符号和认同机制的本真性

归位的内生力量。第二，鼓励多元文化，涵养城市场景戏剧性。当前，P市场景以正统和传统为主，某位打扮"怪异、新潮"的企业家能否出现在P市城市宣传片中引起该市外宣部门的争议，P市以Z（在某第三方机构发布的2016年度中国网络红人排行榜中位居前三）为代表的网络红人也并未出现在该市服装产业规划中。第三，提升经济效益，实现城市场景合法性。合法性关注市民认可，良好的政策愿景需要获得合法性才能在实践中达成。P市既有场景的合法性关注传统主义，与文化自信相关的政治绩效考核传导的结果对市民认同的唤起和对产业符号的促成等愿景是好的，但实践效果不理想，原因在于未与产业发展、经济获利这一合法性关联。作为一种消费严重依赖文化"前见"的产业，消费者知识结构、文化素养、审美趣味直接影响着产业生态和价值导向；反过来，优质的文化产品也可涵养消费者的审美趣味，如何打破这一循环圈是政策的着力点。

除此之外，还有学者运用场景来建构老工业基地区域品牌识别系统，从而推动城市转型。清华大学城市品牌研究室眭谦和毛万熙等学者认为，在区域品牌塑造过程中，如果引入"文化场景"理论则可大大扩展区域品牌的研究视野。眭谦等学者认为，场景可以重塑老工业基地区域品牌，在实践中已有通过场景营造重塑老工业基地区域品牌的优秀典范，验证了场景理论的科学性和可行性，其成功经验可为其他老工业基地所借鉴。比如，曾以"最大的煤炭钢铁工业区"闻名的德国鲁尔区，在20世纪80年代沦落为污染严重、萧条衰败的棕地，后来，当地的区域管理委员会对该地区进行了改造，鲁尔区逐步发展成为新兴文化产业中心和工业遗产旅游目的地，区域品牌实现了从"重工业基地"到"工业遗产旅游胜地"的蜕变。其中，最著名的北杜伊斯堡景观公园就是利用旧钢铁厂塑造的具有浓郁工业风的"场景"，吸引了大批访客，带动了区域的复苏。

眭谦还认为，我国较为典型的案例是无锡中国民族工商业博物馆。该馆以无锡茂新面粉厂的老建筑为基础，保留了工厂原有厂房、大麦仓库、制粉车间及办公楼，除了留存原貌之外，博物馆还对"场景"的塑造进行了复原。通过全套高仿真的制粉设备模型、制粉流程演示多媒体与触摸屏三者互动，再现了面粉的制作过程。馆内的民国一条街荟萃了无锡人引以为豪的老字号，如三凤桥、王兴记、亨得利钟表等，再现当年繁华。在馆内外徜徉，游客如同在翻阅一本中国民族工商业发展的大百科全书，加深了对往昔工业时代的印象。

（三）场景与文化消费、区域发展研究

南京市社会科学院李惠芬、叶南客等学者认为，在不同的场景下，文化消费差异化对公共文化政策、文化产业发展等提出了新的挑战。场景理论为应对这些挑战提供了新思路。他们基于江苏省13个地级市2010—2014年的文化消费面板数据，采用固定效应模型和分块回归的方法，对不同场景下文化消费的差异性进行了实证研究。研究结果显示，人均收入、教育事业财政支出和公共文化设施数量等因素与居民文化消费呈现显著的正相关关系，且不同因素对居民文化消费的影响具有明显的地区性差异；但文化产品的市场供给等则与激发文化消费动机没有显著正相关关系。

李惠芬还认为，不同的区域呈现了不同的文化消费特点，不同的人群有不同的文化消费偏好。提升居民文化消费水平，应将现有的文化设施、产品、服务等整合到不同的区域场景下，提供丰富的、适应群众个性化需求的文化产品。一是积极运用大数据，为政府、企业提供居民不同的文化消费需求信息，开发差异化消费品。二是根据不同的区域资源状况，塑造差异化公共文化服务场景。如在偏远地区提供文化产品快递或送货上门服务，让居民无论何时何地均能高质量地享受文化产品；鼓励民间资本进入公共文化服务领域，扩大文化产品供给渠道。三是加大统筹城乡文化发展的力度，

改善农村居民文化消费的物质载体和设施条件，促使城乡文化消费市场协调发展。四是重点扶持文化市场中被市场"自然选择"出的文化品牌，引导文化产业向专业化、系统化和品牌化方向发展，满足人民日益增长的文化消费需求，推动文化消费市场的大发展。

除此之外，部分学者还探讨了场景视角下城市商业文化对城镇居民消费的影响。浙江大学城市学院传媒与人文学院周佳撰文指出，城市商业文化是城市文化在商业领域的体现，对作为消费中心而存在和发展的城市来说具有特殊意义和作用。周佳提出了利用场景推动商业街区转型的三条具体建议。

第一，转变发展思路，发挥场景推进城市经济发展的效能。她在论文中强调，德鲁克从生产要素的角度强调过文化的重要性，认为真正占主导地位的资源以及具有决定意义的生产要素"既不是资本，也不是土地和劳动，而是文化"。福山也认为，在制度趋同化条件下，文化差异将成为社会和经济差异的关键，由文化所构建的社会信任和合作制度成为经济竞争力的决定因素。这与场景理论所持观点不谋而合，即由文化驱动的消费和市民活动已成为城市经济增长、人口流动、社区发展，甚至民主进步的动力。

第二，突出商圈文化，打造场景式城市商圈。由技术驱动的消费增长将日益回归体验、情感和文化价值。"场景式商圈"则意味着被不同社区、实体建筑、特色活动所吸引和联结的消费群体因价值观的认同而聚集，商圈内林立着各种都市舒适物设施，成为汇集各种消费符号的文化价值混合体。

第三，吸引"时间消费"，营造基于场景的城市消费空间。消费的增长受到消费空间的直接影响。城市场景作为消费空间的前沿形态和社会组织形态，是形成城市消费新热点的重要支撑。城市居民的消费实践活动，必然包括有计划的信息搜索、方案评估等购买行为，并因此产生相应的交易成本。但除了此类理性、程序性的计划性购买外，居民往往会在其他文化和价值体验过程中产生非计划性购买需求。提供优美的商业活动空间和公共文化活动空间，尤其是富有人文气息的商业活动空间，能够吸引消费者延长逗留、休闲、娱乐的时间，从而有效增加非计划性购买支出。

（四）亚场景与老城街区特色塑造研究

亚场景构建是中国场景研究的一个新拓展。首都师范大学文化研究员郭嘉、卢佳华等分析了当前中国亚文化发展现状，并采用参与式观察和深访的研究方法，对北京后海酒吧街的民谣亚文化发展进行了个案研究，最终基于场景理论为该空间未来的发展提出合理路径。她们认为，"文化舒适物"是创建场景的基础，它是指满足居民日常文化消费和娱乐的设施，包括文化步行街区、艺术工作室、博物馆、电影院、剧院、音乐厅等为该空间中活动的人群提供文化服务的设备和空间的总和。

整体而言，在社会空间层面，文化群体、在地居民、官方政府、企业之间没有建立健全的互动机制，这种主体间性的缺失直接致使基础设施供给不足，物质资源的匮乏严重制约了场景的进一步构建，这成为民谣文化发展和传播过程中的巨大障碍。要以文化活动来营造场景，文化活动的丰富程度对于场景的构建十分重要。社群、文化基础设施和创意人才是构建场景的关键要素，文化活动是在这三个要素基础上得来的，与多样化人群文化活动、文化价值观之间形成一种联结。多样化的人群有利于提升场景中的文化创意力，从而在这些群体中孕育多元的文化价值。反过来，这种包容性又会吸引更多的人力资源，为场景营造贡献更多的文化实践活动，这里的文化活动同时也能够带动场景中的文化消费，从而拉动区域内的经济增长。

完善文化设施、汇集创意人才、丰富文化活动，基于此输出社群的价值观，这样才能创建多元文化空间以带动区域综合发展。对于后海酒吧街而言，建立社区与民谣酒吧之间的广泛互动，并通过建立底线原则温和对待其亚文化价值观，是以社群孕育文化价值观的关键所在。从社群这一要素来看，后海酒吧空间场景的内部构成单一且封闭，社群内部的互动性较弱，主要是以商业为主导的模式，缺少政府部门的统一规划和管理。社群的本质是某些边界线内发生作用的一切社会关系，它可以指实际的地理区域或是存在于较抽象的、思想上的社群精神或社群情感。因此，若要从场景要素的角度构建稳固的民谣亚文化空间，社群内部必须具有一定的历史文化作为根基，以此形成价值观的联结。

综上所述，由舒适性集合构成的场景因素作为一种驱动城市与社区发展的新驱动力已经得到国内外学者的关注。无论是国际还是国内，学术界已经开展了大量的理论构建和实证经验分析，大多数学者持有相同或相似的观点：建设场景，培育城市内生动力。持场景动力观点的学者们认为，传统城市发展模式强调了土地、资本、劳动和管理效率等要素的重要性，却忽略了知识技术等无形要素；人力资本模式看到了知识经济时代优秀人力资源对经济社会发展的推动作用，却没有解决如何有效地吸引这部分人才的问题。恰恰相反，场景模式弥补了以上两种模式的缺陷，它从舒适物入手，凸显一个地区生活质量、文化消费、价值观、生活方式等城市软环境对创意阶层聚集的重要性。场景集中探讨舒适物设施、多样性人群和丰富活动等作为一个整体性城市场景对城市与社区发展的作用。事实上，城市发展模式具有一定历史阶段性，进入知识经济社会之后的城市发展动力新特点已经显现，即开始重视文化与艺术消费、信息与互联网、创新与科技、城市生活品质与社区环境等对城市发展的作用。比如，一些城市（杭州和南京等）通过打造区域历史文化氛围、提升城市品质等方式来吸引新兴产业集群，从而推动城市发展。再如，城市发展的动力正在转变为智慧、知识等文化软实力，基于文化产业和文化景观生态等的特色文化城市建设将是未来大城市发展的主要路径。

三、城市发展模式转向：消费、场景、创新

一片空旷的土地如何变成城市与社区？为什么有的地方可以发展起来而有的地方则会"销声匿迹"①？为什么居住在不同城市的人们，或者居住在同一城市里不同社区的人们，他们的态度和行为往往会有显著性的差异？这些都是城市与社区发展研究文献里百年来探讨的核心问题。

在现有的研究文献中，社会科学家们大致给出了两种答案。

一种观点认为，在空旷的土地上，土地本身、资金注入、劳动力流入等生产因素决定了这一地区是否能够变成一个繁荣的社区，是否能够发展成一个城市，是否能给本地区带来发展动力。恰恰相反，另一种观点则认为，决定这一地区增长与发展的是消费性因素，如公园湖泊、商店超市、博物馆、图书馆、艺术馆或画廊、创意集市、咖啡厅与酒吧、餐厅与美食等设施，以及不同文化价值取向的人群聚集等消费因素，决定了本地区是否能够发展成繁荣的社区和充满活力的城市。

简单来说，到底是生产带来增长发展，还是消费带来增长发展？这是关于不同城市发展模式的争辩。在不同城市的不同时期，到底是生产主导发展，还是消费主导发展，我们都能找到很多例子来支持。从时间层面来看，工业化时期，城市增长发展普遍依赖生产性要素，如土地、资金和劳动力等。到后工业时代，能给城市生活带来舒适性的生活文化消费因素慢慢崛起，并快速上升到更加重要的位置。从跨国层面来看，现今的发达国家更加倾向于文化舒适

———————————
① 在这里的"销声匿迹"，主要是指区域发展不起来，比较萧条；具体来讲是指城市发展到一定时期出现经济停滞或衰退现象，往往会伴随着很多城市社会问题。

物消费导向的增长发展模式；相反，在发展中国家，生产性要素还是起着决定性作用。

具体到中国，在辽阔的国土范围内，不同地区增长发展的水平极其不平衡。我们既可以看到能与欧美发达城市媲美的后工业城市，如北京、上海、广州和深圳；同时，我们也有很多处在发展中的中西部落后城市。因此，无论是生产型的城市增长与发展，还是消费型的城市增长与发展，在当代中国都可以找到鲜明的案例。

然而，在后工业时代来临和经济全球化的背景下，舒适物和场景消费因素在城市发展中的作用越来越明显，这个结论已经被美国的社会科学研究所证明。[①] 但是，舒适物和场景消费因素也不是自然而然地组合然后自动成为城市增长发展的动力的。更多的时候，舒适物与场景消费因素是与生产因素互动才能转化为增长动力。

在这个互动过程中，不同舒适物消费元素的多样组合可以形成不同场景。正是这些独特的场景定义了一个社区、定义了一个城市，不同的场景同时又反过来对场景里面个体的心理、态度与行为产生不同的作用和影响。

比如，北京人和上海人的行为态度存在着明显的差异。北京人继承了北方人典型的特征，比较直接与粗犷；上海人是南方人的典型表型，比较含蓄与内敛。前者的生活方式比较简单与奔放，后者的生活方式较为精致与小资。上海人形容人没事找事叫"作"，北京人形容人有男子汉气概叫"爷们"。因此，很多城市舒适物消费与场景都有很大不同，集中反映在城市规划与建设上。

这个例子说明，不同的城市会呈现出不同的生活方式，不同的舒适物设置，形成不同的场景，即使在同一个城市里，又有不同的

---

① 这方面的代表学者有芝加哥大学城市社会学与城市政策教授特里·克拉克、哈佛大学城市经济学教授爱德华·格莱泽、多伦多大学商业与创意学教授理查德·佛罗里达，以及多伦多大学社会学家丹尼尔·西尔等。

社区场景，这些以消费为导向的舒适物系统，和多样性人群、活动与社会包容性等组合成的场景，对人们的态度和行为产生了显著的影响，如经济活动、择居行为和基层民主选举等。在这些场景的形成过程中，舒适物消费因素扮演着重要角色。

正如前文所述，场景是由各种舒适物设施与活动组合而成，即舒适物系统。舒适物与场景理论是由著名国际城市研究专家新芝加哥学派领军人物特里·克拉克提出的，这一理论视角已成为解读知识经济时代下后工业城市发展模式的重要理论框架。这一视角打破了传统以物质和财富积累为中心的城市发展模式，就如纽约大学城市研究专家哈维·莫洛奇（Harvey Molotch）描述的那样，"城市是一种物质财富的增长机器"[①]，这样的发展模式很大程度上忽略了人的生活和生活质量。哈维·莫洛奇将这种"以经济增长为导向且持续地主宰着地方政府的同盟称作'增长机器'"。当时的美国，城市均推崇增长压倒一切，似乎绝大多数的官僚机构和学者都认为经济增长能够给人们带来福祉，如就业机会和财富增加，但事实上却是精英联盟在这个过程中得到了很大好处，而部分普通民众，尤其是弱势群体，并没有从发展中真正获益。这篇论文给读者带来的信息颠覆了人们的传统认知，即"经济增长一定能为人们带来就业机会和财富等"[②]，从而动摇了地方增长的合法性基础。

在最近几十年的美国城市发展竞争中，城市作为增长机器的模型正逐渐失去它的解释力。其中很重要的原因是"新经济"（New

---

① ［美］哈维·莫洛奇曾经比较形象地把城市比喻为一台"增长机器"（Growth Machine），这里的增长被定义为土地的开发利用、更高租金收入、相关专业费用以及带来的地方性利润。城市政策的本质就是"增长"，包括经济增长和人口增加等。这里的"增长"主要围绕土地开发所带来的利润，以及为此而结成的利益精英联盟，涉及土地所有者、建筑商、开发商、社区精英和相关社团等。他们一起向政府施压，来影响城市政策。许多城市经济学家、规划制定者、政治科学家等也持有相同的观点。

② ［美］哈维·莫洛奇：《城市作为增长机器：走向地方政治经济学》，吴军、郭西译，《中国名城》2018 年 5 月，第 4 页。

Economy）的出现和创意阶层（Creative Class）① 的崛起。新经济并不一定加剧城市原来中心的郊区化，但会改变城市经济的基础。创造性阶层也会改变城市经济增长和社会发展模式。

依靠资本的传统城市增长发展模式开始让位于人力资本模式，更多受过高等教育的新技术人才、新经济企业开始聚集，成为新的增长与发展动力。在许多地方，"精明的"（Smart）和"管理的"（Managed）增长策略已经取代工业时期的增长机器策略，成为一种全新的城市发展意识形态。最近一些城市在竞争发展中获得极大的成功，便主要得益于对诸如科技人才等高级人力资本的争夺。

基于舒适物的场景理论认为，人才的流动不仅基于经济性和工作机会，同时也基于生活质量的考虑。尤其是对于那些敢于创新、富有创造力的创新创造性阶层而言，城市的人文环境和氛围也很重要。基于舒适物组合的场景营造可以满足这方面的诉求。

通过研究国内外文献我们发现，舒适物大致分为三种：自然舒适物、文化舒适物和社会舒适物。

自然舒适物更多指向诸如温度、湿度、气候和水资源等，自然要素给人带来的舒适性多种多样，如充足阳光的地方和寒冷的地方对于人群的吸引不同，东北有钱人很多就在南亚买房养老，他们是"候鸟"式的养老族。

文化舒适物偏向于人工建构的设施服务活动，如图书馆、博物馆、剧院、酒吧、咖啡馆等。这些设施服务活动都掺杂了人的属

---

① 理查德·佛罗里达对创造性阶层的定义是：新经济条件下，经济发展对于创意的渴求，从而衍生出来的一个新的阶层；他们的工作涉及制造新理念、新科技、新内容，包括所有从事工程、科学、建筑、设计、教育、音乐、文学艺术以及娱乐等行业的工作者。他认为创造性阶层由两种类型的成员组成：一种是超级创意核心群体，包括科学家与工程师、大学教授、诗人与小说家、艺术家、演员、设计师与建筑师；另一种是现代社会的思想先锋，如非小说作家、编辑、文化人士、智囊机构成员、分析家以及其他"舆论制造者"。除了这类核心群体，创造性阶层还包括创意专家，他们广泛分布在知识密集型行业，如高科技行业、金融服务业、法律与卫生保健业以及工商管理领域。

性，有文明、文化的含义。其他动物不能像人类一样，创造咖啡馆、书店、艺术馆、俱乐部等，这些都反映出文明、文化的内涵。这些设施活动服务等，也是人与动物相区别的表现之一。

社会舒适物是指本地区居民的价值观与态度，如友善、包容、敢于冒险等。这样的舒适物比较偏重社会心理学范畴，属于价值观范畴。比如，一个地方的人是否排外、是否具有包容性、是否具有创新精神。北京的包容性就比其他二三线城市要大；温州就比其他地方更具创新创业精神，因为温州人冒险精神比较强。

场景就是各种舒适物组合的复合体，代表了一个地方的整体文化风格或美学特征。尽管可以在多个层次上识别场景，但我们更强调社区层面而不是城市或国家层面，因为从社区层面识别场景可以捕捉较大单元内部和相互之间的差异。

场景可以通过以下五种方式进行识别。

（1）通过舒适物，如根植于具体的、可识别的、聚集人的场所里的舞蹈俱乐部或购物商场等。

（2）多样性人群，这些人群是按照种族、阶层、性别、受教育程度、职业、年龄等维度来描述的，这些告诉我们一个事实，即一个场景不仅由那里的事物来定义，而且还由那里都有谁来定义。

（3）特色活动，如备受青年科技工作者喜欢的本地朋克音乐会。

（4）象征性的符号意义和价值观，这些定义了某个地方能够提供怎样的体验的重要性；尤其是，我们强调诸如合法性之类的含义，比如合法性，正确或错误的生活方式；戏剧性，吸引人观看和被看的方式；真实性，一种真实或原真的身份认同。

（5）公共性，对于路人和爱好者来说是可获得的。

尤其值得注意的是，场景的研究体系是建立在主观认识和客观结构两大体系之上的。客观结构由被研究区域中的舒适物设施与活动构成。通常，我们将拥有大量商铺的城市区域称为商业区，拥有大量工厂的城市区域称为工业区。

主观认识体系是指场景中蕴含的价值观范畴。比如，自我表达（Express-self）、传统主义（Traditionalism）、时尚魅力（Glamor）等。[①] 场景中客观结构的概念类似于此，不过更为细化。比如，咖啡馆、酒吧、书店、博物馆、艺术画廊，以及朋克音乐会、文化沙龙、娱乐俱乐部活动以及音乐艺术节等。

以鼓励自我表达和时尚魅力的场景为例。

一种好的场景可以作为强有力的纽带，把艺术家群体与经济表现连接起来。以两个艺术家为例，即艺术家 A 和艺术家 B。每位艺术家每周工作时间相同，所使用的工具相似（电脑、绘画颜料、软件等）。艺术家 A 生活在生机勃勃的场景，如倡导自发行为（个体自我表达与创意）、上演令人惊喜的秀（魅力与形式）以及鼓励不拘泥于传统等。艺术家 B 生活的场景刚好相反，是传统、死板和守旧的环境。艺术家 A 工作在一个比较肥沃的艺术土壤里：在这里，我们可以想象，开放的即兴创作与冒险、对创意多次失败的理解与包容、许多创意与技术分享的机会与交流的平台、愿意克服传统偏见与刻板印象（Stereotypes）、回归原初与质朴的经历与体验……这种场景，有利于激发艺术创造，有利于产出高质量的艺术作品，从而形成创意经济。这种现象用"艺术红利"来形容，再恰当不过。

对于企业组织来讲更是如此。在两个案例中，肥沃的土壤"孕育"的公司 1 和艺术家 A，比公司 2 和艺术家 B 更富有成效，更具有生产力。从这个意义上讲，它们的输出结果会更有价值，而土壤就是本书所说的场景。艺术家群体和这些公司所产生价值的多少与场景的不同有关；不同设施的组合会形成不同的场景，不同的场景孕育着不同的价值观与生活方式。这些案例说明，场景发生变化，其他变量的经济输出结果也会随之变化。

---

① 该部分内容选自克拉克教授与丹尼尔教授的《场景：空间品质如何塑造社会生活》一书，并对相关内容进行了概括。

第六章 北京两个场景营造案例比较

通过前面我们对创意阶层、场景与城市发展等相关知识点的介绍，相信读者对此已经有了更系统和完整的认识。在此基础上，本章聚焦创新创业社区场景和创新创意社区场景两个案例，并对其进行分析，来解构场景营造的重点内容。本章选取了两种研究对象：一种是以科技人才等为主的创意阶层聚集区，即中关村创业大街及其周围地区；另一种是以创意人才等为主的创意阶层聚集区，即798艺术区及其周围地区。这两种类型的社区有着不同的特点。从人员聚集来看，前者以科技人才的创新创业为主，后者以文化创意人才的创新创业为主；从发展之初的推动力来看，前者以"自上而下"的政府推动为主，后者以"自下而上"的民间自发形成；从业态来看，前者以科技创新为主，后者以文化创意为主。我们认为，通过对不同类型的创新创意社区进行比较分析，发掘一些规律性的内容，对于为实践提供理论支撑与政策指引会更有意义。

一、两个案例的基本情况

（一）创业大街社区的发展历程

中关村创业大街是科技人才聚集特征比较明显的社区。它的前身是海淀图书城。1985 年，由当时的政协委员阎维仁倡议建议。1987 年，由北京市政府与海淀区政府出面组织建立科技图书一条街。1990 年，图书城一期工程籍海楼开工，接着成立了图书城管理委员会及办公室。1992 年，江泽民等时任中央及北京市领导视察中国海淀图书城并给予鼓励。1996 年，昊海楼开业，到 2005 年这条大街的发展深深地打上了图书行业的烙印。2005 年，图书城商业街改造工程方案确定；2006 年，海淀图书城特色商业街改造建设工程正式开工。2007 年，图书城特色商业街改造重装开街，期间举办了图书城电脑节文化活动等。

2011 年，车库咖啡入驻海淀图书城，拉开了新一轮创新创业大潮的序幕。为了顺应创新创业趋势，2013 年，海淀区政府会议决定对图书城经营业态进行调整，将图书城打造成创新创业孵化街区。同年，3W 咖啡入驻海淀图书城。2014 年 1 月，首批 8 家创新创业企业确定入驻街区，包括联想之星、飞马旅、创业家、天使汇、36 氪、Binggo 咖啡、言几又、思源易创等创新创业机构。2014 年 4—6 月，基于优势互补、强强联合的原则，依托海淀置业的空间资源与硬环境建设经验，发挥清控科创在创新创业服务方面的优势，海淀置业和清控科创联合成立中关村创业大街运营公司——北京海置科创科技服务有限公司，按照政府引导、市场化运作的方式，着力打造创业服务集聚区。

2014 年 6 月，中关村创业大街在中关村核心区盛大开幕，首届"中关村创业大街创业季"活动同时启动。之后，中央和地方各级政府领导与相关人员前来考察调研。同时，创业大街每天都会举办各种活动，形成了一种创新创业的文化氛围。尤其是 2015 年 5 月，李克强一行到中关村创业大街调研，使创新创业氛围更加浓厚。同月，中关村创业大街周年庆暨第一届创新集市开幕，吸引了很多创新团队、投资人与孵化机构。

据不完全统计，从创业大街开幕到今天，短短几年时间，这条大街孵化出的创业团队有 2000 多家，总融资额超过 60 多个亿，参与人数约 30 多万。随着全国各地政府、企业事业单位及创业者前来考察，这里已经变成中国创新创业者的精神家园与文化圣地。

创业大街位于中关村西区核心位置，北临北四环，西靠苏州街，交通便利。随着街区业态的升级和创业服务机构的引进，目前街区已经初步形成具有国际国内影响力的创业生态。

（二）创业大街社区的功能定位

创业大街不仅致力于建设创业服务集聚区、科技企业发源地、创业者文化圣地，还要打造具有极强科技感、展示度、时尚感的创新创业特色景观大道，吸引培养一批具有国际影响力的世界一流创业孵化服务机构，缔造全球知名的"Inno Way"。

根据这一要求，创业大街正在构建服务功能完善的创业生态体系，以创业企业的需求为导向，以全球范围内服务资源的整合为基础，积极引进各类创业服务机构，重点打造"创业投融资 + 创业展示"两大核心功能，以及"创业交流 + 创业会客厅 + 创业媒体 + 专业孵化 + 创业培训"五大重点功能（见图 6−1）。从发展态势来看，中关村创业大街已经初步形成了独特创新创业场景，吸引

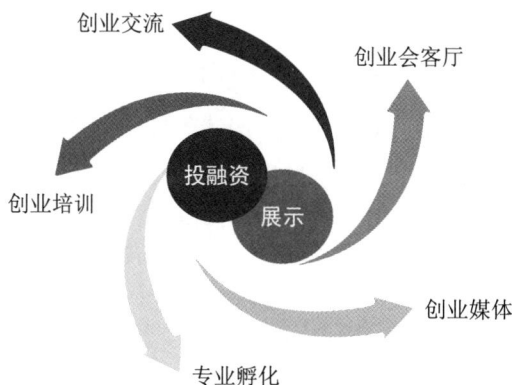

图 6−1 中关村创业大街的功能定位

与聚集着各种创新创业资源，成为北京城市创新创业的一个地标、一种品牌，也成为全国创新创业者心目中的圣地与文化家园。

（三）798 艺术社区的发展历程

798 艺术社区是创意人才聚集特征明显的社区。谈起北京 798 艺术社区，必须从新中国的工业化开始说起。798 艺术社区所在的区域，是新中国"一五"期间建设的北京华北无线电联合器材厂，即 718 联合厂。[①] 1952 年，联合厂在京郊毫无工业基础的酒仙桥地区筹建，1954 年开始土建施工，1957 年 10 月国家领导参与了开工典礼并宣布开工生产。[②] 在酒仙桥地区，与 718 联合厂同时筹建的还有 774 厂、738 厂，这三个厂的建成，改变了酒仙桥地区的面貌，为中国电子工业的发展作出了卓越贡献。

2000 年 12 月，原 700 厂、706 厂、707 厂、718 厂、797 厂、798 厂六家单位整合重组为北京七星华电科技集团有限责任公司。七星集团是北京市及电子城园区最早一批认定的高新技术企业，由于对原六厂资产进行了重新整合，一部分房产闲置了下来。为了使这部分房产得到充分利用，七星集团陆续将这些厂房进行了出租。

2002 年 2 月，美国人罗伯特租下了这里 120 平方米的回民食堂，改造成前店后公司的模样。罗伯特是做中国艺术网站的，一些经常与他交往的人也先后看中了这里宽敞的空间和低廉的租金，纷纷租下一些厂房作为工作室或展示空间。"798"艺术家群体的"雪球"就这样滚了起来。由于部分厂房属于典型的现代主义包豪斯风格，整个厂区规划有序，建筑风格独特，吸引了许多艺术家前来工作定居，慢慢形成了今天的 798 艺术社区。

---

① 718 联合厂是由周恩来总理亲自批准，王铮部长指挥筹建，苏联、民主德国援助建立起来的。

② 《798 十年展览史：改革三十年最后十年的文化记忆》，凤凰网，2012 年 9 月 28 日。

（四）798 艺术社区的功能定位

艺术家和文化机构进驻 798 艺术社区之后，成规模地租用和改造空置厂房，逐渐发展成为画廊、艺术中心、艺术家工作室、设计公司、餐饮酒吧等各种空间的聚合，形成了具有国际化色彩的"SOHO 式艺术聚落"和"LOFT 生活方式"，引起了人们的关注。

当代艺术、建筑空间、文化产业与历史文脉及城市生活环境的有机结合，使 798 演化为一个文化概念，对各类专业人士及普通大众产生了强烈的吸引力，并对城市文化和人类的生存空间观念产生了不小的影响，被称为 798 生活方式。

伴随着改革开放以及北京都市文化定位和人民生活方式的转型、全球化浪潮的到来，798 厂等这样的企业也面临着再定义再发展的任务。随着北京都市化进程的推进和城市面积的扩张，原来属于城郊的大山子地区已经成为城区的一部分，原有的工业外迁，原址上必然兴起更适合城市定位和发展趋势的、无污染、低能耗、高科技含量的新型产业。大批艺术家、文化人的入驻，正是这一历史趋势的反映。这一趋势也牵涉都市与社区发展、生产和消费模式转变、经济与社会变迁等更为广泛的领域。

二、两种类型场景要素的解构

通过上文分析我们发现，无论是中关村创业大街社区（创业场景）还是 798 艺术社区（创意场景），它们都是在北京城市由工业向后工业转型过程中经历了一系列"蜕变"，才最终实现地方发展。这种发展，也意味着诸如土地、资金、劳动力等传统生产要素向新的驱动要素的转变。接下来，我们将从场景驱动发展的角度，对上述两种类型的场景进行解构。

（一）创业场景的解构

中关村创业大街社区作为一种独特的创业场景，吸引聚集了大量的创新创业人才。在这样的场景里，创新创业能够较快实现提质增效。比如，印娃（inwow）移动打印创业过程① 很好地诠释了场景的作用。印娃是创业大街孵化出的众多公司中的一个，创始人李兵原来是做传统的复印机，起初对互联网行业并不在行，当时来创业大街只是抱着一个简单的想法"如果复印机能够做成移动复印会怎样呢"？于是，他来到创业大街，在极短时间内完成了公司注册、融资、产品开发、品牌设计以及市场销售等。据他介绍，从创意变成现实产品再到市场也就3个月时间，而传统的创业过程至少需要1年时间。这就是独特场景的魅力，能够吸引聚集到创新创业人群。这就是中关村创业大街独特场景的优势与吸引人的地方。但问题的关键是，到底中关村创业大街这种独特的创新创业场景包括哪些要素呢？根据调查研究，本章认为可以从社区、孵化器＋便利设施、创新创业活动、多样性人群等组合因素以及场景中的文化价值观来把握。

1. 社区：多种元素有机融合的创业生态

从社会学角度来看，社区是放置在一定地理空间中的社会；从文化角度来描述，它又是一种在聚集地中多数居民构成的亚文化群体，强调人的链接与互动，形成生态体系。就如热带雨林一样，创新创意创业元素有机融合，构成了一个较为完整的优质的生态系统。在特定的时间里，把创新创业群体、设施与活动等放置到一定空间并形成一种有机网络联结与支持。这种联结网络是有机的，且

---

① 随着移动互联网的发展，智能手机的功能越来越强大，手机逐渐取代 PC 成为新的办公工具，越来越多的人不局限在办公室办公。移动互联网在改变世界的实践，打印服务却依然自顾自地走自己的老路。而传统的打印服务，在这个时代已经难以满足移动办公人群的打印需求。用户通过印娃 APP，将存放在云端或手机端的文档与线下打印终端建立连接，可以随时随地享受更便捷、更潮流、更专业的打印服务。

非常有针对性，创业者—孵化器—投资者，这一网络联结紧密，而非松散或物理堆砌。基于社区层面更容易形成一种有机的网络联结，中关村创业大街作为一个社区，把各种创新创业要素紧密地联系在一起，拥有梦想者、创意者、IT人才、高校与科研机构、行业领军企业、天使投资与创业金融以及各种孵化器等组合形成的一种创新创业场景以及这种场景中蕴含的独特文化价值观念。这些共同构成了一种创新创业文化，一种专属于创新创业者的亚文化群体与生活格调。基于社区层面这些元素才能发生紧密的联系，才能形成一种有机生态，才能演化成强有力的纽带，进而实现"1+1＞2"的聚合效果。可以说，一个松散的、缺乏联系的空间不叫社区，那仅仅是物理空间的堆积，也形成不了有魅力的创新创业场景。

2. 舒适物：数量众多的孵化器与便利设施

空间物理结构是创新创业文化形成的载体，它主要包括两类舒适物系统：以创新型为主的孵化器和以生活消费为导向的便利设施。

第一，在短短220米的创业大街空间里，入驻了大约45家创新创业孵化器，孵化出的创业团队累计超过1000个。在这45家创业服务机构中，有教育培训领域闻名业界的联想之星、创业黑马、清华经管创业者加速器，专注智能硬件服务的京东＋开放孵化器、硬派空间、硬创邦，工业设计平台洛可可，媒体传播平台创业邦，互联网招聘平台拉勾网，深耕国际孵化的盛景网联加速器，股权众筹平台36氪、因果树等。这些孵化器在不同领域为创业者提供交流空间、传媒、基金以及招聘等服务，如创业咖啡馆主要为互联网从业者提供以咖啡、美食为基础的交流空间；创新传媒致力于举办各种互联网分享沙龙，邀请各领域顶级的企业家、创业者、投资人做深度分享；部分孵化器还面向互联网创业者，提供联合办公、公司注册、法律咨询、技术支持等各方面的帮助；他们还成立了一些基金，面向入驻孵化器的创业团队，提供种子轮的投资；另外，还帮忙进行项目推进与员工招聘等。

第二，除了孵化器，街区及其周围还有为数众多的、以生活消费为导向的便利设施，如咖啡馆、书店、特色小食店、果汁店、超市、健身房、主题酒店、银行、移动打印以及清洁高效的餐厅等，据不完全统计，这样的便利设施有成百上千个。这些设施也都比较受创新创业者青睐，除了为人们的生活提供便利，还构成了一种格调、一种创新创业者特有的生活方式。另外，这里还有百度、阿里、腾讯、小米以及联想等知名互联网企业，以及清华、北大、人大等高校，为创业大街提供了各方面高端人才与资源。

3. 活动：形式多样的创业沙龙与讲座培训

自创业大街开办以后，举办了各种路演、创业大赛、展演以及各式各样的创业沙龙俱乐部活动等，创新创意无处不在。据不完全统计，在两年多的时间里，创新创业活动超过 1600 场，平均每天有两个以上的主题创新创业活动，参与人数达到 16 万之多。政府与企业也联合举办了各种创新创业大赛，如首届"中关村创业大街创业季"、第一届创新集市、第一届韩国创业路演日、"大众创业万众创新"全国双创活动周暨中关村创新创业季系列活动、创业年会与周年庆典，以及各式各样的创业机构开幕活动等，几乎是"天天有路演、日日有沙龙"。另外，这条街也成为展示中国创新创业成果的窗口和国际文化交流的舞台。据不完全统计，中关村创业大街累计接待各级领导及社会人士调研参观 1200 余次，包括来自美国、韩国、新加坡、澳大利亚、俄罗斯、墨西哥等国家和地区的 90 个代表团。英特尔、大众汽车、谷歌等跨国公司也纷纷来大街交流合作。可见，众多的创新创业活动吸引了大批创新创业者、投资者、创业服务机构持续聚集，营造了浓厚的创新创业文化氛围，激发了创新创业的活力。

为了能够具体说明这些创新创业活动的类型与变化情况，我们对创业大街 2014 年、2015 年、2016 年、2017 年所举办的各种活动进行了整理、归类、编码与统计，结果发现，创业大街每月的活动次数平均都在 50 场左右；从活动内容来看，创新创业活动主要以创业沙龙、讲座培训、政策宣传、展示陈列、路演推广和创业比赛六大类为主，其创业培训讲座类活动最多，年均 260 次左右，其次是各种创新创业沙龙活动，年均 170 次左右（见表 6-1）。

表 6-1　中关村创业大街创新创业活动类型划分（2014—2017）

年份	创业沙龙	讲座培训	政策宣传	展示陈列	路演推广	创业比赛
2014 年	144	111	30	20	53	20
2015 年	215	285	27	45	79	18
2016 年	95	317	30	15	28	16
2017 年	225	325	45	50	69	32

4. 人群：具备不同专业知识背景的人才

中关村创业大街聚集了来自全国各地、具有不同学科背景与掌握不同技术与资金资源的人，每天在这里活跃着的各式各样的创业者、投资人与技术人员等多达 2 万人，这些人群为创业大街注入了持久的生命力。具体分析，从来源地观察，他们来自不同的地方，有北京土生土长的青年，也有北京新青年，大部分是"北漂"，有的甚至操着不同的地方口音，还包括一些国际创业者。从学科背景观察，创业者具有多种学科背景，知识面跨度大，有做 IT 计算机与软件开发的，有做音乐与艺术的，有做平面设计的，还有做核动力研发的。从行业分布观察，涵盖互联网、IT、教育、医疗、智能家居、汽车以及生活服务等几十个行业。总之，这些多样性的人群也是创业大街活力的重要来源。

另外，根据调查，这些多样性人群还具有以下几个共同特点：第一，有梦想且敢求索。绝大部分的创业创新人士都是想"做点事"，希望通过自己的努力改变世界，实现梦想。第二，赚钱是动力，但不是唯一，财富的爆发性增长恐怕是大多数创业者的渴望，但这不是他们创业的唯一目的。如果你要问他们为什么创业创新，相信大多数人的答案里都有一些"情怀"，改变世界或自我实现等。除了经济上得到回报，自我实现和社会价值等依然是他们非常看重的。第三，把创新创业看作一种情感体验、一种精神信仰。第四，内心强大，不轻易言败。你如果问他们，"像你们这样的创业团队，有几个能够存活下来"。他们的回答非常明了"百分之十的存活率已经很好，有时仅为百分之二"。就是对这样的百分之二，他们锲而不舍，明明知道成功希望很小，但还是勇往直前，不得不说，他们的内心足够强大。虽然不能用"越挫越勇"来形容，但至少可以说他们是不轻言失败。

5. 创业场景蕴藏的价值观："一切皆有可能"

舒适物、人群、活动等元素组合形成的创业场景以及场景中蕴含的"一切皆有可能"的价值观，与创新创业紧密相关的设施、活动以及多样性人群等共同组合形成了一种独特的创业场景，吸引着创新创业高级人力资本，聚集着新型企业产业，为城市与社区发展提供了源源不断的动力。事实上，有很多创业团队，特别是一些年轻人就是带着一个想法来到创业大街，然后在大街里面组建了他的团队和公司，继而拿到融资，开发出产品并推向市场。这就是创业大街独特场景带给创业者的"福利"，这就是独特创新创业场景的魅力所在。

事实上，"中关村创业大街名义上叫街，实质是吸引全球高端创新创业人才、集聚高端创新创业服务要素、孕育产生关键颠覆性创新的功能中心。在这里，鼓励的是创新精神，是通过创业推动创新，而不是一夜暴富"。这不是一条只有咖啡馆的"街"，也不仅仅是创业大潮中的昙花一现，在其背后，是一个关于"创新创业"的文化圣地和精神家园。

总之，基于社区层面的纽带连接、孵化器＋便利设施、众多的创业活动、多样性的人群集合形成的场景，以及这种场景中蕴含的创新创业价值观，吸引与聚集着创新创业等高级人力资本和互联网企业产业，驱动着本地区的经济增长与社区发展。

（二）创意场景的解构

在 1957 年至今仅仅半个世纪里，位于北京朝阳区酒仙桥街道的大山子 798 社区发生了翻天覆地的变化，从原先的北京华北无线电联合器材生产工业社区，到废弃破旧的城市社区，如今变成了生机勃勃的世界级艺术区。[①] 现在的北京 798 社区聚集了 400 多家艺术馆和画廊工作室，甚至一些世界闻名的艺术馆也在 798 社区设立了分支机构，如 Guy & Myriam、Ullens Foundation 和 Pace Gallery[②]。除了艺术展览、艺术品交易，文化公益活动、公司庆典等每天都在这里发生外，798 社区已经成了北京旅游的一张名片，每天都吸引着大量的游客。

毫无疑问，这是一个世界范围内城市社区发展从工业生产主导型向文化艺术消费型转变的社区复兴的经典案例。[③] 这一案例触及了一个核心的研究议题，到底是什么因素驱动着一个封闭生产的工业厂房转化为开放型的文化社区，从一个自发形成的艺术区转化为城市文化旅游的重要吸引物？恐怕，这是一个很多关注后工业社会城市与社区发展的学者们普遍关心的问题。本章尝试从场景动力的角度对这一案例进行分析。

1. 社区：多种艺术元素构成的创意生态

798 艺术区位于北京市朝阳区酒仙桥街道大山子社区，故称"大山子艺术区"（DAD-Dashanzi Art District），是原来国有企业无线电工业生产厂区所在地，占地面积约 30 多万平方米，其中 50 年代

[①]　吴志明、马秀莲、吴军：《文化增长机器：后工业城市与社区发展路径探索》，《东岳论丛》2017 年第 7 期。

[②]　Zhang，Yue，"Governing art districts：State control andcultural production in contemporary China"，*The China Quarterly*，2014，21（9），pp.827-845.

[③]　同上。

风格建筑面积为 97230 平方米，包括约 2 万平方米的锯齿形包豪斯风格建筑（见图 6—2）。从 2002 年开始至今，798 艺术区经历了一个快速变化的过程，包括规模变大和功能变化。2003 年只有 30 多家艺术机构，到如今已达 400 多家。空间从最初的厂区部分扩展到整个园区；功能则从一个艺术家聚集区转变为现当代艺术画廊聚集区，从艺术作品的创造区转变为现在的艺术作品的展示区和流通区。[①]

图 6—2　798 艺术区的包豪斯风格厂房外景与内景

2. 舒适物：众多个人工作室与艺术画廊

798 艺术区成功地实现了由生产工业区向艺术消费社区的转变。798 艺术区最初入驻的是艺术家工作室，而画廊是随着艺术区的逐步形成而进驻的。画廊的入驻，彻底改变了这里艺术家群体聚集单一形态。

除画廊外，30 多万平方米的空间里还建设了众多设施，如艺术家工作室，涉及雕塑、环境设计、摄影、手工艺术、表演、服装设计、精品家居设计、影视传媒、特色书店、餐饮、酒吧等。根据学者刘明亮 2003—2009 年做的田野调查，在此期间，艺术家工作室最多达到 51 家，画廊的数量一直上升超过了 160 多家，其他艺术机构和精品店商铺都处于上升趋势。我们最近的调查显示，798

---

① 刘明亮：《北京 798 艺术区：市场语境下的田野考察与追踪》，博士学位论文，中国艺术研究院，2010 年。

艺术区各类文化艺术机构总数已经达到450多家，其中工作室、画廊和展演设施就达200个，这些设施主要用来创造、展示和交流。

除了画廊、艺术工作室之外，798艺术区还有大量的商铺和餐饮，商铺经营范围包括特色书店、创意首饰、原创服饰、刺绣、旅游纪念品等；餐饮主要包括咖啡厅和饭店。在这些业态中，既有以某种主业为主的经营，也有混合经营，比如商铺和餐饮混合经营。非混合经营结构与混合经营结构比例为4∶1。这种混合经营正体现了798艺术社区所强调的LOFT生活方式，以及由此所延伸和形成的现代时尚生活理念。

3. 人群：多样性艺术家群体

艺术家的聚集形成了不同的艺术群落，众多的艺术群落形成了今天的各种艺术社区。这也成为当今都市文化的一个重要组成部分。798艺术社区早期的艺术家群落大致包括四种类型：第一，圆明园画家村落解散后的艺术家们；第二，花家地艺术村解散后的艺术家们；第三，院校及军旅艺术家们，如中国军事博物馆和中央美术学院的教授；第四，其他方面的艺术家。

早期艺术家之间及入驻机构画廊等之间的交流比较多。当时工作室也比较集中，他们白天画画，晚上挨家请吃饭，"喝啤酒、吃烧烤"，"冬天的晚上，厂区所有艺术家和居民有时会聚集在某个工作室吃集体火锅"①。

总的来说，艺术家群落最初大概有40多人，发展到今天已有2000多名。艺术家是798艺术区的开创者，但不一定是这里的最终留守者。他们与艺术区之间形成了一个怪圈：他们的入驻，给区域注入活力，使该区域的土地在短时间内得到升值，同时房租提高，这时，艺术家又会因生活成本提高和环境喧嚣而被迫迁移，去寻找下一个适合他们生存的区域，然后进入另一个循环。艺术家的

---

① 刘明亮：《北京798艺术区：市场语境下的田野考察与追踪》，博士学位论文，中国艺术研究院，2010年。

聚集与离散，可以直观反映艺术区的整体变化。

4. 活动：丰富的艺术展览与游客

如前文分析的那样，798艺术社区生活的为数众多的艺术家们，为当地社区艺术活动开展提供了不竭动力。据798艺术区管委会相关工作人员介绍，这里每年活跃着2000多名艺术家，大部分为一般画家、画工和画廊经营者等。每年他们都会在这里举办200多场艺术活动，吸引百万以上游客，其中，在这些游客中，有100多名各国政要。丰富多样的艺术活动对周边地区产生了很强的艺术辐射力，先后形成了环铁国际艺术区、酒厂国际艺术园区等艺术区，在国内外产生了较好的影响。

5. 创意场景蕴藏的价值观：自我表达精神

街头涂鸦是798艺术区倡导鼓励自我表达价值观念的典型体现。在798艺术区的很多墙面和角落，都有各种涂鸦的存在，它们已经成为艺术区的一道风景，很多参观者都在此拍照、留影。这些涂鸦，既有艺术家的作品，也有游客的作品；既有组织的创造，也有随时而随意的涂抹。欧美社会流行的涂鸦（Graffitist）往往是情绪的发泄和对现实生活的嘲讽，通过这种形式表达自己。在798艺术区，涂鸦更多的是一种对外宣传的途径，因为进入艺术区，各种涂鸦已经暗示游客进入了一个不同于普通生活社区的区域，涂鸦既是一种点缀，也是当代艺术反叛、突兀和自由表达的一种体现（见图6-3）。

图6-3　798艺术区的墙面涂鸦"西游记"与"红军毛笔"

从 798 艺术家群落聚集情况来看，他们一般会选择大都市的城乡接合部地区。这里除了租金便宜、建筑风格独特、地理环境优越外，其与城中心保持着一定距离，某种程度上反映了艺术家对于现代城市紧张生活的厌恶与反叛，从某种程度上反映了艺术家追求独立个性、脱离俗世的一种"乌托邦"式的生活理想。

三、场景形成的机制分析

以上两个案例讨论了北京两种不同类型的创新创意社区发展动力的问题。不同于经济学从土地、资金、劳动力等传统生产要素的分析角度，本章从场景驱动地方发展的视角来诠释知识经济时代后工业城市的发展路径。由舒适物设施、人群、活动等元素组合形成的特定场景以及场景中蕴藏的价值观与生活方式，作为一种新动力，吸引着创新创意人才等优秀人力资本的流动与聚集，催生新兴产业集群，从而带来地方的经济繁荣和社会发展。

（一）两种场景的关键要素提炼与比较

以科技人才聚集为主的中关村创业大街社区和以创意人才聚集为主的 798 艺术社区，二者在场景构成上呈现出一些相似的特点。比如，它们都是基于社区层面，社区构成了整个城市生态系统的最基本单元，在这个层面上，各种生产、生活要素容易互动，有利于产生链接，形成有机的生态关系网络。就如"热带雨林"一样，创新创意创业元素有机融合，构成了一个较为完整的优质的生态系统。再如，两种场景的关键组成要素都可以从舒适物设施、相关活动与人群，以及文化价值观等维度进行分析。尤其是中关村创业大街"一切皆有可能"的场景价值观和 798 艺术区"自我表达"的场景价值观，就如肥沃的土壤一样，成为生态系统的基础，滋养着这里的各种活动与人群。

然而，两种社区场景又呈现出各自的特点。

从舒适物设施活动来看，两个案例中社区场景内容存在较大差异。比如，中关村创业大街社区场景的舒适物由两部分组成：以创新创业为主的孵化器和以生活消费为导向的便利设施；除此之外，这个社区还有大量的以创业咖啡为主的众创空间，以及创业沙龙、讲座培训、政策宣传、展示陈列、路演推广和创业比赛等创业活动。798创意社区场景的舒适物设施主要以艺术家工作室和画廊为主，配套一些混合经营咖啡馆和餐厅，活动以产品展示和艺术沙龙为主。

从吸引聚集的人群来看，两个场景中的人群都具有多样性特点，不同地域来源、不同专业背景的土著、海归、北漂、新北京青年、游客、艺术家、画家等分别聚集到不同社区，比较包容和多样。

从价值观层面来看，创业场景凸显了科技创新创业文化，其呈现的"一切皆有可能"和"创新创业作为人生情感体验"等价值观，影响着青年大学生群体的城市流动。然而，798艺术社区以画廊和艺术家工作室的场景给予创造性阶层自我表达的自由和都市乌托邦理想的实践。

从公共性角度来看，无论是以中关村创业大街为代表的创业场景，还是以798艺术社区为代表的创意场景，都具有很强的公共性。这主要体现在本地居民和游客的可接触性上。比如，几乎在全天的任何时间和地点，都可以漫步在社区里，去考察、体验创业文化和创意文化，以及参与相关活动和使用相关设施。对于在这两个社区工作的科技人员和创意人员，对于这些活动的参与和对于这些设施的使用更是零距离的。这种免费开放性，反映了创业场景和创意场景共同的特点，即公共性很强（见表6—2）。

表6-2 两种创新创意社区场景的比较分析

案例	舒适物设施	人群	活动	场景价值观	公共性
中关村创业大街社区（创新创业场景）	创业咖啡馆与众创空间	土著、海归、北漂、新北京青年、游客	路演、发布会、创业沙龙、投资会	一切皆有可能、创新创业情感体验	免费开放
798艺术社区（创新创意场景）	艺术工作室、画廊、混合咖啡馆或餐馆	艺术家、画家、游客	产品展示与艺术沙龙	自我表达精神、乌托邦式的理想	免费开放

（二）场景形成机制的推动力分析

很显然，无论是中关村创业大街创业社区，还是798艺术创意社区，这些地方如今均重新焕发生机，其中，场景培育与塑造发挥着重要的作用。然而，在具体的某个场景的形成过程中，政府、市场和社会三种力量都有涉及，但侧重点不同。有的是在政府"自上而下"的强力推动下形成，比如中关村创业大街社区。有的是艺术家群体"自下而上"的自发形成，比如798艺术社区。不同的主导力量所形成的场景不同，对于地方发展的影响也有所不同。

在两个案例中，政府的推动最为关键，尽管地方的概念十分重要，但是，政策在两个社区场景形成中也扮演着极其重要的角色。现实中，往往那些扶持力度大、政策密集的地方，其发展会更快；比如，中关村创业大街仅仅在4年时间里就完成了传统图书商业街区向创新创业孵化基地的转变，便得益于当地政府租金减免、宽带水电补贴、间接投融资、外包服务政策支持等全方位支持。即使在自发形成的798艺术区也是如此。其成立之初，中央美院等艺术家自发聚集，后来在城市改造过程中，引发政府的关注，并介入保护下来，变成了今天的北京文创中心。

进入后工业时代后，城市经济结构的重组使得城市制造业中心的定位被终结，取而代之的是城市成为第三产业的基地和消费场所。对于政府来说，他们急需一种新的"抓手"来维持增长和更好的社会发展。同时，对于废弃空间改造升级，有利于城市面貌的改善。这两方面做好了，政府工作才能被上层所"认可"。这就是场景形成的第一大动力，从政府的政绩考量，从传统的房地产、基础设施建设领域向社区公共文化服务领域转变。本章把这种特点称为场景形成机制的政治性。这种政治性有时候被地方官员理解为"政治正确"。

对于市场经济组织来说，创意文化是新的经济增长点，创意经济已经取代了很多传统行业变成北京城市发展的支柱性产业。因为后工业时代的城市已经俨然成了一座娱乐机器。[1]这是城市社区场景形成的重要动力。

不同于前两者，对于社会大众来说，文化艺术就是一个消费利益的表达。在物质生活水平大幅提高的今天，人们对文化艺术消费提出了更多的需求；同时，他们也需要文化消费的便利性、低价性和参与性。这样的要求和过程往往是由社区精英（艺术家）和代表大众利益的社会组织所推动，这方面往往在当下北京城市发展中表现的比较弱。

表6-3比较了两种场景形成过程中所具有的政治性、经济性和社会性三个维度内容。

表6-3 两种社区场景的形成机制比较

场景形成的推动力	中关村创业大街社区（创新创业场景）	798艺术社区（创新创意场景）
政府（政治性）	中央和地方政府大力支持，把这里打造成中国创新创业的标杆	地方政府政策鼓励文化创意产业发展，管理控制文化艺术发展方向
市场经济组织（经济性）	传统图书行业与电子卖场转型为现在的众创空间，探索一种新的营利模式	营利为目的的文化艺术机构，配套的餐饮服务经济，以及旅游创意经济
社会大众（社会性）	青年大学毕业生和部分科技企业高管的创业体验	社会大众旅游文化消费，艺术家思想表达，以及高房价的社会底层抗争

[1] Terry N. Clark, *The Entertainment Machine*, ROWMAN PUBLISHERS, INC. 2010, pp.15-25.

为了清楚阐述每一个参与主体展示的推动力，让我们分别从单个个案中挑选一个特性来作简单讨论。

作为一种创业场景，中关村创业大街的形成发展，从一开始就得益于政府的强力介入与推动。它的前身是海淀图书城和电子产品卖场，房屋产权归属于不同私人业主，比较分散。当地政府为了建设创新创业中心，通过成立国有公司来强力回购房屋产权，然后再把收回的房屋进行整体规划与设计，低价出租给创新创业机构。在中国，在市中心黄金地段，也只有政府的力量才能在极短的时间内完成土地和房屋等不动产的统一。因为土地从一开始就属于国有，这一点不同于欧美的土地私有制。高效率的土地征收和房屋征用，为随后的创新创意社区规划发展奠定了基础。另外，中关村创业大街 2014 年开街以来，国务院、科技部、教育部以及北京市政府多位领导经常来此考察，并给予很多优惠政策支持。

作为一种创意场景，798 艺术社区形成动力有所不同。在其发展过程中，一开始主要是由艺术家群体自发聚集形成。由于它本身是废弃工厂，并且处在城市边缘，因租金低廉和空间宽大吸引了一批艺术家入驻。发展到一定程度后，产生了一些经济效益，特别是旅游效应，更多的文化艺术机构及相关产业也开始介入。市场主体开始发挥重要作用，商人通过投资主导社区的基本发展方向。再后来，798 艺术社区产生一定影响后，北京市政府的介入和参与也渐渐增多，开始对 798 社区进行管制，甚至对社区发展的艺术也进行控制，艺术也展现了更多的国家政治性。[1]

总之，无论社会怎么变化，政府、经济和社会是场景生成的三种主要参与力量。当场景生成的政治性、经济性和社会性达到一个平衡点的时候，一个良好的场景才能发挥最大作用，一个地方发展的动力才有可能出现。

---

[1]　吴志明、马秀莲、吴军：《文化增长机器：后工业城市与社区发展路径探索》，《东岳论丛》2017 年第 7 期。

如果政治组织支持一种场景与价值观，但是企业组织或是社会大众不迎合这种场景与价值观的走向，那么，该社区就很难具有活力，甚至会出现社区反抗。同样，如果场景是一个"自下而上"的形成过程，政府管理者在一定时间内往往也会介入。当这种从下而上的发展违背政府意志时，政治控制和管理就会变得更强。因此，一个稳定能够发展起来的场景往往是符合多方利益的。[①] 两个案例中所制造的场景，都是政府、市场与社会之间正在趋向一种平衡，虽然很难说是已经找到，但是至少是向这种方向在发展。这为本地区发展提供了生命力。

基于以上分析，本章构建了场景营造和形成的机制，只有政府、市场和社会三种力量达到平衡，场景的政治性、经济性和社会性寻找到契合点时，场景对于地方的驱动作用才能被充分激发，使地方发展变得具有可持续性（见图6—4）。

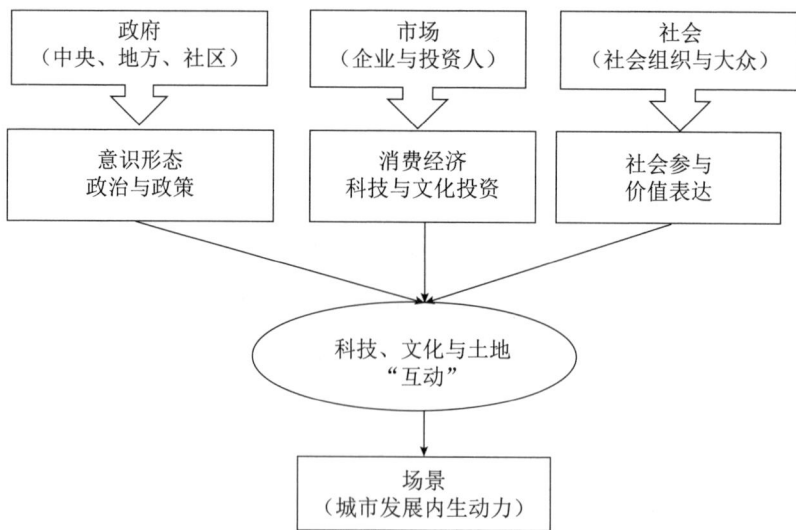

图6—4　一个良好的场景形成机制的分析模型 [②]

---

① 吴志明、马秀莲、吴军：《文化增长机器：后工业城市与社区发展路径探索》，《东岳论丛》2017年第7期。

② 同上。

四、一种建设性的讨论

（一）研究结论

本章主要对北京两种不同类型的创新创意社区进行了比较分析，并对以中关村创业大街为代表的创新创业场景和以 798 艺术社区为代表的创意场景进行了解构和建构，在此基础上，得出了一种重要观点：场景作为一种驱动地方发展的新要素，和土地、资金与劳动力等传统生产要素一样，对于城市发展与转型至关重要，尤其是知识经济时代下的后工业城市，这种作用更为明显。当场景的政治性、经济性和社会性达到一种平衡时，这种由场景驱动发展的动力机制才能够转化为真正的动能，才能持久地推动区域发展。

场景强调舒适物设施、活动、人群等组合形成的整体性特征，与传统经典元素土地和资本进行"互动"，构成一种独特的场景，以及场景中蕴含的审美趣味、价值观、生活方式与体验等，来吸引聚集不同人群。比如，自由表达的场景能够吸引聚集 IT 科技人才与艺术家群体；阳光充足与传统价值观显著的场景比较吸引聚集老年人群。总之，不同的场景对不同的群体会产生不同吸引聚集作用，从而形成不同的城市与社区的发展模式。

也许有很多人会问，场景理论的构建对当下中国城市与社区发展有何指导意义？

本章认为至少有两方面意义：其一是有利于地方政府解决"筑巢引凤"问题。这里的"凤"有其特定的含义，即知识经济时代下城市发展迫切需要的优秀人力资本，尤其是创新创意人才，包括 IT 技术人才、科学家、工程师、艺术家、设计师、建筑师。其二是借助文化因素来推动城市发展问题，即地方政府如何通过构建受人青睐的场景来激发城市创新和拉动消费,从而推动本地区经济增长和社会发展。

(二)对两个案例的反思

事实上,现实中,许多地方政府也作了这方面探索,但结果往往出现很大差异。比如,同样通过场景营造来推动地方发展,但为什么有的地方就能成功(如吸引了大量的人口与企业入驻),有的地方却失败了呢?究其原因,就是忽视了对场景营造背后的审美趣味、价值观、生活方式与体验等文化驱动力的考察。

过去几年,我们对上述两个案例进行了跟踪研究,研究结论基本和理论分析保持一致。

比如,中关村创业大街为什么能够在短短几年时间内从传统的图书城与电子城转化为现在的创新创业文化圣地?为什么能够聚集到高级人力资源?为什么培育了新经济业态?为什么能够推动整个地区社会发展?

除了从经济学上的资本聚集与业态、政治学上的政府政策力量推动视角分析,还有一种视角,来自社会学的文化动力解读。

正如前文所分析的那样,本章从场景的营造和形成入手,聚焦受创新创意创业人才青睐的地方的价值观、审美与生活体验等"软性"内容。比如,这里的咖啡馆不是真正意义上的咖啡馆,而是"众创空间"(车库咖啡、Binggo 咖啡、小样青年社区等),咖啡馆不仅具有休闲娱乐功能,而且还能满足办公与社交等多样性需求;这里的产品发布会不同于传统发布会,叫"路演"等。本章认为,这些设施和活动体现了很强的创新创业价值观。

另外一个例子就是 798 艺术社区,目前它面临着很大的危机与挑战。部分专家还曾预测,当前 798 艺术社区正在走"下坡路"。原因何在?本章认为,大量连锁商业机构的入驻驱赶了原创的艺术家群体,新建的便利设施与开展的活动过于商业化,忽略了场景背后的原创价值观、审美趣味与生活体验；很多大资本商业连锁的进驻，使得便利设施和活动变得像工业化流水线上生产的商品那样，社区场景慢慢失去了它的独特性和原真性。所以，课题组调研时，一些市民就感叹，现在的798艺术社区已经不是原来的"798"了。

（三）对城市政策的思考

工业时代的城市与社区发展模式已经逐渐过时。在后工业城市里，人们对以舒适物设施及其相关活动等公共物品质量的强调，以及对这些设施以不同形式组成的场景背后所隐含的审美趣味、价值观、生活方式与体验的关注，作为一种文化驱动力，影响着高级人力资源流动聚集，催生新经济、塑造社会生活，改变着后工业城市与社区的发展路径。城市政策的调整应该意识到这一点。

因此，本文在理论综述和案例分析的基础上，从场景培育城市发展内生动力的角度出发，对城市社区规划、建设与营造等内容，给出三点更为具体的建议或思考。

其一，在进行场景营造时，一定要注意整体性和原真性。[①] 顾名思义，场景至少包括硬件和软件两部分，硬件不必多作展开，主要就是基于消费导向的各种便利设施与活动等，软件主要是指这些设施与活动背后所体现的审美趣味、价值观、生活方式和体验等文化性要素。因此，我们强烈建议，我们的城市政策在规划和建设前，一定要关注和发掘本地区的文化性要素，让这些要素作为硬件建设的支撑；如有必要可以开展这方面的调查与研究工作，然后在

---

① "原真性"是指构成一个地方本源的事物与意义，它是英文单词"Authenticity"的翻译，多出现在城市规划领域。在社会学领域，有的学者把该词翻译为"真实性"，突出社会学研究对象"社会实体"的特征。国际城市研究著名学者、纽约大学莎伦·佐金（Sharon Zukin）在《裸城：原真性城市场所的生与死》（*Naked City: The Death and Life of Authentic Urban Places*）一书中对此作了详细论述。她认为，在国际化与全球化背景下，原真性对于城市街区与社区来说尤为重要，一旦遭到破坏，会对地方发展不利，甚至会影响都市的兴衰。

此基础上再谈如何规划、如何实施等问题。

其二，场景营造过程中要防止"资本驱逐艺术"的现象。大部分的场景营造，都会涉及多种力量，商业或市场机构、政府机构、社会组织以及大众等，他们都有自己的利益诉求。过于商业化或政治化的城市场景，无法保证群众的可持续参与；过于民间化的城市场景可能会缺乏整体性和长期性。因此，寻求几者之间的平衡是关键。千万不能出现商业资本驱逐原创艺术家群体或科技人才群体的现象，否则地区的增长只能是昙花一现。因为知识经济时代下城市与社区发展的关键资源就是这些高级人力资本。

其三，场景营造还要处理好与本地区居民之间的关系，更通俗地讲，某一舒适物设施或几项设施的建设如何融入当地社会发展，或者说单一场景的建设一定要融入本地区的社会发展中来。这样立意会更高，不能只限于经济增长，更应推动整个地区居民文明素养提升和社会进步。这也是未来城市政策应该聚焦的重点。

专题三
城市创新

第七章　自我表达场景与城市创新发展

场景是生活方式的容器。场景将消费、技术创新、文化创意三者进行链接，演化催生出驱动城市发展的新动能。本章通过对全国67个主要大城市的实证分析发现，自我表达场景能够显著促进城市创新发展，地区生产总值、城市行政级别与城市创新创意发展呈现正向关联，而城市规模和高校资源对城市创新创意发展的影响作用有限。这一探索深化了场景理论促进城市发展的中国经验研究，在协同空间生产、技术创新、人才聚集、文化价值观、消费实践的基础上，揭示了后工业城市需要营造自我表达场景，提升区域创新创意水平，培育城市发展新的动能。

一、城市创新的新视角

（一）问题的提出

创新创意已成为我国城市发展的重要驱动力。党的十九届五中全会指出，要以更大力度促进创新驱动。创新驱动的本质是人才驱动。这意味着吸引集聚人才成为城市发展的关键。我国城镇化率已由1978年的17.9%上升到2018年59.6%。城市在我国经济社会发展中发挥了重要作用，在中国未来的经济社会发展进程中，城市还将发挥更大的作用。同时，城市发展从体量扩展转向内涵提升，这种高质量发展不仅意味着技术创新的不断涌现，也意味着侧重消费供给端，特别是文化与消费行业的支撑作用。因此，城市发展的核心动力逐渐转到创新创意驱动上；相较于工业时代的技术创新，高素质人力资本的"创意"赋予技术创新更多的内涵，而城市创新创意发展和整个城市的场景丰富度有着紧密关联。

创新创意人才等创意阶层集聚和技术要素共同体现了城市的创新创意水平。佛罗里达提出，城市创新创意需要技术、人才和宽容环境三个基础条件。在以往的研究中，城市创新创意侧重技术因素而忽视了人才和城市包容性环境。城市的本质是人的聚集，城市通过集聚有创新创意能力的人才得以发展。随着后工业趋势的增强，人才集聚不仅仅受城市经济基础的影响，而且还受到人才本身生活方式和城市环境的影响。特别是以场景为代表的城市软性"土壤"发挥着重要作用。城市发展未来的核心动力将转向创新创意，创新创意与科技、文化艺术密不可分。创新创意人才是艺术家、技术人员、设计师等拥有创意能力和创新精神的人力资本。在城市中，密集、共享的社会网络是创新创意的基础，因为各行各业的联络、各种活动的发生、人与人的交往与互动，都需要"共享空间"。丰富且多元的城市场景为这种共享提供了可能。创新创意人才和技术的集聚程度反映了一个城市的创新创意水平，而城市场景是城市创新创意人才集聚的有效途径。场景是生活方式的容器。城市应加强场景的供给，提供丰富场景促使人们发生社会互动，增强城市里人与人之间的链接广度、深度，促发深度的情感沟通和信息交流，提升区域创新创意水平。

自我表达场景（Self-expression Scene）是集聚人才、激发创新创意的媒介。自我表达场景是蕴含自我表达精神的舒适性设施与活动等的组合，是承载着具有创造性年轻人生活方式的"容器"。充满这种精神的城市更容易吸引年轻人和艺术家集聚，并孵化新企业和新经济。在自我表达场景中，人们更能打破常规，平等地展现自己。随着新经济的发展，自我表达场景成为创造新风格的实验室、创意工作者的吸铁石。创意阶层理论提出者佛罗里达认为，自我表达场景特质明显的城市，对新市民和新观念态度宽容；在这样的地方，人们可以轻松地结成社会网络，打破常规观念，形成新项目、新公司以及其他经济增长源。而创新创意人才的集聚也会促进自我表达场景的消费，进一步促进城市经济增长，实现创新创意与城市经济的良性循环。

本章以《中国统计年鉴（2018）》《中国城市统计年鉴（2018）》等数据为依据，以我国 67 个主要大城市为分析对象，利用大众点评数据构建城市自我表达场景评价体系，并与城市创新创意水平进行关联，揭示自我表达场景对中国城市创新创意发展的作用。这样的探索深化了场景理论促进城市发展的中国经验研究。同时，本章为后工业城市整合技术创新、人才集聚、文化和消费实践等多种因素，进行自我表达场景营造、提升区域创新创意水平、培育城市发展新的动能，提供了理论思路。

（二）研究假设

伴随着制造业比重的下降，"创意"这一新概念正在拓展传统城市创新发展的内涵。中国城市空间遗留着浓重的工业社会痕迹，缺乏文化意象，这与目前城市的快速发展与城市转型形成错位；而目前中国越来越多的城市开始以建设人文宜居的生活环境为目标，重视文化创新消费和居民对精神文化生活的享受。过往研究中，城市创新调查过于侧重制造业，欠缺对服务业的测量。传统的经济基础乃至以"创新"为内核的技术环境已经不能解释人才的集聚，学者们通过对长江三角洲城市群的研究发现，长江三角洲地区在技术环境方面并不具有人才集聚的比较优势。因此，需要对过往城市创新概念进行扩展，增加文化创意与消费的特质。新概念"城市创新创意"既包括制造业的技术专利，也包括文化创意与消费。事实上，创意阶层的提出者佛罗里达也认为，创新发展的社会结构包括三个部分：一是技术创业创新的新体系，二是新颖高效的生产与服务，三是推动各种创意活动开展的宽松的社会、文化与地域环境。可见，当下的城市创新概念已经超越了传统的技术创新，增加了以人为中心的创意含义。这使得传统技术创新向更广泛的文化创意和消费拓展，演变成"创新创意"相互作用推动城市发展。

创新创意人才、技术、专利等可以反映城市创新创意水平。创新创意既鼓励科技和经济创新，也扶持艺术和文化创意，还包容各种生活方式，不断吸引着各种类型的专业人士聚集，并加快了知识和观念的传播，这些综合在一起共同构成了新的创新创意结构。可见，城市创新创意发展并不是孤立运作的，需要整合技术、人才、空间和各个主体。国外有学者指出，创新创意人才会聚集在大城市；国内也有学者提出，创意城市需要创新意识以及创新人才作为支撑。创新创意驱动实质上是人才驱动。另外，代表技术、知识创新的专利成为衡量城市创新创意水平的指标之一。专利数量是目前衡量地区创新最常用的指标。一是专利数量与创新经济发展同步，二是因为专利与创新有较强的相关性，三是专利数据容易获得，并且数据权威、准确。因为专利数量及 R&D 投入仅局限在生产阶段，特别是在制造业生产阶段，单纯通过专利数量和 R&D 投入已经不能体现城市创新创意的文化、消费、人才等维度。国内已有研究在创新创意体系中增加人才因素。

经济社会条件是影响城市创新创意发展的重要因素。以地区生产总值、人均 GDP 为代表的城市经济基础指标是影响一个城市创新创意水平的重要因素。以常住人口数量为代表的城市社会基础指标，反映了城市规模和人口聚集程度。城市发展的禀赋在于聚集，能够实现人与人交流传递信息，这样才更有可能涌现创新创意。以高等院校的数量为代表的社会基础设施是影响城市创新创意发展的基础条件，以高等院校为代表的科教机构是城市创新创意的重要来源。鉴于我国的特殊国情，行政力量和政策支持也是促进城市创新创意发展的重要推动力，如创新创意人才的吸引力可能来自户籍政策，政府通过公共服务和信用担保支持小微企业发展的政策对创新创意发展具有推动作用。许诺等人基于中国 34 个主要城市 2003—2012 年的人口研究发现，城市人均 GDP 和本专科高校数量对城市创新具有显著影响。东亚的城市创新是基于政府主导的地方竞争活动，不仅与产业自身创新有关，还与政府发展战略和文化规划紧密关联。因此，行政因素是影响城市创新发展的重要因素之一。城市行政级别越高，其拥有的管理权限越高，综合能力越强，城市创新创意能力也随之增强。

据此，本研究提出第一个假设。

假设 1：传统经济社会因素能够促进城市创新发展。

假设 1a：经济发展水平越高（城市人均 GDP、地区生产总值越高、第三产业占 GDP 比重越高），城市创新发展越好。

假设 1b：城市规模越大（城区人口数量越多、建成区面积越大），城市创新发展越好。

假设 1c：城市高校资源越丰富（普通高等学校数量越多、普通本专科在校学生数越多），城市创新发展越好。

假设 1d：城市行政级别越高，城市创新创意发展越好。

随着城市进入后工业化阶段，传统经济社会因素在激发城市创新创意发展方面的作用越来越存在局限。第一，创新与服务产业已经超越制造生产性产业在城市经济发展中扮演着越来越重要的角色，支柱作用越来越明显。第二，城市进入后工业时期，文化和消费实践从城市边缘位置开始变成城市议程的要件。过往研究倾向于单纯技术、侧重生产方面的技术创新及其影响因素，因缺乏文化创意和消费实践等生活视角，已经不足以充分解释当前中国大城市的转型发展。第三，宽容的城市环境已经成为促进城市创新创意发展的重要因素。宽容的城市环境不仅仅包括经济和社会基础，也包括宽容文化和空间实践。这些条件共同促进了创造性人才的聚集，推动着城市创新创意发展，进而增进生产效率、扩大消费市场，最终演变为推动区域发展的驱动力。这为从自我表达场景角度来解释城市创新创意发展提供了条件。

"自我表达"价值观的出现。城市进入后工业时期，以创新、服务、消费为主导的新兴产业以及相关从业者数量不断增长，不同于以制造业为主的工业时代，新产业从业者们普遍青睐"自我表达"这种价值观。这为从自我表达场景来解释城市创新创意发展提供了前提。"自我表达"强调个性、自由、包容以及多样性，这种价值观往往根植于个人人格的实践之中。此外，自我表达还要求对各种新情况作出及时的回应，并且鼓励人们尽全力运用自己的天赋，坚持做好自己来取得成功，而不是模仿别人。对于拥有自我表达价值观的人来说，"归属"和社会环境的质量变得日益重要，他们会更加关心生活的意义与目的，他们的择业和择居更看重以生活方式为导向的意义，在寻求生活质量、独立性及生活方式上具有支配性能力。但是，这并不意味着自我表达是单方面追求叛逆或者特立独行。自我表达并不是通过替代的方式，或者反对传统的方式来定义反传统。比如在多伦多，城市中最具自我表达性质场景往往直接与理性主义、实用主义等价值观相关联。因此，持有自我表达价值观的人并没有完全与传统的理性主义相分离，自我表达也是具有强烈工作使命感的个体将其生命与工作融为一体的自发表现。由此，自我表达价值观在文化上树立了一种新的生活精神，即融合传统主义、理性主义，又能彰显艺术家气质和顺应时尚潮流的生活范式。

包容性环境和创新创意人才集聚。创新创意人才集聚更倾向于拥有宽容性环境的城市。在高密度大城市中，面对面的人际交流、多元文化的碰撞，催生了创新创意活动，促进了人类进步。大城市更能包容品位、目的、工作等不同的人，而且也宽容有着不同趣味和癖好的人；城市是那些对戏剧、音乐或其他艺术有着特殊兴趣的人互相认识和集中的地方。国内学者研究也发现，珠江三角洲地区教育水平和包容性因素对高学历人才空间分布具有正向影响；随着居民消费水平的逐步提升，宽松、包容的生活环境对安徽创意阶层的集聚作用明显。除了高品质大学、研发机构等基础设施外，包容性氛围已经被证实促进了城市创新创意发展。

城市场景和城市创新发展。通过包容性环境吸引集聚人才来推动城市创新创意发展，其作用是有限的，还要把二者根植于文化生产和消费系统的社会空间里。在后现代的社会学理论中，空间被看作社会的空间，空间形式是社会实践和社会过程的组成部分。过往研究侧重人才和各个主体对城市创新的影响，而忽视社会空间对于各个主体创新创意的影响。已有实证研究表明，仅依靠吸引创意人才不能促进城市创新创意的发展，城市也需要一种基于文化的生产和消费系统。创新创意项目会聚集在具有特定背景的城市，这些项目位置主要是由"软设施"决定，如城市的"热点"和社会多样性。无论是城市的背景还是"软设施"，都对各个主体的创新创意效果有着决定性的作用。这里所指的"城市情景"（Urban Context）就是城市空间的场景。场景是生活方式的容器，它能把包容性文化、自我表达的价值观、技术、人才、消费等整合到一起，并赋予它关于地方的美学意义。场景是由舒适性设施、活动和服务等组合而成。场景关注人才聚集情况下的文化参与，及人才集聚带来的消费和休闲对城市创新创意的影响。高品质的场景将吸引更多的创新创意主体集聚，通过文化艺术消费实践，成为城市创新创意高地，孵化出创新创意产品和创新创意思想。

自我表达场景是城市创新发展的新驱动力。自我表达场景是众多城市场景中的一种，它把传统经济社会因素、技术、人才、文化与消费等整合到一个社会系统，超越包容性环境，作为一种新驱动力，促进着大城市创新创意发展，并且这方面的作用会越来越明显。自我表达文化并不是模糊的、抽象的、无所不包的，而是与居民生活有着紧密联系的舒适性设施、人群、活动与服务等元素的集合。这种文化场景包含了独立而相互关联的文化创意企业、辅助机构以及集聚形成的新型产业组织形式。它也能汇聚各种创意创新文化价值共同体，并根植于城市当地，具有反哺性、关系多维性、灵活性与扩散性等特性。国内外诸多实证经验表明，文化场景建设是城市可持续发展的必由之路。

自我表达场景能够通过自我表达价值观把各种生产与消费要素整合到一个复杂有机的社会空间系统，吸引聚集创新创意人才，创新创意人才集聚又会强化这种场景效应。比如，芝加哥的柳条公园，聚集了大量认同自我表达的青年艺术家与企业，为该地区的复兴提供了人力资本，同时，该群体的集聚也带动了该地的文化创意消费。自我表达场景也是一种生活方式，通过街头活动、咖啡厅文化、音乐等创造出活泼、刺激、有创新创意的生活。由此可以看出，自我表达场景和其他城市场景一样，融合了土地、技术、资金、人力资本以及地方美学、文化消费实践等。创新创意人才更愿意选择自我表达场景浓度高的城市。第一，创新创意人才喜欢本土的、由街边小的商业设施组成的街头文化，如咖啡馆、街头艺术家、画廊、酒馆组成的场景。他们注重体验消费，但也是场景的生产者。自我表达场景提供了一个倡导自我参与、自我表达的空间，这为创新创意人才创造性地生产和体验式的消费提供了可能。第二，身体也是展现创新创意的舞台，创新创意人才注重身体艺术，他们在意自己的外表是否与众不同。自我表达场景发达的城市能够包容人们突破身体束缚的实践。第三，创新创意人才需要社交活动的空间。自我表达场景中书店等舒适性设施为人们提供了一个可以寻找志趣相投的朋友并进行自我表达的交流空间。由此形成良性循环，自我表达场景浓度高的城市已经成为创新创意经济的策源地。

据此，本研究提出第二个假设。

假设 2：自我表达场景能够促进城市创新发展。

自我表达场景操作化为具有自我表达价值观的舒适性设施。佛罗里达曾提出波西米亚人指数，以衡量城市对自我表达的接受程度，其采用人口普查资料统计作家、设计师、艺术家等群体人数，也就是通过场景中的人力资本实现对自我表达场景的操作化。但是这种通过人力资本的操作化没有涵盖空间实践的特点，没有顺应体验式、个性化和碎片化的空间生产和消费，这种后工业的生产和消费离不开空间中的场景设施。此外，相比于流动性的人才，自我表达场景中的舒适性设施更具基础性。城市创新创意研究需要注重城市的创新创意环境，需要把创新创意文化、创新创意城市空间和创新创意人群结合起来。自我表达场景融合了城市中的多样化创新创意人才和创新创意精神，以及他们在城市中备受青睐的自我表达设施——他们赖以活动的场所。因此，本研究用自我表达设施对自我表达场景进行操作化。基于上述观点，西尔和克拉克认为，自我表达可以被操作化为喜剧剧院、说唱餐厅、卡拉 OK 厅等设施。不过，国内没有对自我表达场景的实证研究，因此在借鉴西尔、克拉克等人的操作化的同时，需要基于中国本土化的特点通过自我表达设施建构中国自我表达场景。

二、研究设计与方法

（一）样本城市选择

城市选择基于人口规模和经济总量。第一步，根据城区常住人口（万人）规模选择城市。城市的人口规模在一定程度上反映了劳动力要素在市场机制作用下的流动情况；此外，由于我国主要城市行政单位为"广域市",不仅包含城区,还包括广大的郊区县,为了更好地与国内外理论对话,本章选择城区常住人口超过 100 万的城市。第二步,根据经济总量选择城市。发展创意城市需要城市规模和产业基础,并非所有城市都适合。因此,本章选择市辖区生产总值大于 1000 亿人民币的城市。基于上述两个方面,本章共选择67 个城市,用于筛选城市的原始数据来源于 2018 年《中国统计年鉴》《中国城市统计年鉴》。

(二)变量情况

自变量操作化及变量数据的选择遵循权威性、准确性和可行性原则。本研究中,自变量包括地区生产总值、人均 GDP、城市行政级别、普通本专科在校学生数、普通高等学校数、城区人口、第三产业占 GDP 比重、建成区面积等影响城市创新发展的传统因素,也包括新的解释变量——城市自我表达场景发展水平,自我表达场景被操作为各种具有自我表达文化的设施。基于研究的可行性,本章通过体现自我表达的设施数量来衡量一个城市的自我表达场景;并基于自我表达设施数量的原始数据,通过最大方差法旋转进行因子分析,经过加权后得到自我表达场景发展水平。由于自我表达场景带有消费的特征,因此,本章使用的自我表达设施数据也应该来自具有代表性的商业数据库。目前,我国自我表达文化的设施消费信息主要来源于互联网。根据百度指数的测算,在 2019 年 11 月24 日至 30 日,大众点评搜索指数超过百度糯米和口碑网,这在一定程度上表明大众点评是我国互联网中具有代表性的消费点评平台,因此本章自我表达设施数据来自大众点评。根据过往研究以及大众点评中设施的分类情况,自我表达场景被操作化为 27 个自我表达设施,分别是桌游、密室逃脱、酒吧、演出、轰趴馆、咖啡馆、电玩、电影、涂鸦、攀岩、DIY 手工坊、文身、录音、剧院、KTV、书店、定制服装、格斗、定制家居、画廊、美发、写真、美

甲美睫、网吧网咖、医学美容、展馆展览、花艺，它们在一定程度
上都是自我表达场景的反映。

本研究的因变量是城市创新发展。结合中国的实际情况和研究
可行性，可以把一个城市的创新创意水平操作化为专利数量、创新
创意人才两个层面。其中专利数量是对过往城市创新创意评价体系
的继承，技术创新仍然是基础；相比过往研究，本研究将增加创新
创意人才因素，因为人才已经成为城市创新创意发展的核心驱动
力，而创新创意人才不仅仅包括生产技术人才，也包括文化体育和
娱乐业等创意人才。此外，城市中这些创新创意人才的聚集程度，
反映了城市的宽容性和聚集创新创意人才的能力，宽容性和人才集
聚能力已经成为城市创新创意评价体系的关键部分。据此，创新创
意发展分为两个部分，共五个变量，包括"专利申请数（件）""专
利授权数（件）"两个变量组成的专利数量；"文化、体育和娱乐
业""科学研究、技术服务和地质勘查业""信息传输、计算机服务
和软件业"三个行业的从业者数量变量组成的创新创意人才聚集的
数量。为了更好地分析数据，本研究把所有的因变量和自变量进行
自然对数计算后纳入模型分析，并且利用最大方差旋转法对原始数
据进行因子分析，进行加权后分别获得因变量"城市创新创意水
平"以及解释自变量"自我表达场景水平"（见表7-1）。

表7-1 主要变量描述性统计

	N	极小值	极大值	均值	标准差
人均GDP（元）	67	37796	184068	102765.746	32964.988
地区生产总值（当年价格）（万元）	67	10086748	306329900	57110109.612	63896233.329
第三产业占GDP的比重（%）		80.56	33.63	55.042	9.923
城区人口（万人）	67	102.91	2418.33	322.448	393.083
建成区面积（平方千米）	67	1445.54	94	399.104	303.220

（续表）

	N	极小值	极大值	均值	标准差
普通高等学校数	67	2	92	26.851	23.381
普通本专科在校学生数	67	10765	1067335	290752.313	260543.304
专利申请数	67	278	185928	36747.776	40745.237
专利授权数	67	278	106948	17939.448	21259.508
文化、体育和娱乐业从业人数	67	813	190189	14079.194	26191.791
科学研究、技术服务和地质勘查业从业人数	67	2964	712481	45414.627	94628.400
信息传输、计算机服务和软件业从业人数	67	2609	774400	47836.284	109803.384
有效的 N（列表状态）	67				

三、对于 67 个城市创新的聚类分析

（一）我国各主要城市创新发展情况

对城市创新发展的因子分析结果见表 7—2 所示。

表 7—2　城市创新发展因子分析结果

变　量	提取公因子方差	创新创意因子
信息传输、计算机服务和软件业从业人数	0.882	0.939
科学研究、技术服务和地质勘察业从业人数	0.788	0.888
文化、体育和娱乐业从业人数	0.787	0.887
专利授权数	0.703	0.839
专利申请数	0.676	0.822
KMO 值	0.747	
巴特利特球体检验值	492.672	
累计方差贡献率	76.72	

上述五个变量降维而成的单一主成分适合建构新的城市创新创意发展评价体系。对五个变量进行自然对数化，并利用标准化消除各个变量的量纲后，将五个变量进行探索性因子分析，通过加权获得城市创新创意发展得分。五个变量所含的信息提取比例均超过65%，因此提取的公因子对变量的解释能力较强。KMO 检验统计量值为 0.747，各个变量间的信息重叠尚可，能够得出较为满意的因子分析模型。巴特利特球体检验统计量为 492.672，检验结果显著，拒绝原假设，城市创新创意发展五个变量间具有较强的相关性。利用最大方差法进行旋转，五个变量最终形成一个主成分，该主成分的方差贡献率为 76.72%，这个主成分已经足以建构城市创新创意发展评价体系。通过加权可以建构城市创新创意发展的得分函数，根据回归方程可以得出我国 67 个主要城市的创新发展水平标准化得分，以衡量各个城市的创新创意发展。

$$F_{城市创新发展} = 0.939 \times Zlnx_{信息传输、计算机服务和软件业从业人数} +$$
$$0.888 \times Zlnx_{科学研究、技术服务和地质勘察业从业人数} +$$
$$0.887 \times Zlnx_{文化、体育和娱乐业从业人数} +$$
$$0.839 \times Zlnx_{专利授权数} +$$
$$0.822 \times Zlnx_{专利申请数}$$

为了更好地说明我国各个主要城市的创新发展情况，基于数据自身的信息——城市创新发展的得分情况，利用分层聚类方法，把各个城市分成五类。通过计算类间距离，使得不同的类别内部差异尽可能小，而类别之间差别尽可能大，根据样本数量的情况，将67 个主要城市分成 5 类创新发展。

第一类城市创新发展具有领先地位，包括北京市、上海市、深圳市、广州市和成都市。它们的创新创意发展标准化得分均高于 1.5 分，这说明经济、政治地位较为领先的城市在创新创意发展中占有优势地位，这将进一步增强它们在经济文化中的领先地位，有利于打造全球性城市。第二类城市包括杭州市、南京市、天津市、西安市、重庆市、武汉市。它们的城市创新水平标准化得分均超过1分，说明它们在创新创意发展层面具有一定的优势。这些城市都是直辖市、东部省会城市和中西部的国家中心城市。相比于其他主要城市，它们具有相对较高的行政级别，同时以南京市、天津市、武汉市为代表的第二类城市拥有丰富的高教资源，这也有助于它们的创新创意发展。第三类城市包括郑州市、济南市、合肥市、苏州市、长沙市，包括多个中东部人口大省省会和我国经济实力最强的地级市苏州市。它们拥有良好的经济、文化基础和足够支撑其创新创意发展的人才输送腹地。第四类城市以中西部省会城市和东部地级市、计划单列市为主。这一类城市数量最多，它们的创新创意发展的标准化得分在0分左右，也就意味着它们在67个主要城市中创新发展处于平均水平。其中一些城市拥有较高的经济发展水平，如青岛、厦门、宁波；另一些城市拥有较高的行政级别或者具有丰富的高校资源，如哈尔滨和沈阳，但是单一的优势都不足以使它们在创新创意发展中取得优势地位。第五类城市主要为中西部地级市，它们得分均低于-0.8分，远远落后于其他城市，它们一般经济、文化、社会基础较差，它们较低的创新创意发展水平也将进一步削弱这些城市发展的潜力。

可以发现，我国主要城市创新创意发展差异较大。首先，不同城市创新创意层次差异大，第一名北京市创新发展的标准化得分为2.901，而最后一名齐齐哈尔市仅为-2.169。其次，我国经济、文化发展基础较好的城市和行政地位较高的城市在城市创新发展中仍处于较高的地位，这将有利于它们巩固经济、文化的优势地位打造全球城市；但与这些城市相比，基础落后的城市未来在发展创新创意的竞争中将进一步落后（见图7-1和表7-3）。

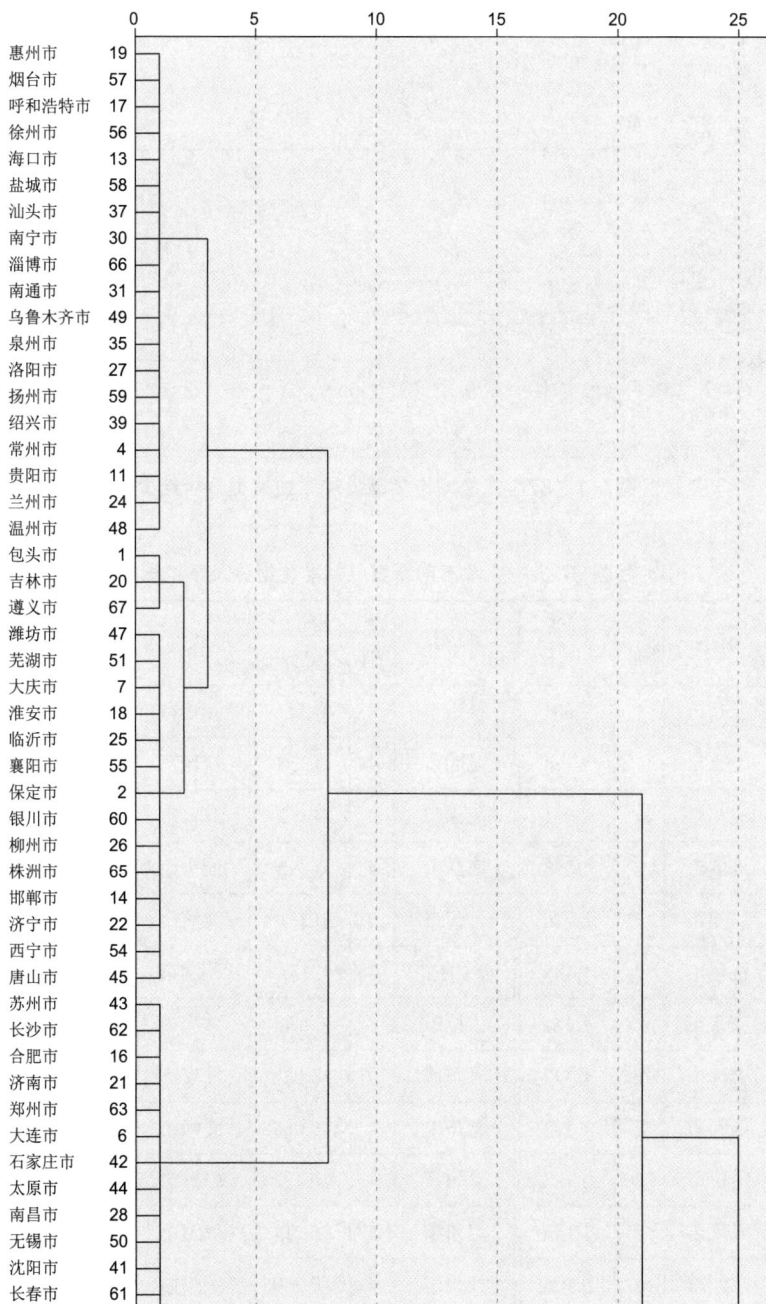

使用平均联接（组间）的谱系图

重新标度的距离聚类组合

		0	5	10	15	20	25

惠州市　19
烟台市　57
呼和浩特市　17
徐州市　56
海口市　13
盐城市　58
汕头市　37
南宁市　30
淄博市　66
南通市　31
乌鲁木齐市　49
泉州市　35
洛阳市　27
扬州市　59
绍兴市　39
常州市　4
贵阳市　11
兰州市　24
温州市　48
包头市　1
吉林市　20
遵义市　67
潍坊市　47
芜湖市　51
大庆市　7
淮安市　18
临沂市　25
襄阳市　55
保定市　2
银川市　60
柳州市　26
株洲市　65
邯郸市　14
济宁市　22
西宁市　54
唐山市　45
苏州市　43
长沙市　62
合肥市　16
济南市　21
郑州市　63
大连市　6
石家庄市　42
太原市　44
南昌市　28
无锡市　50
沈阳市　41
长春市　61

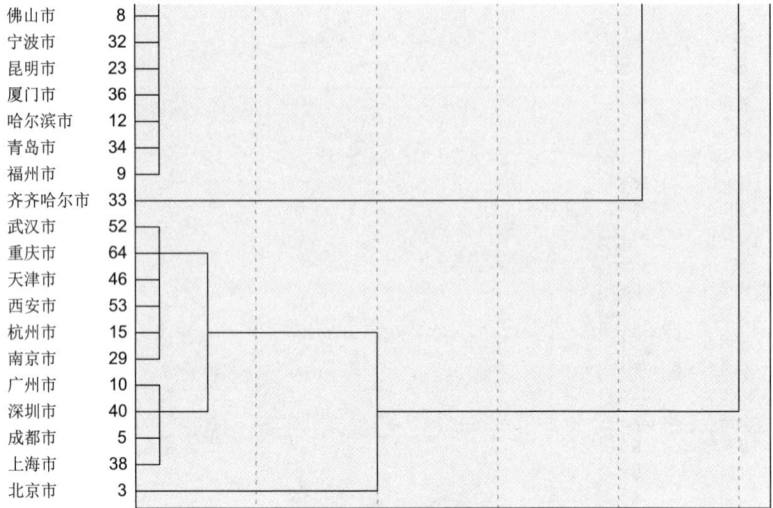

图7-1　67个主要城市创新发展系统聚类分析结果

表7-3　我国67个主要城市创新发展标准化得分及系统聚类分析结果

城市	类别	创新得分	城市	类别	创新得分	城市	类别	创新得分
北京市	1	2.901	佛山市	4	0.342	呼和浩特市	4	-0.558
上海市	1	2.174	昆明市	4	0.335	盐城市	4	-0.626
成都市	1	2.061	无锡市	4	0.292	海口市	4	-0.655
深圳市	1	1.858	南昌市	4	0.286	汕头市	4	-0.684
广州市	1	1.796	大连市	4	0.231	潍坊市	5	-0.804
杭州市	2	1.488	石家庄市	4	0.181	芜湖市	5	-0.817
南京市	2	1.421	太原市	4	0.084	大庆市	5	-0.859
天津市	2	1.347	贵阳市	4	-0.023	淮安市	5	-0.863
西安市	2	1.312	常州市	4	-0.065	襄阳市	5	-0.887
重庆市	2	1.182	兰州市	4	-0.132	临沂市	5	-0.892
武汉市	2	1.141	温州市	4	-0.214	保定市	5	-0.897
郑州市	3	0.905	扬州市	4	-0.260	银川市	5	-0.940

（续表）

城市	类别	创新得分	城市	类别	创新得分	城市	类别	创新得分
济南市	3	0.766	洛阳市	4	−0.279	西宁市	5	−1.013
合肥市	3	0.699	南通市	4	−0.295	唐山市	5	−1.060
苏州市	3	0.665	乌鲁木齐市	4	−0.301	株洲市	5	−1.096
长沙市	3	0.652	泉州市	4	−0.310	柳州市	5	−1.101
青岛市	4	0.506	绍兴市	4	−0.351	邯郸市	5	−1.129
哈尔滨市	4	0.497	南宁市	4	−0.408	包头市	5	−1.338
福州市	4	0.431	淄博市	4	−0.451	吉林市	5	−1.377
长春市	4	0.377	惠州市	4	−0.545	遵义市	5	−1.483
沈阳市	4	0.376	烟台市	4	−0.545	齐齐哈尔市	5	−2.169
厦门市	4	0.349	徐州市	4	−0.556			
宁波市	4	0.342	济宁市	5	−1.013			

（二）城市创新发展的传统影响因素

本研究首先对地区生产总值、人均 GDP、城市行政级别、普通本专科在校学生数、普通高等学校数、城区人口、第三产业占 GDP 比重、建成区面积这些影响城市创新创意发展的传统因素进行验证。在对原始数据进行自然对数化和标准化后，把这 8 个连续变量分别与城市创新创意水平联立绘制散点图，以直观地说明单个连续变量与城市创新创意得分的关系。

城市经济水平、城区规模、高教资源等变量与城市创新创意发展呈现正向线性关系。其中人均 GDP 与城市创新创意的线性 $R^2=0.234$，第三产业占 GDP 比重与城市创新创意的线性 $R^2=0.168$，地区生产总值与城市创新创意的线性 $R^2=0.855$；建成区面积与城市创新创意的线性 $R^2=0.798$，城区人口与城市创新创意的线性

R^2=0.775；普通高等学校数与城市创新创意的线性 R^2=0.609，普通本专科在校学生数与城市创新创意的线性 R^2=0.525。相对而言，地区生产总值、建成区面积、城区人口、普通高等学校数与城市创新创意的线性关系程度较高（$R^2>0.6$）；而人均 GDP、第三产业占 GDP 比重与城市创新创意的线性关系程度较低（$R^2<0.3$）。

直辖市、省会、计划单列市的创新发展水平显著高于地级市。本研究使用独立样本均值 t 检验，对地级市与直辖市、省会、计划单列市两组城市的创新发展水平的标准化得分均值进行比较。两组城市的方差方程的 Levene 检验值为 5.757，sig=0.019，因此方差不相等，在假设方差不相等的情况下，独立样本 t 检验 sig=0.000 <0.05，因此两组城市创新创意水平显著不同。地级市创新创意发展水平标准化得分为 –0.6771，低于全国 67 个主要城市的平均水平；直辖市、省会、计划单列市创新发展水平标准化得分为 0.6191 分，高于全国 67 个主要城市的平均水平，也显著高于地级市。因此，行政级别越高的城市其创新发展程度越高。在我国，城市行政级别越高越容易获取经济、文化等基础资源，也更容易从政策入手促进创新的发展。

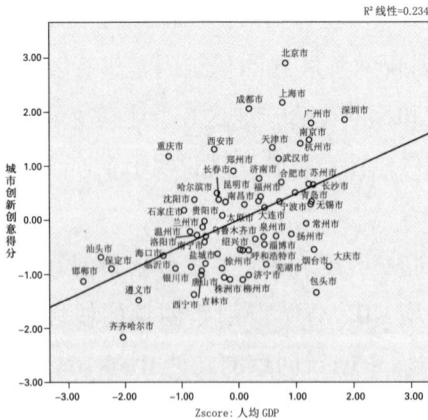

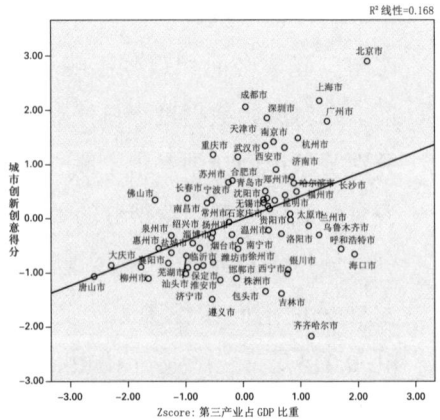

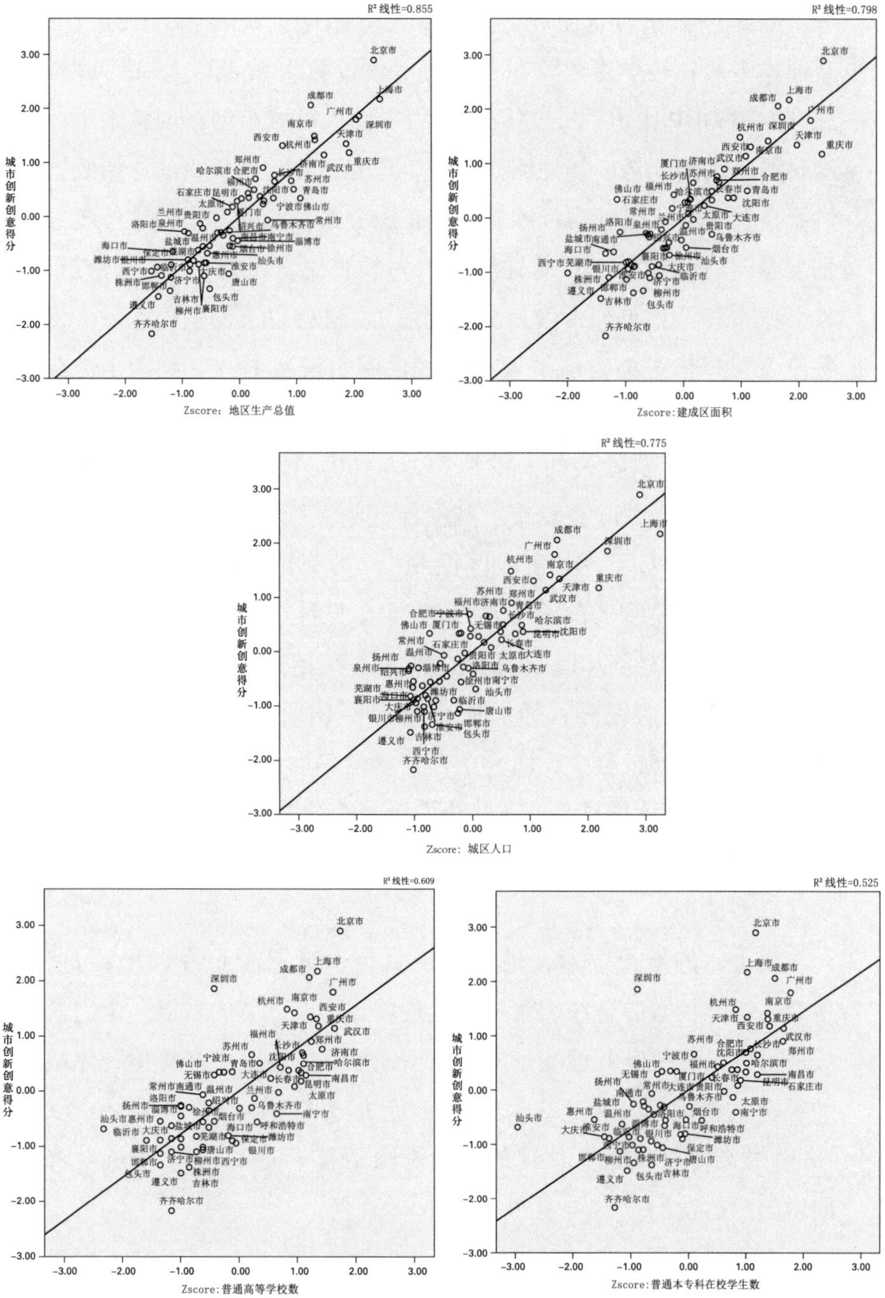

图7-2 经济发展水平、城市规模、城市高校资源方面的
因素与城市创新得分联立散点图

因此，将"ln 地区生产总值""ln 人均 GDP""城市行政级别""ln 普通本专科在校学生数""ln 普通高等学校数""ln 城区人口""ln 第三产业占 GDP 比重""ln 建成区面积"纳入以城市创新创意水平标准化得分为因变量的线性回归模型。首先，将定距变量的原始数据进行自然对数化以使得样本量近似正态分布；此外，把城市行政级别变量进行虚拟化，以普通地级市为参照变量设为 0，而直辖市、省会城市和计划单列市设为虚拟变量 1。进行以上变量处理后，将各个变量以步进的方法纳入 OLS 线性回归模型 1—6。模型 1 是全因素模型，模型 2—6 是步进模型，步进条件是，要输入的 F 的概率≤0.050，要除去的 F 的概率≥0.100。根据这一条件，模型 2 除去的变量为"ln 直辖市、省会、计划单列市"，模型 3 在模型 2 的基础上除去了"ln 建成区面积"，类似地模型 4 除去了"ln 人均 GDP"，模型 5 除去了"ln 普通本专科在校学生数"，模型 6 除去了"ln 城区人口"。模型 1—6 的决定系数 R^2 均高于 0.9，这些模型解释力很强；而对所有模型整体所做的方差分析显示 sig=0.000＜0.05，至少说明一个自变量的偏回归系数不是 0，因此模型 1—6 有统计学意义；在共线性检验的结果中，模型 5—6 的各变量 VIF 值均小于 6，因此模型 5—6 不存在共线性问题，可以接受其模型结果。

模型 1 的结果显示，地区生产总值、第三产业占 GDP 比重、普通高等学校数等传统因素可以促进城市创新创意的发展。全因素模型 1 中，在控制其他变量的情况下，以"ln 地区生产总值"体现的经济规模因素显著（sig＜0.001）促进城市创新创意的发展；以"ln 普通高等学校数"体现的高教资源显著（sig＜0.05）促进城市创新创意的发展。

根据最终简化模型 6 的结果，在传统因素中，城市经济规模对城市创新创意的促进作用最大，而第三产业占 GDP 比重和普通高等学校数是次要因素。由结果可知，只有"ln 地区生产总值"

"ln 第三产业占 GDP 比重""ln 普通高等学校数"三个因素显著（sig＞0.05）促进城市创新发展，而城区人口、普通本专科在校学生数、人均 GDP、建成区面积和城市行政级别不能显著促进城市创新创意的发展。从模型 6 的标准化系数看，"ln 地区生产总值"最高，为 0.746；"ln 普通高等学校数"居中，为 0.229；而"ln 第三产业占 GDP 比重"相对最低，为 0.100，这说明在传统因素中，城市经济规模对城市创新创意的促进作用最大。这一结果和全因素模型 1 类似。因此，在当前的经济发展背景下，提升城市化质量、扩大城区经济规模、发展高等教育，推动城市产业升级、提高第三产业比重，将有利于城市实现人才、信息集聚，推动城市创新建设。

表 7－4　城市创新传统影响因素的回归分析结果

	模型 1		模型 2		模型 3	
	B	标准误	B	标准误	B	标准误
ln 地区生产总值	0.624***	0.153	0.615***	0.150	0.638***	0.142
ln 第三产业占 GDP 比重	0.325	0.279	0.365	0.260	0.356	0.257
ln 普通高等学校数	0.362*	0.173	0.390*	0.157	0.390*	0.156
ln 城区人口	0.227	0.173	0.233	0.171	0.274	0.149
ln 普通本专科在校学生数	−0.161	0.143	−0.169	0.141	−0.159	0.138
ln 人均 GDP	0.189	0.174	0.192	0.173	0.195	0.171
ln 建成区面积	0.086	0.190	0.092	0.188		
ln 直辖市、省会、计划单列市	0.060	0.148				
（常量）	−15.198***	2.319	−15.264***	2.297	−15.473***	2.243
F	79.552		92.201		108.906	
R^2	0.916		0.916		0.916	
Adj-R^2	0.905		0.906		0.907	

（续表）

	模型 4		模型 5		模型 6	
	B	标准误	B	标准误	B	标准误
ln 地区生产总值	0.758***	0.095	0.761***	0.095	0.870***	0.060
ln 第三产业占 GDP 比重	0.401	0.255	0.426	0.254	0.545*	0.243
ln 普通高等学校数	0.369*	0.155	0.224***	0.062	0.243***	0.062
ln 城区人口	0.172	0.119	0.176	0.119		
ln 普通本专科在校学生数	−0.141	0.138				
ln 人均 GDP						
ln 建成区面积						
ln 直辖市、省会、计划单列市						
（常量）	−15.117***	2.226	−16.575***	1.711	−18.060***	1.400
F	129.785		161.852		211.058	
R²	0.914		0.913		0.910	
Adj−R²	0.907		0.907		0.905	

注：*表示 $p<0.05$，**表示 $p<0.01$，***表示 $p<0.001$。

（三）自我表达场景成为影响城市创新发展的新因素

在我国人均 GDP 超过 10000 美元，城镇化水平接近 60%（国家统计局，2019），第三产业比重超过第二产业，消费成为驱动经济发展动力的今天，经济基础、人口规模和文化基础设施这些传统因素已经不能满足城市创新创意的发展。特别是在国内外城市经济、文化和人才激烈竞争的当下，城市为创新创意人才和产业提供更好的环境显得更为重要，特别是一个城市的宽容性将促进城市创新的进一步发展。不同文化背景的人才要想在城市实现自我表达和创新创意交流，空间是必不可少的。而自我表达场景就是一个宽容多样文化，宽容人才进行创新创意生产、消费和交流的场景。

因此，自我表达场景需要被纳入影响城市创新创意发展的因素中。本研究把自我表达场景操作化为自我表达文化设施，根据大众点评的数据，结合当下创新创意人才的生产、消费和交流需求，最终选取了27个文化设施变量对自我表达场景进行操作化。为了基于统计数据科学地得到我国各个城市的自我表达场景得分，本研究对27个自我表达文化设施进行因子分析。首先，将27个变量数据进行自然对数化和标准化，再将其纳入因子分析。由结果可知，27个变量所含的信息提取比例均高于70%，因此提取的公因子对变量的解释能力较强。KMO检验统计量值为0.950，各个变量间的信息重叠程度很好，能够得出很好的因子分析模型。巴特利特球体检验值为3101.055，检验结果显著，拒绝原假设，自我表达文化设施的27个变量间具有较强的相关性。

利用最大方差法进行旋转，自我表达场景最终形成两个主成分。两个主成分的方差累计贡献率为85.767%，这两个主成分已经足以构建城市自我表达场景。各个设施中自我表达场景主成分1和自我表达场景主成分2均包含较大比例（大于0.2），因此对于自我表达文化设施来说，两个主成分都比较重要。SPSS软件可以计算出各城市在每个主成分的得分，第一个主成分的旋转平方和载入方差为45.265%，第二个主成分的旋转平方和载入方差为40.502%，由此可以得出我国67个主要城市的自我表达场景得分：

$$F_{自我表达场景}=45.265\%/（45.265\%+40.502\%）\times F_{自我表达场景主成分1}+$$
$$40.502\%/（45.265\%+40.502\%）\times F_{自我表达场景主成分2}$$

表7-5　自我表达场景因子分析结果

变量	公因子方差	自我表达场景主成分1	自我表达场景主成分2
桌游	0.932	0.897	0.357
密室逃脱	0.889	0.868	0.368
酒吧	0.825	0.857	0.302

（续表）

变量	公因子方差	自我表达场景主成分1	自我表达场景主成分2
演出	0.940	0.842	0.480
轰趴馆	0.830	0.797	0.443
咖啡馆	0.844	0.782	0.481
电玩	0.870	0.779	0.514
电影	0.923	0.768	0.577
涂鸦	0.856	0.750	0.542
攀岩	0.874	0.745	0.566
DIY手工坊	0.925	0.717	0.640
文身	0.729	0.714	0.638
录音	0.820	0.709	0.564
剧院	0.773	0.681	0.556
KTV	0.729	0.625	0.581
书店	0.895	0.204	0.924
定制服装	0.847	0.396	0.831
格斗	0.931	0.528	0.807
定制家居	0.850	0.489	0.781
画廊	0.826	0.472	0.777
美发	0.903	0.573	0.758
写真	0.844	0.543	0.741
美甲美睫	0.958	0.679	0.705
网吧网咖	0.852	0.600	0.702
医学美容	0.740	0.509	0.693
展馆展览	0.822	0.587	0.691
花艺	0.741	0.540	0.670
KMO值	0.950		
巴特利特球体检验值	3101.055		
累计方差贡献率	85.767		

表 7-6　我国 67 个主要城市自我表达场景得分

城市	自我表达得分	城市	自我表达得分	城市	自我表达得分
上海市	1.617	大连市	0.243	银川市	-0.524
北京市	1.583	无锡市	0.236	济宁市	-0.547
成都市	1.414	福州市	0.148	乌鲁木齐市	-0.562
重庆市	1.268	南宁市	0.147	绍兴市	-0.567
广州市	1.254	长春市	0.122	盐城市	-0.570
深圳市	1.211	温州市	0.092	海口市	-0.599
西安市	0.991	贵阳市	0.087	扬州市	-0.600
武汉市	0.980	厦门市	0.047	邯郸市	-0.668
杭州市	0.945	南昌市	0.004	遵义市	-0.744
苏州市	0.809	太原市	-0.025	淄博市	-0.751
长沙市	0.797	徐州市	-0.105	吉林市	-0.756
天津市	0.774	潍坊市	-0.150	襄阳市	-0.781
郑州市	0.705	常州市	-0.169	包头市	-0.789
青岛市	0.692	南通市	-0.194	淮安市	-0.808
南京市	0.673	泉州市	-0.196	芜湖市	-0.839
沈阳市	0.551	保定市	-0.204	柳州市	-0.953
昆明市	0.406	惠州市	-0.226	株洲市	-0.960
合肥市	0.332	烟台市	-0.269	大庆市	-0.982
哈尔滨市	0.308	洛阳市	-0.286	汕头市	-1.001
佛山市	0.306	兰州市	-0.356	西宁市	-1.015
宁波市	0.265	临沂市	-0.360	齐齐哈尔市	-1.088
石家庄市	0.265	呼和浩特市	-0.425		
济南市	0.251	唐山市	-0.451		

　　自我表达场景得分排名和创新发展水平排名具有很强的相似性。北京、上海、成都、广州等城市在自我表达场景中依旧排名前列，

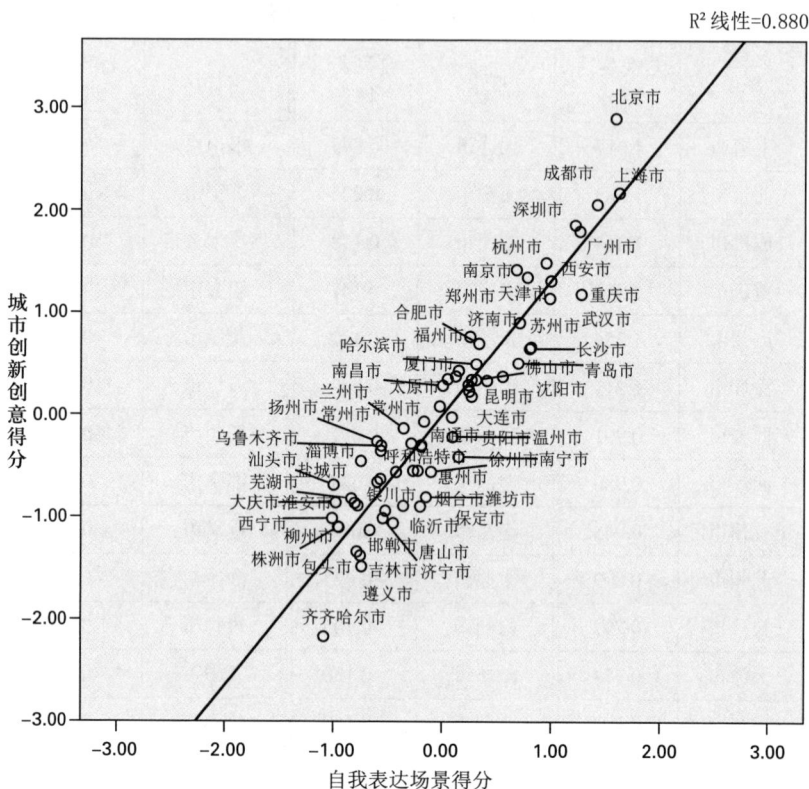

图 7-3　自我表达场景得分与城市创新得分联立散点图

而西安、武汉、杭州、天津等城市依旧紧随其后。相对而言，东部城市和高行政级别的城市排名居前，而东部普通地级市和中西部部分省会处于平均水平附近，榜尾以普通地级市为主。总的来说，自我表达场景的排名和城市创新创意水平的排名具有较高的相似性。

自我表达场景水平和城市创新发展呈现线性正相关关系，并且线性 $R^2=0.880$，高于先前测算的所有传统因素与城市创新创意发展的关系。因此模型 7—13 加入自我表达场景得分，以验证假设 2 "自我表达场景能够促进城市创新创意发展"。模型 12—13 各个自变量的共线性统计量 VIF 均小于 10，模型 12—13 通过共线性检验，可以接受其结果。模型 7—12 的决定系数 R^2 均大于 0.920，均超过模型1—6，因此加入自我表达场景因素的模型效果更好。

　　模型7—13的结果显示，在控制其他变量的情况下，自我表达场景促进城市创新创意发展。利用与形成模型1—6一致的步进条件和方法，将自我表达场景和其他传统因素纳入模型，形成模型7—13。由全因素模型7可以看出，在控制所有传统因素的情况下，只有"ln自我表达场景得分""ln地区生产总值"对城市创新创意产生显著（sig<0.05）影响，并且自我表达场景影响因素最大。模型13是经过步进计算获得的最简化的模型，由模型13的结果可知，只有自我表达场景得分、地区生产总值和城市行政级别三个因素对城市创新创意产生显著（sig<0.05）影响，而且这些因素的sig均小于0.001，这一结果与全因素模型7结果类似。模型13的R^2和Adj-R^2均高于只有传统因素的模型6，这可以说明增加自我表达场景能够有效完善城市创新创意发展影响因素体系，增强解释力；相比于传统因素，自我表达场景更顺应当下的城市发展实际，自我表达场景也是对传统城市创新创意发展因素的重要补充。由模型7—13可以发现，自我表达场景在所有因素中居于重要地位；以地区生产总值反映的城市经济规模，仍然是影响城市创新创意的重要因素。此外，行政级别越高的城市，创新发展就越好。

表7-7　纳入自我表达场景得分的城市创新影响因素的回归分析结果

	模型7		模型8		模型9		模型10	
	B	标准误	B	标准误	B	标准误	B	标准误
ln自我表达场景得分	0.594***	0.148	0.594***	0.147	0.609***	0.145	0.654***	0.142
ln地区生产总值	0.349*	0.152	0.369*	0.145	0.339*	0.138	0.460***	0.107
ln直辖市、省会、计划单列市	0.167	0.134	0.173	0.133	0.206*	0.123	0.254*	0.119
ln普通本专科在校学生数	−0.194	0.128	−0.185	0.125	−0.191	0.125	−0.185	0.125
ln普通高等学校数	0.224	0.158	0.221	0.156	0.226	0.156	0.211	0.156

（续表）

	模型 7		模型 8		模型 9		模型 10	
	B	标准误	B	标准误	B	标准误	B	标准误
ln 人均 GDP	0.246	0.156	0.249	0.154	0.264*	0.152	0.146	0.127
ln 城区人口	0.126	0.156	0.161	0.137	0.183	0.133		
ln第三产业占 GDP 比重	0.183	0.251	0.172	0.248				
ln 建成区面积	0.080	0.169						
（常量）	−9.166***	2.557	−9.336***	2.515	−8.369***	2.082	−8.183***	2.093
F	90.846		103.557		119.334		136.876	
R^2	0.935		0.935		0.934		0.932	
Adj–R^2	0.925		0.926		0.926		0.925	

	模型 11		模型 12		模型 13			
	B	标准误	B	标准误	B	标准误		
ln 自我表达场景得分	0.613***	0.138	0.656***	0.135	0.624***	0.118		
ln 地区生产总值	0.524***	0.091	0.522***	0.092	0.530***	0.090		
ln 直辖市、省会、计划单列市	0.241*	0.119	0.315***	0.104	0.286***	0.086		
ln 普通本专科在校学生数	−0.168	0.125	−0.034	0.067				
ln 普通高等学校数	0.199	0.156						
ln 人均 GDP								
ln 城区人口								
ln 第三产业占 GDP 比重								
ln 建成区面积								
（常量）	−7.806***	2.073	−8.855***	1.911	−9.398***	1.573		
F	163.130		201.514		271.807			
R^2	0.930		0.929		0.928			
Adj–R^2	0.925		0.924		0.925			

注：*表示 $p < 0.05$，**表示 $p < 0.01$，***表示 $p < 0.001$。

四、自我表达场景有利于城市创新

场景是生活方式的容器。场景将技术创新、文化、消费三者进行关联，借助于创新人才的集聚效应，演化成驱动城市发展的新动能。本研究通过对全国 67 个主要大城市的实证分析后发现，自我表达场景能够显著促进城市创新发展。这凸显了后工业城市营建开始回归以人为本的生活逻辑。工业时代，城市作为工业的"附庸"，彰显个性的文化价值观和生活方式被放置边缘位置；后工业城市开始摆脱"附庸"的地位，自身具备了一套内在性原则，其发展重心也开始回归人的生活。诸如创新人才等高级人力资源在择居择业时更看重代表生活方式的地方质量（Quality of Place）的场景指标，就说明了这种城市发展逻辑的转变。本研究将"城市创新"的内涵扩展到"创新创意"，意味着把后工业城市发展阶段凸显的文化和消费等生活实践整合进来。自我表达价值观"创意"概念增加了城市创新的内涵，城市创新创意顺应了后工业城市高质量发展的需要。第一，面对新的发展阶段，创新并不能仅仅停留在传统意义上的技术创新层面，也要面向文化、服务业和消费等生活范畴。第二，衡量创新需要增加创新人才及其生活的环境因素。佛罗里达等学者指出了创新人才对于城市发展的重要性，并把技术、服务和创新环境结合起来。

整体来看，中国 67 个主要大城市的创新发展并不均衡。北京、上海等城市在创新方面占据了领先地位，其他城市还有较大差距；各大城市之间呈现出鲜明的层次，表明不同的城市处于不同的创新创意发展阶段。另外，随着城市人均 GDP 的增高，城市创新创意发展也会加速。因此，各个城市应该遵照城市发展的阶段性规律，夯实工业化的发展成果，不能直接上马不符合实际的创新创意项目。此外，部分城市创新创意发展与经济基础不匹配。地处东部且拥有较高地区生产总值的青岛、宁波、佛山有较好的工业基础，但是其创新创意发展相对滞后。这些城市需要在筑牢经济发展基础的同时，集聚创新创意人才，积极转变经济发展方式，实现创新创意发展，向更高的城市发展阶段迈进，避免陷入具有相对较高的工业化水平却无法实现创新创意驱动的"低创新创意发展陷阱"。

此外，城市经济规模的适度扩大能够加速创新创意生产和消费聚集。本研究发现，在控制其他变量的情况下，地区生产总值越高，其创新创意发展越好。一方面，较大的经济规模意味着城市经济主体聚集的优势，有利于增加信息交流速度，在信息密集交换中创新可以被有效激发。另一方面，城区经济规模越大也意味着更多的创新消费潜力，为创新的生产提供了广阔的消费市场。对于武汉、成都来说，应该汇集省内的创新资源，在兼顾省内各个城市均衡发展的前提下，优化省内创新创意生产、消费集聚效应，实现从创新规模集聚优势到质量优势的转化；对于天津、苏州等城市而言，需要进一步放宽创新人才、资金、项目、技术等资源的落地鼓励政策，最大限度地增加本城市创新创意的生产效率和文化消费辐射优势。

本研究还发现，在传统影响因素范畴内，高校资源对城市创新发展具有推动作用，但是在加入自我表达场景影响因素后，高校资源对城市创新发展的促进作用并不显著。这在某种程度上说明，本地高校培养创新创意因素的效果并不突出，吸引人才和留住人才的能力对城市创新创意发展更加重要，这直接体现在城市对新型人才自我表达的包容性上。因此，要增强与区域中心城市的协同，依靠中心城市的高教、创新创意研发资源发展自身的创新创意经济。

发展自我表达场景推动城市创新创意，意味着协同人才、文化价值观、空间生产与消费实践。在控制所有传统因素的情况下，城市自我表达场景显著促进城市创新创意发展。根据系数结果，相比经济基础、行政级别和高校资源等传统影响因素，自我表达场景更能促进城市创新创意发展。这种效应在第三产业比重过半、消费成为经济发展主要动力的大城市中更为明显。由此，更加说明创新创意不是一个简单而抽象的经济概念，而是集合了创意人才以及他们渴望自我表达的价值观和创新创意群体的社会空间，也包容了城市发展的新动能。具有一定规模的城市是自我表达场景的载体，而自我表达场景也将促进城市的发展，这体现在城市的人才、价值观、空间生产与消费实践的相互协同中。在自我表达场景中，创新创意人才的生产和消费具有聚集性，他们通过各种活动表达自身的价值，并通过集聚实现创新创意的消费和再生产。自我表达场景中内含的精神价值将推动城市向新的发展阶段迈进，创新创意人才不仅拥有强烈的个性进行自我表达，也具有职业使命，他们更愿追求把自身的创意转化为现实的成就感。

值得注意的是，任何一个城市都不能只通过发展自我表达场景来实现创新创意发展，政府的积极参与以及对基础设施的投入也非常重要。因为美学的干预不能替代城市的基础，"无论一座城市拥有多少座出色的博物馆，如果它的通勤之路变成了一种漫长的折磨，那么公司将会迁往郊区"。从世界创意城市的经验来看，政府的战略推动是发展创意产业的最有效手段。特别是在中国，在控制自我表达场景和地区生产总值的情况下，行政等级对城市创新创意仍产生显著影响。在我国，行政等级意味着财政资源的分配、政策支持等优势，在城市发展转向后工业化发展的道路上，这些优势仍然存在，政府在城市更新和城市治理中仍然处于主导地位。各主要城市的政府要从战略上推动自我表达场景和城市创新创意的发展，也需要顺应经济基础和城区规模的扩大，适当增加配套的公共设施。随着长江三角洲、大湾区、京津冀、成渝等城市群战略的推行，对于城市圈内行政级别较低的城市，应该发挥城市圈的协同资源优势发展创新创意，增加与区域中心城市的协同，依靠中心城市的高教、创新创意研发资源发展自身的创新创意经济。

最后，城市构建自我表达场景需要坚持正确的方向——以实现城市创新创意发展为目标导向。第一，由于不同城市的经济基础、行政级别和自我表达场景的水平不同，创新创意发展的阶段也不同。因此，不同的城市不论依靠怎样的策略，都需要立足现有的比较优势。第二，城市在发展创新创意的过程中，需要从实际出发，保持自身个性与特点。雅各布斯认为，过度模仿和复制其他城市的成功会导致多样性的瓦解。一味地包装和推销会让人感觉城市"不真实"，会导致自我表达场景的商品化问题，而将所具有的创意抹杀掉，并且一味地模仿会使得城市同一化。这恰恰与自我表达重点强调的精神相违背，因为自我表达强调要坚持做自己，单单借鉴其他城市只能取得临时的效果。第三，城市必须从实际出发，追求的目标应该是适度的成功，而非一时的轰动。密集资本和规模化经济将会阻碍新公司的发展，大城市病、大公司病将成为创新创意的"铁牢笼"。特别是后工业化时代，城市应寻求小型且实用的项目，而非用高额投资这一巨大而昂贵的骰子来赌城市的未来。对文化设施进行投资的真实目的，如发展旅游业，应在于激发城市创新创意。因此，城市无论采取怎样的措施发展自我表达场景，都需要以吸引创新创意人才、促进城市创新创意发展为初心。

第八章　场景蜂鸣与城市文化创新

当前，全球城市化的发展动力正在转型为以创新、知识、服务与消费等文化软实力为主体的时代。全球城市资源型增长明显从物质资源扩展到人力资源和社会资本资源，从农业文明、工业文明转向信息文明，社会生产力的发展使得城市化时空不断演化，新时代的城市发展面临新的命题与挑战。应对全球化和城市化的场景转换，以可持续的文化生态适应后工业时代的城市发展与人的发展需要，以丰富的文化与极具活力的场景形塑文化产业的当代价值，越来越重要。

我国城市发展的语境已经发生了变化。一方面，现代城市由生产型向消费型转型，现代化与全球化推动资本要素在广阔的空间中高速流动，引起了文化生态的变异。以文化和场景为代表的消费形态愈加主导着创意阶层的选择，进而影响着文化多样性。另一方面，中产阶级收入人群的增加，使注重生活美学的个性化消费持续增长。公众文化参与需求的与日俱增，对当代城市创新提出了新的要求，也为城市文化创新带来了更多可能性。"蜂鸣"作为发轫于场景又作用于场景的一种"象征性文化资源"，以及一种深度融入城市发展的政治、经济以及社会的"双面性文化资源"，通过与"场景"理论的互补和互生，不仅为全球城市研究提供了一个良好的视角，还提供了一种基于城市场景研究的工具，在驱动城市创新、激发城市活力、促生城市新发展动力方面，发挥着重要的作用。

一、我国城市文化创新的语境转向

在现代化与全球化进程中，文化日益成为全球城市角力的核心，城市发展开始进入现代化生存与本土化传承的"转场期"，以文化塑造城市竞争力、激发城市创新动力，以文化产业促进城市经济转型、激发社区创造活力，成为城市发展的共识。

（一）文化产业创新成为赋能城市经济的重要形态

文化现代化并不意味着效法西方或者是全新的创造，而在于传统文化的现代化生存。当前，本土文化力量主导着文化产品及服务的生产，城市文化的现代化发展也必须考虑传统文化生存场景的异化。互联网的快速发展对文化产业产生了极大影响，激增的线上红利为文化产业的效益实现提供了更为广阔的实验场与跨越式发展的机遇，在线游戏、网络文学等数字文化创意产业借助网络迅速突破了其传播与创作的壁垒，并重构了文化产业发展的场景生态。然而，承载着信息技术的科技创新通过重组人们的思维方式、生活方式以及文化消费方式，不断推动着传统文化行业的组织系统、商业模式与行业结构的适应性变革。[1] 例如，在当前文化产业的九大门类当中，核心领域[2] 的 25 个种类中有将近 70% 为依托于线下经营的传统文化行业，其在技术上的先天劣势在面对突发风险时表现出行业脆弱性。特别是在新冠肺炎疫情全球大流行期间，以数字文化内容生产和消费为主导的新经济模式异军突起，进一步加速了全球经济

---

[1] 傅才武：《当代中国文化政策研究中的十大前沿问题》，《华中师范大学学报》（人文社会科学版）2019 年第 1 期。

[2] 文化产业六大核心领域为新闻信息服务、内容创作生产、创意设计服务、文化传播渠道、文化投资运营以及文化娱乐休闲服务。

发展分水岭的产生，推动新时期城市创新加速进入新成长周期。

在文化产业赋能城市发展的过程中，文化产品和服务的国际化成为提高城市竞争力的主要体现。全球化是当今时代文化产业发展最为深刻的变革力量。全球价值链缩短使得国家之间的竞争优势得以重塑，军事经济等硬实力建设不再是影响世界大国的主要因素，国家文化软实力建设成为衡量国家发展水平的重要标准，全球化的文化贸易规则正在重塑着文化产业的生产形式与组织形式。在这一语境下，建立具有全球视野、兼具地方特色的文化产品和服务体系迫在眉睫。从雅克·埃吕尔描述的"娱乐技术"越来越成为"人们忍受城市病不可或缺的原因"的 20 世纪，大众娱乐方式的产业化，成为城市居民生活重要的组成部分，到纽约"硅巷"和旧金山"多媒体峡谷"的出现，让人们力图在信息娱乐和流行时尚中寻找城市复兴的钥匙，再到乔尔·科特金在《全球城市史》中指出 21 世纪是"文化产业"在城市经济中最为活跃的世纪，城市一改过去努力留住中产阶级家庭、工厂，转而关注流行、时尚并将其作为城市振兴的关键，我们越来越清晰地认识到，文化创新是现代文化体系建设的核心，也是城市创新的关键。

（二）新城市危机呼唤城市可持续发展的新模式

当前，全球城市化进程正面临着新的现代性危机，理查德·佛罗里达在其《新城市危机》中指出，在城市复兴的过程中，虽然人口的聚集最大限度地促进了创新活动，从而为城市发展提供了动力，但是同时也导致了城市与社会脱节，以及城市化与生活水平提高关系的割裂。人们向往城市生活，但是生活水平却没有显著提高。改革开放以来，我国城镇化经历了 40 多年的飞速发展，并一直保持着线性增长，2019 年末，我国城镇化率已经由 1978 年的 17.90% 增长到 60.60%（见图 8—1）。然而，在城镇化高速推进的同时，我国贫富差距却仍然不容乐观，居民基尼指数一直维持在

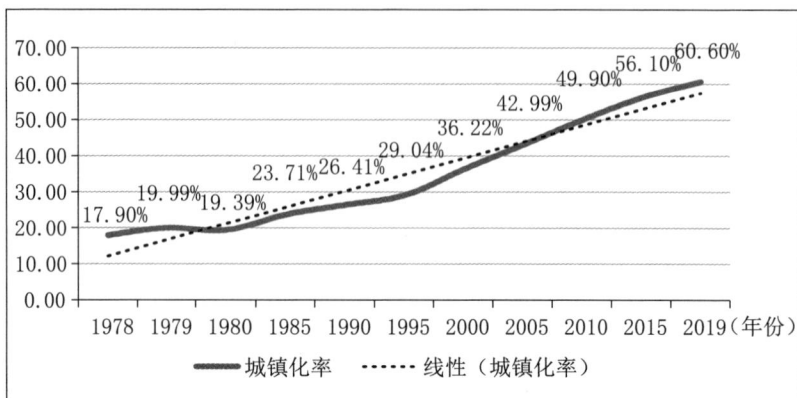

图 8-1　改革开放以来中国城镇化率 ①

0.46 左右，虽然并未突破 0.50 的临界线，但是从 2015 年开始呈现增长趋势（见图 8-2）。根据国家统计局公布的数据，2019 年我国人均可支配月收入为 2561 元，② 然而仍然有约 6 亿中低收入及以下人群人均可支配月收入在 1000 元左右，③ 远低于平均水平。城镇化的发展空间以及城乡居民对美好生活的向往，对城市发展的转场提出了新的要求。在城市发展从以经济增长为主要衡量指

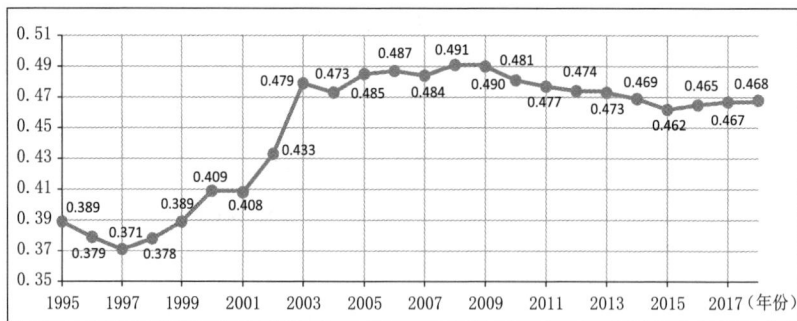

图 8-2　1995—2008 年我国居民收入基尼系数变化 ④

---

① 数据来源：国家统计局历年国民经济和社会发展统计公报。

② 数据来源：国家统计局。

③ 《李克强总理出席记者会并回答中外记者提问》，新华网，2020 年 5 月 29 日。

④ 数据来源：wind 数据，苏宁金融研究院。

标转向更加关注人本的需求、谋求高质量发展的可持续城市化的阶段，寻求可持续的城市成长动力，成为全球城市发展共同的目标。

针对高速城市化所带来的新城市危机，理查德·佛罗里达指出，通过完善服务设施，释放城市居民的活力和才能，解放人和社区的创造力，帮助提高人自身的发展是解决危机并将城市化与生活水平提高重新联系起来的方法。其中，文化服务设施建设在提升人民城市生活幸福感以及优化城市服务功能方面必不可少。新芝加哥学派代表人物克拉克认为，文化在不断增强城市经济社会福利，城市正在加速演变为一种"娱乐机器"，城市里的各项舒适物组成要素正在通过作用于城市的政治与经济而不断被生产出来。在这其中，克拉克同样强调设施的重要性并提出了"场景理论"，他认为应当重视集合舒适性设施、活动与服务的"场景"的作用，"场景"通过设施以及人们的文化实践孕育特质的文化价值观，并进一步影响人的行为活动与社会秩序，最终作用于城市发展。诉诸城市可持续发展的探索，文化创新正不断通过融入生活、融合产业、容纳创意阶层的方式，悄然改变城市发展模式，并进一步演化为城市成长的新动力。

（三）文化参与的兴起揭示出城市文化创新的矛盾

中产阶层人群的崛起，为城市创新提供了重要的人力资源，也构成了创意阶级的中坚力量。2019 年，我国中等收入群体规模达到 4 亿人，占据人口总数的 28.6%，[①] 中国成为全球最具成长性的消费市场。另外，中产阶层的崛起同样带来了消费的升级，2019 年我国发展型与享受型消费持续增长，人们的文化生活消费选择愈加多元，注重"生活美学"的消费个性化表征愈加凸显，书店、咖啡厅、商场以及图书馆等消费场所不断丰富自身功能并变身为多元化

---

① 宁吉喆：《中国经济运行呈现十大亮点》，《求是》2020 年第 3 期。

的休闲娱乐场所，以文化产业为代表的新经济业态正成为城市创新的驱动力和城市经济的增长点。

创意阶层的崛起为文化产业带来了广阔的市场空间，文化经济对于经济增长的贡献率不断提升，为城市发展提供源源不断的动力。数据表明，我国居民的文化消费长期保持在较高水平，但值得注意的是，在 2019 年，尽管我国文化消费环境以及居民的文化消费意愿进一步提升，但是居民的文化消费能力以及文化消费满意度却有所下降；城乡以及东中西部地区的文化消费差距仍然较大，但是却在环境与满意度上趋于均衡。由此可见，当前发展不充分的问题是我国居民文化消费的主要矛盾问题。[①] 面对这一问题，文化产业的发展不仅需要进一步激发文化消费的市场潜力，更要以更加深入的文化参与提升公民文化消费的质量，注重文化产业的内容核心，激发文化产业发展的活力，创生文化产业成长的内在动力。

二、蜂鸣资源的创新价值与互动逻辑

现代化与全球化为城市创新提供了适应场景转换的变革力量，新城市危机进一步催生了城市寻求新的增长动力的要求，也使得城乡居民对美好生活提出了更高的要求。在这一语境下，文化参与的兴起，创意阶层的崛起，共同为城市创新带来了新的发展红利，但也使得当前城市发展中创新资源稀缺、创新动力不足、创新体系缺乏等问题进一步凸显出来。蜂鸣理论（The Buzz Theory）提供了一种从生活文化空间与公众消费行为互动角度思考文化创新的理论工具，依托不同的城市场景中所产生的"蜂鸣"，带给参与者不同的文化体验并产生出独特的轰动效应（generatebuzz），创造出富有魅

---

① 《"2019 中国文化产业系列指数发布会"在京举办》，新华网，2019 年 12 月 24 日。

力的文化氛围，形成了城市创新的宝贵资源。

（一）蜂鸣的内涵和外延

蜂鸣理论是芝加哥大学社会学系克拉克教授团队提出的。蜂鸣是产生于城市场景的一种象征性的文化符号资源，通过文化参与者的场景实践与文化体验形塑场景特质，蕴含场景文化价值观并进一步影响人们的生活行为、社会秩序以及经济运行。克拉克通过世界各国的实证研究证明，蜂鸣通过作用于城市政治、经济以及社会的各个方面，已经成为一种城市发展的宝贵资源，一种充满活力的城市场景产生的资源，一种为居民、企业以及政治角色所追求的资源。信任通过交流相互支持和善意的共享符号，从而促进社区的发展，而蜂鸣传达的是文化实践符号，代表了人们的审美体验可以在特定的地方消费。

蜂鸣是一种具有内部自主性以及外在交互性双重性质的象征性存在。在场景内部，蜂鸣能够通过影响场景参与者的实践行为实现场景内资源要素的文化生产，传播场景的文化价值（见图8－3）。例如，多伦多的肯辛顿街区，其承载了加拿大20世纪的移民历史，并容纳了意大利裔、犹太裔、葡萄牙裔、亚裔等20多个移民群体的自我创造。这些移民群体的创意商业活动、集市发展以及大胆

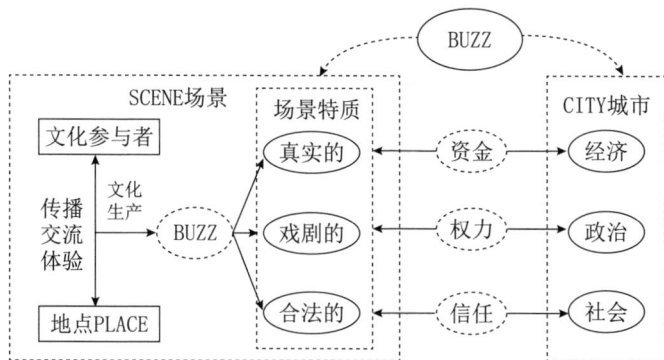

图8－3　蜂鸣的两个面向

创新的街头艺术使得肯辛顿街区整体呈现出强烈的"波西米亚"特质，进而表达出具有本土场景特色与越轨行为的蜂鸣效应。再如，中国北京的 798 艺术区，艺术家的原创活动创造出一种时尚迷人的场景，这种时尚迷人的场景信号进一步吸引了更多潜在的同类型的文化参与者前来进行共同创造，进而产生了艺术家的"扎堆"效应与名人效应，使得"798"从一个电子厂成功转变为每年吸引无数世界各地的文化兴趣者前来的艺术区。肯辛顿街区与 798 艺术区的转变印证了蜂鸣效应的文化力量，其在场景的内部呈现出一种自主性的文化创造力，并对外传递着文化价值。

此外，面向场景外部的蜂鸣则是场景与外部经济、政治以及居住环境的互动，在这一层面上，场景的蜂鸣效应通过与城市发展各个领域的交互不断创造出财富、权力以及信任，进而不断完善场景自身的发展。反过来，场景也可以从商业团体、政治团体以及公民团体当中获得外部支持，如资金、政治援助以及社区信任等。场景蜂鸣与城市发展的动态交互能够帮助场景本身更深融入城市的社会结构当中，并且进入政府官员的政策考量，吸引企业聚集以及引起居民的日常关注，进场带动多元主体的文化参与。

在特定的场景中，蜂鸣是一种对场景或者参与者在场景中的某些经历及生活方式的美学的或符号性的感受，蜂鸣城市的诞生，是城市寻求经济增长的钥匙。正是因为"蜂鸣"的产生、相互影响及广泛蔓生，使创意经济趋于高度集中。作为一把促进城市发展的钥匙，蜂鸣解释了城市发展是一个充满"噪音"、复杂的问题，无法用一个单一"大爆炸"模型来解释的理论困境。蜂鸣的出现，让人们更容易接受错综复杂的冗繁事物，也更容易创造充满能量和激情的新鲜事物。

（二）城市蜂鸣的互动逻辑

当前，全球许多城市都在寻求鼓励本土文化和社会信任的有效路径，蜂鸣在场景中的出现及其所催生的具有独特气质的场景，对解决城市发展中的现实问题具有较强的指导意义。从文化发展的角度而言，蜂鸣提供了一个以场景营造更好地服务于城市与人发展的新视角——场景的蜂鸣效应放大了文化力量，地点、设施（活动与服务）、参与者三个场景营造的主体要素强化了文化潜移默化的影响并使其显现出来，进而形成城市经济、政治与社会建设发展的新动力。

一是实现基于地点的文化营城，深入城市发展肌理。蜂鸣，代表的是场景体系中地点与阶层对文化资本强化再生产的一个过程，这与文化产业的本质高度契合。文化产业创新的过程，实质上也是文化资源转化为文化产品及服务进而创造出文化资本的过程。场景所产生的蜂鸣效应，提供了一条以地方营造（Place Making）促进文化创新的路径，正如理查德·佛罗里达所说，"只有以人为本，基于地点的新兴经济才能不断繁荣"。

蜂鸣理论通过赋能本土场景营造，启迪地方文化的创新传承。事实上，基于地点的场景营造一直都是文化系统中的一个核心要素，在文化经济的研究讨论中被称为文化景观。文化景观是伴随着一定社会的政治、经济发展而出现的一个复杂结果。不管是作为一个有序的对象组合，还是作为一个文本形式，文化景观都是一种象征系统，通过它社会系统被复制、被体验、被探索，这就是蜂鸣理论向外延展并与城市社会结构互动的核心内涵。基于此，在地方场景的营造中，文化作为社会再生的手段，在不断吸纳现代文明的同时，也不断依托本土化的乡土语言表达更加丰富的内涵和更具特色的语义，从而引导城市在日益多元的城市星球中，能够保留其文化基底，延续其文化风貌，并通过充分利用"本土蜂鸣"释放发展红利。

蜂鸣理论通过鼓励"区域蜂鸣"，为城市发展创造新的空间视角。蜂鸣在城市中的分布并非均匀的，现代城市中，文化异质性和种族多样性所激发的活力，是创造蜂鸣的重要条件，这也解释了创意阶层集聚的基本规律和创意集群诞生的地理原理。蜂鸣理论作为理解城市业态的拟态环境视角，为研究文化产业和城市地理格局提供了一个新的空间维度。事实上，作为象征性资源的蜂鸣，力图推动更为广泛并且具有新意的城市文化实践。例如，基于地点的场景形态，以旧厂房、古街区、老建筑为代表，在城市更新中被蜂鸣激发，改造为凸显创意价值、集聚创意阶层、具有多元功能的文化创意园区及历史文化街区，进而实现了价值转化。这些更新后的场景成为城市叙事的主体，进而创造出市民、游客和艺术家共生的精神载体。而伴随着城市发展模式的加速调整，蜂鸣在城市功能的优化以及主导产业的转型过程中，也将扮演更加重要的角色。

二是强化舒适性设施集合的美学效应，营造文化能量场。蜂鸣作用于城市创新的场域，通过场景营造产生的蜂鸣效应深入城市经济社会发展的内部，对场景中的文化进行思想阐发和范式表达，既是城市叙事的过程，又是城市叙事的主体。蜂鸣强调舒适性设施、活动与服务等美学体验，以及创造出体现美好生活需求的"舒适物"，它们正在成为稳定经济与社会发展、提升城市发展质量、提高城市居民生活水平的重要载体。在后工业时代，作为"娱乐机器"的城市在发展过程中，诸如公园、演出场地、艺术场馆以及咖啡厅、24h书店等舒适性设施，构成了"蜂鸣区域"，让城市变得更加具有识别性、可读性并更为宜居。值得注意的是，尽管蜂鸣理论关注社会生活，并力图在生活场景中汲取和创造产生蜂鸣的文化资源，因而对舒适物提出了新的要求，希望通过舒适物营造良好的公共服务环境，吸纳创新创意人才。然而，蜂鸣理论对舒适物的定义，却并不仅仅局限于这些人工建构的设施，还包括"地方营造"中的一些社会结构要素，包括社会经济结构与多样性，如本地居民收入水平与受教育水平、参与者的人口特征等，以及本地区居民的价值观或态度，如友善、包容、开放、越轨。因此，更趋向于将舒适物界定为硬体设施以及构成设施适用属性的软性要素在某一空间的耦合体系，这启迪了对于舒适物建设的一种体系化的价值生态思维，即如何才能够让舒适性设施、活动与服务的建设真正服务于人和城市，其中需要考量的不仅仅是舒适物类型，还需要考虑这类舒适物组合会吸引怎样的人群以及会营造怎样的文化价值观与生活方式。

实质上，建设一个充满蜂鸣的城市，离不开舒适物及其所提供的服务、所引导的价值、所营造的氛围。而这些舒适物本身即蕴含着某种文化价值观，无论消费者对于舒适物的选择是有意，抑或无意，这种文化价值观都会潜移默化地影响消费者的生活行为与精神思想，长此以往即会产生爆发式的质变，这就是蜂鸣效应。蜂鸣效应将城市的场景转变为城市文化聚合的能量场——无论是场景内文化参与者的消费行为、审美感受，还是进入场景内的资金、信任与权力关系，最终都通过完善地方的场景营造服务于城市发展，产生更为持续的经济效益与社会效益。

三是促进多元主体的文化参与，激发政治效能活力。蜂鸣不仅仅将场景作为一种视觉的原材料对城市的创意资本要素产生刺激作用，场景的蜂鸣效应还通过文化参与者的传播、交流与体验引导建立了发达的社会关系与文化网络，其所培育的社会资本构成了文化创新、文化生产以及文化表现的基础。"正是数不清的社会互动形式使得空间拥有了活力，并赋予了空间存在的意义。"

"场景蜂鸣"通过文化参与的民主化，不断完善场景功能，丰富场景价值。消费所引导的文化参与以及由其所成就的地区性文化生产已经成为21世纪城市新型文化经济中最为典型的空间特征。大众文化的发展以及新媒体技术的普及大幅降低了文化参与的门槛，蜂鸣理论尊重并鼓励文化参与者的自我表达权利，文化参与者的自我创造又能够不断丰富场景的文化价值，进而产生更为强势的蜂鸣资源。蜂鸣又可以作为政治工具而存在，产生蜂鸣效应的场景会引起政治家的关注，成为其维护政治权力、获取居民信任的有效渠道。

作为一种有效的政治资源，蜂鸣又是可以被创造的。在地方文化治理的政策执行以及城市开发的建设规划当中，往往会有意通过构建新场景吸引资本进入、获取社区支持以及扩大政治权力。在社区营造、城市更新以及更为具体的商场、剧场的经营当中，都可以看到"场景蜂鸣"的作用。例如，近年来政府城市规划往往更加注重通过社区文化生活圈的营造，满足居民精神文化需求，通过文化节、戏剧节、创意市集等家门口的场景体验，构筑美好的文化生活场景，吸引社会力量进入以及文化事业与文化产业的协同发展。再如，商场内愈加场景化的休闲街区、剧场演员与观众的互动故事等，皆表现了场景蜂鸣的魅力。由此可见，蜂鸣并不是虚无缥缈的存在，一个咖啡馆、书店甚至是破旧的老建筑都可以成为承载蜂鸣的场景媒介，场景的蜂鸣就是在不断的创造与被创造中建构起文化经济与城市发展的动力循环。蜂鸣带给场所的精神和参与场景价值构建的作用，则是城市文化容器的核心范式。

三、蜂鸣激励城市文化创新的理论探索

20 世纪以来，在许多城市中，文化和艺术及其所形成的产业群落，越来越成为城市发展的新文化中心和新经济场域。究其原因，蜂鸣作为一种宝贵的城市资源，通过文化艺术的创新创造和价值转化所产生、蔓延，并影响着城市的整体转向。蜂鸣作为集体参与城市治理和推动政府合作的催化剂，解释了究竟什么样的设施与场景组合可以将特定的人群聚集在某种文化体验当中，并对城市发展产生助益。立足城市的自我成长，蜂鸣是推动城市创新的能量资源，在指导城市更新的创新理念、发展范式、内容创造以及治理体系等方面，发挥着重要的作用。

（一）理念：从生产驱动到消费驱动

传统生产驱动模式往往将个体行动的目标定位于经济诉求，将劳动、土地、资金等视为推动城市发展的核心因素。蜂鸣理论立足于重新建立更加符合人与城市发展的生态思维，是实现城市驱动模式从思想层面走入实践行动，创造出每一个城市居民的人生价值，并使其生产与生活方式充满幸福感、安全感的一种实践和探索。

在传统生产理论的基础上，蜂鸣理论增加了消费的维度，对城市增长作出了新诠释。新时代，消费对于城市，不再仅仅标榜简单的消费活动，正如马克思生产理论当中不仅将生产作为一种实体形式，还将其当作一种组织形式一样，蜂鸣理论强调的消费同样也是一种组织形态。消费是社会再生产过程的最终环节，同时也是一种个人行为。消费不仅能够影响文化产业产品及服务的生产环节，同样还能够影响文化参与者的价值观与生活方式。蜂鸣理论通过强调文化空间的消费性以及文化参与者进行文化消费的美学体验，将文化产业的经济效益与社会效益同时考虑在内，且更加强调文化产业的文化资本属性，形塑了文化产业发展的生态模式。

在传统空间理论的基础上，蜂鸣理论还拓展了消费的广度，丰富了城市创新的维度。当前，世界已经进入个性化、多元化、数字化的文化消费时代，人们的消费需求已经从吃穿住用转向安享乐知。以安全、享受、娱乐、求知为诉求的美好生活，进一步激发了人们对生动文化消费体验、灵动文化空间的诉求。面向美好生活，如何创造一种城市文化经济空间和居民日常行为交互式的场景，让居民在日常的生活生态中，感受到文化自信的力量；如何创造一种城市文化经济空间和托底式保障、便捷式服务、全员化就业有机融合的社群，让居民在生活、生产和生态的融合中，在社区、园区和景区的融合中，享受到美好生活之乐；如何打造出一种城市文化空间和居民文化生产、文化消费相互协同的机制，以城市更新和文化复兴为驱动，让朝气蓬勃的创业者改造城市单元，让安心栖居的居住者体验创新创业带来的空间改变，构成了"城市蜂鸣"的生境筑造诉求。

（二）路径：从场所建设到场景营造

当前，城市更新从大规模更新转向针灸式更新，从重建式更新转向修补式更新从地景更新转向场景更新，以街区和社区为代表的生活空间更新，成为城市更新的重要方式；胡同、弄堂中的小尺度空间，被赋予更加灵活的功能，成为文化更为多样的空间；口袋公园在城市化的空间挤压下，成为城市活力的策源地；旧工业区、商业区在创意营造的氛围下，往往被改建成富有个性的创意园区、艺术公园，并集聚了大量居民；城市公共空间也开始从远离市区的大尺度单体建筑，逐步更新为小尺度的复合空间，嵌入城市居民的日常生活图景中。在这一语境下，蜂鸣的创造性，开始从注重物理空间转换为物理空间和心理空间并重，场景营造成为新时期城市创新的重要思维。

场景表达出更加丰富的文化价值观。蜂鸣理论启示，不同属性的舒适性设施集合表达出不同的文化价值观，进而会影响人的消费行为甚至是生活方式，这是避免城镇同质化发展、实现公共服务范式创新的有效手段。城市公共服务的范式创新需要重新建立对于"设施"的理解，扩大设施应用的边界。蜂鸣理论所强调的设施建设不仅仅局限于硬体设施的建设，更着力聚焦服务供给的优化，以人的发展为核心，以蜂鸣为介质，将人的需求链接入公共空间中，以人的文化活动、创造行动激励公共空间产生创意氛围，培育发展活力。在这一视域下，舒适物应运而生，并成为新时期城市更新的主要空间载体。

"蜂鸣"为场景特色创造特质。场景不是简单的物质设施的堆积或混搭，而是孕育着特殊文化价值的城市舒适性设施、活动与服务的混合体。促使场景超越舒适物集合的物化概念，成为文化价值观的外化符号进而影响个体行为的社会事实的关键，便是蜂鸣在场景中的出现。而场景在绘制"文化元素周期表"时所依据的真实性、戏剧性和合法性三大主维度，也都是以人群的活动和实践为依据，以参与者的主观感受为价值评判的。正是人类的文化艺术活动、公众参与、社会消费和创新创造所产生的蜂鸣，赋予了场景特质，从而让场景生动起来。值得提出的是，以新时期新型基础设施建设 ① 为依托，蜂鸣创造力与现代技术之间的协同作用，将为场景营造带来更加丰富的可能性。依赖于互联网技术的虚拟消费场景和生活场景的重构，将推动蜂鸣突破其原本作用于人群"面对面交流"产生碰撞而释放出的创新价值，从而在不同的空间场域和生活场景中塑造出更为丰富的文化社群。

（三）内容：从文化生产到文化共生

文化参与是创造蜂鸣的重要手段，就如同"发现之旅不在于寻找新的风景，而意在拥有新的视野"一样，艺术与文化的兴起，正在逐渐转变着公民政治。尽管这一观点对于许多社会科学家来说仍是新鲜事物，但对于政策制定者来说这种现象早已司空见惯。蜂鸣理论为我们试图通过将文化艺术与政治分析相结合的方法来克服传统公民参与的鸿沟找到了突破口。蜂鸣理论启示，文化内容创新应当从文化参与者的民主权力方面进行考量，即一个具有活力的场景应当尊重并且鼓励参与者的主动创造，关注公众的文化表达权。

关注公众的文化表达，需要在场景内营造良好的文化参与氛围，而这很大程度上有赖于社群的构建。在同一社群当中，文化参

---

① 新型基础设施建设又称"新基建"，是以新发展理念为引领，以技术创新为驱动，以信息网络为基础，面向高质量发展需要，提供数字转型、智能升级、融合创新等服务的基础设施体系。

与者之间有着共同的文化价值观与文化认同，而文化价值观的形成是蜂鸣产生作用并形塑场景特质的直接结果。从这一层面来说，在场景营造过程中，通过有意识的社群构建并建立稳固的社群联结，能够使蜂鸣更好地发挥作用，进而形塑地区的文化认同。在实际的场景实践中，社群的作用已有迹可循。从广场舞舞蹈队到抖音的时尚交流社群，都展现了社群对于文化参与活力的带动，北京市史家胡同社区的史家胡同博物馆、史家胡同文创社等多元文化社群矩阵，不仅丰富了居民的社区文化生活，还使得地区更具发展活力。诸多实践证明，社群构建深入文化产业生产、生活等场景能够构建有效的社会联结，产生持续的蜂鸣资源。

关注公众的文化表达，需要对公众角色进行重新定义。蜂鸣理论对于公众的角色定位既是消费者，也是内容生产者，而公众在不断的内容创造过程中，也在不断地丰富自身，实现自身文化素养的提高。文化内容创新的动力在于持续的文化创造，而文化创造已经不再是艺术家的专属，在当今大众狂欢的时代，人人都可以成为内容的生产者，创造属于自己的文化语言表达，形塑不同的场景特质，或是真实的、戏剧的，又或是合法的。文化参与者创造的内容质量或高或低，使得"蜂鸣资源"具有了复杂性、多元性和异质性，而这些资源，是城市创新最为宝贵的资产，在其所形成的"蜂鸣区域"（Buzz Areas），各种创新意见、非凡创建和对生活方式的互动表达正在发生，从而使城市富有生命力、吸引力和感染力。

（四）规制：从文化建设到文化治理

基于蜂鸣理论所建构的文化动力模型，不仅从文化的角度思考文化经济的发展，更是用整体思维去发现城市问题并启迪城市发展的动力转型，因此蜂鸣不仅是一种文化资源，也是一种政治资源。围绕着蜂鸣所产生的与场景内部互动的金钱、信任以及权力能够影响政府部门的决策，基于此，在蜂鸣理论指导的文化治理创新当中，需要将文化建设融入城市发展语境中，用城市整体治理的思维去思考文化治理。

构建"全球—本土"的文化治理体系，因地制宜开展场景营造。场景营造要考虑周边经济社会发展的综合效益与影响因素。政府的政策支持、地区的资源优势以及居民的民意倾向等，对一个地方场景能否吸引更多的社会关注与投资，能否产生更多的效益收入有重要影响。反过来，场景蜂鸣、政治权力以及社区干预也会对一个普通的并不涉及审美与文化的房地产开发项目产生经济上甚至更为广泛的影响。归根结底，文化治理的创新应当将文化产业的项目规划置于与城市政治、经济、社会等各个方面的互动语境中，有效利用城市资源不断完善自身的场景建设，并以自身的场景建设服务于整个城市发展，就能够通过创造蜂鸣争取到政府支持与社区信任，从而产生持续的发展动力。

实现自上而下和自下而上的文化治理，建设睦邻友好的社区。蜂鸣理论视角下文化治理的创新，还在于构建地区认同与社会网络。场景能否产生蜂鸣的关键在于社区信任，即居民的地区认同，而一个有活力的场景也能够反过来促进地方认同的形成，这也是文化治理服务于城市发展的最优解。文化治理要构建地方认同，就需要考虑公众在文化治理中的角色体现，唤醒公众参与文化治理的意识，其中尤其要关注社区层面的治理创新。社区既是城市建设与居民生活的基本单元，同时也是场景营造最具潜力与社会交往活力的单元，从社区入手创新文化治理能够最有效、最直接地促进地方文化认同，通过引导居民参与社区文化建设，构建自上而下与自下而上相结合的文化治理体系，形成共建共治共享的文化治理格局，才能从城市建设最根本层面推动可持续的蜂鸣产生，进而形塑基于地方认同的文化共同体。

第九章 "北上广深"城市
创新能力比较

不同于聚焦专业创新人群的传统研究范式，本章的城市创新涵盖了普通大众的创新。从更广义角度，本章把城市创新能力划分为三个方面：创新主体、创新资源、创新环境。基于此，我们对北京、上海、广州、深圳等大城市的创新情况进行了比较，数据主要来源于四个城市 2017 年的统计年鉴。结果发现，第一，北京城市创新主体中的企业组织数量具有绝对优势，高新企业从业人数、高等学校、科研院所与社会组织等的数量均高于上海、广州和深圳，但人口密度远低于其他三个城市；第二，北京城市创新资源得天独厚，较上海、广州、深圳优势明显，然而，科研投入与产生效益低于深圳，专利含金量有待提升；第三，北京城市创新环境中绿色发展和公共服务资源方面具有明显优势，但城市包容度方面不如深圳。

一、关于城市创新的三个维度

目前，关于城市创新的研究，多数是以研发投入、专利数、论文数等指标来衡量。我们认为，此类研究指标只关注少数几类专业创新人群与活动，过于狭隘，忽略了"大众创新"中众人的智慧或

"智慧在民间"的含义。

针对国际城市创新发展的趋势，我们从创新主体、创新资源、创新环境三个方面重新构建了未来发展目标，而场景理论因其丰富的内涵、多样的形式、灵活的操作、广泛的参与、即时的反馈等特征成为当下城市创新建设中的有效途径。

创新主体，主要反映了城市创新实践活动的承担者，即具有创新能力并实际从事创新活动的人或组织。城市创新领域是广阔的，创新主体是多元的，包括普通公民、创新创意人才、社会组织、企业、政府等。要想实现城市的创新发展，就需要调动最广泛创新主体的积极参与，通过激发企业创新活力、激励创意阶层发挥自身所长、鼓励公民积极提升自我以及引导社会组织承担社会责任，创建有利于城市创新发展的多样性人力资源。城市在创新主体方面的主要目标是，通过多样性的主体参与，打造非典型的城市学习路径，以提升公民、创意阶层、社会组织、政府部门对城市创新能力的认识，并培养不同主体在创新实践中的工作能力。

创新资源，反映了城市创新发展所需要的各种投入，包括技术、文化、便利设施等各方面的投入要素，这些既是需要流动的商品，也是需要保护的重要资源。只有独特的、难模仿的、难转移的关键资源才能为城市创新发展带来长期优势，因而领先的科学技术、深入日常生活的便利设施、凝聚城市价值观的文化要素，是城市创新能力发展的重要方向。用科技改变社会协作方式，用便利设施更新公民生活方式，用文化要素激发深层次的价值认同，是城市创新能力提升的重要实现路径。城市在创新资源方面的发展目标是，打造智慧治理、以人为本、资源集约的城市创新发展模式。

创新环境，反映的是城市创新过程中，影响创新主体进行实践的各种外部因素的总和，主要包括城市创新发展的战略与规划、城市创新实践行为的经费投入力度以及社会创新行为的态度等。创新环境不仅跟科技本身有关，而且和社会文化理念有着密切的联系，信息和知识不仅通过物质手段进行交流传播，重要的是通过人与人之间正式或非正式的社交网络实现联结。加快形成鼓励创新、宽容失败的社会氛围，是城市创新能力建设的重要支撑和实现路径。城市在创新环境方面的主要目标是，在构建宜人的自然景观环境的同时，打造宽容开放的社会氛围，使不同的创新主体在城市中实现自我价值。

综上所述，城市创新主要应从创新主体、创新资源、创新环境三个方面推进建设，这三个方面作为建设的主体部分我们称之为骨骼。如何将骨骼有组织、成系统地连接起来，就需要找到城市的脉络。

本章的数据主要来自北京、上海、广州和深圳等城市统计年鉴。主要包括 2017 年北京统计年鉴、2017 年上海统计年鉴、2017 年广州统计年鉴、2017 年深圳统计年鉴，以及 2017 年发布的《全球科技创新中心评估报告》《中国城市科技创新发展报告》两份创新研究报告。由于统计口径和指标设置标准不一样，部分数据比较分析可能存在差异。为了比较明晰，我们对表格中的一些数据做了计算处理，在这里特此说明。

二、"北上广深"城市创新主体比较

城市创新主体包括居民、企业组织、高等院校与科研机构、社会团体以及创意阶层等。城市居民作为城市创新建设过程中的参与者与获益者，其人口多少、素质高低、流动频率等都会对城市创新能力发挥产生重要影响。培育人口对城市创新的支持、参与和普及，是城市创新能力得以提升的关键。本章从城市人口规模、人口密度、人口多样性等指标来比较城市创新主体的情况。

（一）北京人口规模和多样性尚可，但人口密度远低于上海、深圳与广州

人口规模对于城市发展至关重要。一般来说，它与城市发展的经济基础、地理位置、建设条件、现状特点等密切相关。事实上，有了人口的聚集，才能够创造更多的财富与繁荣。根据 2017 年中国经济与社会发展统计数据库的结果显示，截至 2016 年底，北京、上海、深圳、广州四座城市中，上海的常住人口最多，达 2419.7 万人；北京的常住人口次之，达 2172.9 万人；深圳的常住人口最少，只有 1190.84 万人（见表 9—1）。

表 9—1 "北上广深"城市人口基本情况

城市名称	北京①	上海②	广州③	深圳④
人口规模（万人）	2172.9	2419.7	1404.35	1190.84
人口密度（万人/平方千米）	0.13	0.38	0.19	0.6
人口多样性⑤（％）	37.3	40.5	38.0	67.7

人口密度是城市人口分布稀疏程度的常用数量指标。城市创新能力的建设和提升，与人口密度也有着紧密关系。在有限的城市空间中聚集尽可能多的人，参与到城市的建设过程中，这在一定程度上为创新能力的提升提供了源泉。但是，我们仍要警醒，过高的人口密度将有可能造成生态环境、社会资源的紧缺及分配不均，这与城市创新发展中的宜居目标背道而驰。数据显示，深圳的人口密度

---

① 北京数据主要来自《北京统计年鉴 2017》。
② 上海数据主要来自《上海统计年鉴 2017》。
③ 广州数据主要来自广州统计信息网。
④ 深圳数据主要来自《深圳统计年鉴 2017》。
⑤ 对于城市人口多样性的衡量，我们主要采用的是外来人口占城市总人口的比例。相较于外来人口少的城市来说，外来人口多的城市其多样性会高些。

最高，达到每平方千米 6000 人；人口密度最小的是北京，每平方千米只有 1300 常住人口；上海人口密度大约是深圳的一半，广州人口密度与北京相差不大。在这里，我们补充了三个城市的地理面积，北京的面积最大，为 16412 平方千米，大概相当于深圳的 8.3 倍；在四个城市中，深圳的面积最小，只有 1997 平方千米，与广州、上海的面积也不可同日而语。

人口多样性所催生的多元文化对城市创新发展具有推动作用。人口多样性有利于提升创新理念接受度、创新参与互动性、创新行为的具体实施等。因而，人口多样性成为衡量城市创新能力的要素之一。数据显示，截至 2016 年底，深圳户籍人口绝对值仅有 384.52 万人，占常住人口比重尚不及三分之一；北京户籍人口有 1362.9 万人，占常住人口比重达 62.7%，是四个一线城市中户籍人口比重最大的城市；上海户籍人口绝对值是四个城市中最大的，达到 1439.5 万人，占到常住人口近 60% 的比重；广州户籍人口占常住人口比重达 62%，户籍人口数仅高于深圳，与北京、上海仍有较大差距。

（二）北京的企业组织数量具有绝对优势，广州科技企业组织较多，深圳信息企业组织较多

企业是市场经济中最活跃的单位，城市中的企业组织数量很大程度上反映着一个城市的活力与创新力。随着后工业社会和知识经济时代的来临，一些新兴的企业组织不断壮大，尤其是以下领域迅猛崛起：第一，信息传输、软件和信息技术；第二，科学研究与技术服务；第三，文化、体育、娱乐等。因此，本章的考察主要从信息企业组织、科技企业组织、文娱企业组织三个门类来进行城市创新主体的分析。数据显示，截至 2016 年底，相较于其他城市，北京的企业组织数量具有绝对优势，同时各行业分布均匀、发展均衡。信息传输、软件和信息技术规模以上法人单位和科学研究与技术服务规模以上法人单位均达到 3000 余家。广州的科学研究和技

术服务方面的企业组织数量有 1525 家，约占北京同类企业数量的一半；但是，它的信息传输、软件和信息技术企业数量则仅约有深圳同类企业数量的一半、北京同类企业数量的五分之一。深圳在信息传输、软件和信息技术方面企业众多，达到 1044 家，而科学研究与技术服务方面的企业数量相对北京、广州较少，仅约为北京同类企业数量的 21%；而文化、体育、娱乐方面的企业力量则相对薄弱，企业数量仅为北京同类企业数量的十分之一不到（见表 9—2）。

表 9—2　规模以上法人单位数量　　单位：家

	北京①	上海②	广州③	深圳④
信息企业组织	3012	/	571	1044
科技企业组织	3382	/	1525	721
文娱企业组织	1263	/	439	106

注：按照结构类型分组 / 总人口。

（三）北京高新企业从业人数、高等学校、科研院所与社会组织的数量均高于其他三个城市

高新企业从业人数是衡量一个城市创新主体的直接指标。数量庞大且聚集明显的高新企业从业人数能够显著提升城市创新活力和辐射功能，这些人才的会聚可以加大聚集效应。数据显示，四个城市的高新企业从业人数分布极不均衡，北京的从业人数占据了绝对优势，达到 81 万人之多，是上海高新企业从业人数的约 24 倍、广州高新技术从业人数的约 11 倍。深圳位列第二，高新企业从业人数近 14.6 万人。上海高新技术从业人数最少，仅为 33804 人，比第三名广州的高新企业从业人数少了一半还多（见表 9—3）。

---

① 北京数据主要来自《北京统计年鉴 2017》。
② 上海数据主要来自《上海统计年鉴 2017》。
③ 广州数据主要来自广州统计信息网。
④ 深圳数据主要来自《深圳统计年鉴 2017》。

表9-3 "北上广深"高新企业从业人数、高等学校、
科研院所与社会组织情况比较

城市名称	北京①	上海②	广州③	深圳④
高新企业从业人数（人）	810195	33804	69305	145923
高等学校（所）	91	64	82	12
科研院所（个）	1458	798	160	630
社会组织（个）	4267	4007	2438	3708

高等学校成为贯彻落实城市创新政策、培育城市创新人才、激发科研机构创新的重要力量。城市中高等学校的密度越高，代表提升城市创新能力的主体数量越多、能力越强。因而，高等学校数量成为衡量城市创新主体的要素之一。数据显示，北京高等学校数量最多，达到91所，是深圳高等学校数量的近8倍；同时，上海高等学校数量也达到深圳高等学校数量的5倍多。广州高等学校数量位列第二，具有较好的教育和科研资源。深圳高等学校数量仅12所，与其他三座城市差距显著。可以看出，北京的教育实力最强，不仅体现在高等学校的数量上，还在教育质量上具有较强的优势。广州、上海紧随其后，优势也较为明显，而深圳高等学校数量相对有限，城市创新主体的建设和培育能力较为薄弱。

与高等学校职能相近，科研院所也是城市创新的中坚力量，尤其是在科技创新领域。这些组织不但承担着重要的技术创新职能，而且还是科技人才的摇篮，在城市创新建设中发挥着不可替代作用。数据显示，"北上广深"四个城市科研机构数量很不平衡。北京的科研机构数量在全国占据领先地位，达到了1458个，是

---

① 北京数据主要来自《北京统计年鉴2017》。
② 上海数据主要来自《上海统计年鉴2017》。
③ 广州数据主要来自广州统计信息网。
④ 深圳数据主要来自《深圳统计年鉴2017》。

广州科研机构数量的 9 倍还多,是深圳科研机构数量的 2 倍还多。上海的科研机构数量略高于深圳的科研机构数量,达到了 798 个,位列四个城市中的第二。值得注意的是,深圳尽管高校数量较少,但其科研机构数量高达 630 个,表明深圳在城市创新能力提升方面极具积极性和主动性。尽管没有那么多高校,仍通过政策和制度来培育和吸引更多的科研机构落户深圳。

社会组织是社会创新的主体,很多城市的社会问题可以用社会创新方法来解决。因此,社会组织数量的多少可以反映城市社会创新的能力。数据显示,北京、上海民政部门正式注册的社会组织数量居于全国前列,均超过了 4000 个,其中北京比上海的社会组织多出了 260 个;广州在四个一线城市中社会组织数量最少,仅有 2438 个,约占北京社会组织数量的 57%。深圳在四个一线城市中人口数量最少,仅有北京人口数量一半多一些,而社会组织却达到了 3708 个,只比北京社会组织数量少了 559 个,在人均拥有量上较其他三座城市拥有较大优势。这说明深圳城市社会创新能力很强。

三、"北上广深"城市创新资源比较

(一)北京城市创新资源得天独厚,较上海、广州、深圳具有较大优势

作为建设创新型国家的重要突破口和切入点,城市创新能力打造的具体路径是对创新资源的整合,以增强城市的整体竞争力。本章从当前城市创新资源中影响比较突出的两个维度——研究与试验发展经费内部支出、专利申请数——进行测量。

研究与试验发展活动(R&D 活动)的规模和强度指标通常用来反映某一区域的科技实力和核心竞争力,是国际上衡量一国或一

个地区在科技创新方面努力程度的重要指标。一个城市的 R&D 水平，研究与试验发展经费内部支出是重要影响因素，因为 R&D 的投入水平很大程度上决定了城市的创新发展潜力。如表 9-4 所示，北京及上海的研究与试验发展经费内部支出数额明显处于全国领先水平，均超过了 1000 亿元人民币，北京针对研究与试验发展经费内部支出达到了 1484.58 亿元，居于全国首位。

表 9-4 "北上广深"研发投入和成果产出比较

	北京①	上海②	广州③	深圳④
研究与试验发展经费内部支出（亿元）	1484.58	1049.32	209.8	279.71
专利申请数（个）	189129	119937	63366	145294

按照通常的解释，发明专利是对产品、方法或其他方面所提出的新的技术方案，与已有技术相比需要具有突出的实质性特点和显著的进步才能被授予权利。作为一种无形资产，发明专利数成为衡量城市创新能力的重要指标。北京在发明专利领域也取得了耀眼的成绩，以 189129 个的数量远远超过了上海、广州及深圳，甚至比上海、广州专利申请数的总和还多。

从以上数据不难看出，北京在研究与试验发展方面的扶持力度很大，对知识产权的认识到位，科技创新的保护手段比较完善，这为北京积累了丰富的城市创新资源。

（二）北京的研究、试验发展经费支出与产出效益低于深圳，专利含金量有待提升

深圳在适应经济发展新常态和创新驱动城市发展的过程中，充

---

① 北京数据主要来自《北京统计年鉴 2017》。
② 上海数据主要来自《上海统计年鉴 2017》。
③ 广州数据主要来自广州统计信息网。
④ 深圳数据主要来自《深圳统计年鉴 2017》。

分认识到知识产权的市场化运作能力，在研究与试验发展经费内部支出仅为279.71亿元的前提下，达到专利申请数145294个。同期，北京研究与试验发展经费内部支出额为深圳的5倍还多，而专利申请数仅比深圳多出43835个。可见，在高度活跃的市场经济下，深圳充分调动了企业的自主能动性，企业知识产权运营的意识和水平都得到了大幅度提升。

除了密切关注专利申请等成果数量，同时还要将知识产权服务工作视为城市创新发展的关键环节。因为，创新成果被研发人员和设计人员创造出来时，只是一项技术或是一件产品，甚至可能只是一个创意，这样的成果形式很可能被人随意采撷。于是在专利发明井喷式爆发的背后，需要逐步加强知识产权的服务工作。即使在专利发明数量最多的北京与深圳，仍然在专利运营方面存在明显的短板。比如，大量中小企业的专利运营意识淡薄，对知识产权服务的重要性和复杂性认识不足；知识产权服务工作的专业人才缺乏；专利发明可进行产业化转化的成果不多等。要想实现城市创新资源的可持续性增长，就需要在提升发明专利数量及含金量的同时，逐步完善专业的知识产权服务工作，使城市创新资源得以妥善留存，并实现有效的产业转化。

（三）广州城市创新资源薄弱，上海科技与金融融合的路径值得借鉴

广州在研究与试验发展中的经费投入远远落后于北京、上海，仅相当于后者投资额的五分之一，仅为209.8亿元，在四座一线城市中处于劣势。同时，广州的专利申请数不及北京专利申请数量的三分之一、不及深圳专利申请数量的二分之一，在四个一线城市中明显落后。上海通过搭建科技金融投融资平台和科技金融服务平台，聚集科技金融领域所需的创新资源与要素的做法，值得广州借鉴。

四、"北上广深"城市创新环境比较

（一）北京在城市绿色发展方面具有明显优势

生态宜居是城市创新环境的基础组成部分，偏向于自然物理方面的需求，直接影响着人们的生活质量和品质。不同专业背景的人，对生态宜居性的测量不同。我们从当前对城市发展影响比较突出的两个维度来进行测量：绿色指数和空气质量。绿色指数中包括城市建成区绿化覆盖率和人均公园绿地面积。表9-5中的数据以2016年的全面均值为主。结果显示，北京的城市绿色发展指数明显优于其他三个大城市，尤其是城市绿化覆盖率达到了48.4%，排名第一。人均公园绿地面积也比较大，和广州、深圳在同一水平上，都在16平方米以上，上海这方面的表现比较差，仅为7.8平方米。然而，北京的空气质量明显劣于其他三大城市，深圳空气质量最好。空气质量的好坏很大程度上决定了城市的宜居性。在我们的调查访谈中，曾经有部分科技创新人才表示，如果空气质量再不改善，将可能搬离北京，到深圳、杭州等城市发展。这也说明，清

表9-5 "北上广深"城市绿色指数和空气质量比较

	北京①	上海②	广州③	深圳④
城市绿化覆盖率（%）	48.4	38.8	41.8	45.0
空气质量（$PM_{2.5}$）	73.0	45.0	36.1	27.0
人均公园绿地面积（平方米）	16.1	7.8	16.8	16.5

① 北京数据主要来自《北京统计年鉴2017》，其中，$PM_{2.5}$数值来自《2016年北京市环境状况公报》。

② 上海数据主要来自《上海统计年鉴2017》。

③ 广州数据主要来自广州统计信息网。

④ 深圳数据主要来自《深圳统计年鉴2017》。

洁的空气不但影响着城市的宜居性，也对城市创新环境和人才流动产生了重要影响。

（二）北京在公共服务资源方面总体上占优势，上海的文化资源优势较为明显

公共服务是城市创新环境非常关键的组成部分。哈佛大学城市经济学家爱德华·格莱泽研究团队指出，一些"非市场交易"（Non-market Transactions）在城市发展过程中起到关键作用。这里的非市场交易更多倾向于城市能够为居住在这里的人们提供的公共服务。比如，是否有好的学校让子女就学？有无好的医院给老人就医？有无优质的文化设施与活动进行休闲娱乐？城市公共交通是否便利？这些直接影响着人们的生活品质。

从教育资源来看，北京所拥有的学校数量和专任教师数量都远远超过除深圳外的其他几个城市。作为后起之秀的深圳，其教育资源也比较丰富，学校数量和专任教师数量多于上海和广州。这也说明深圳对人力资本相当重视，深圳城市的发展离不开人力资本的教育培训投入（见表9—6）。

表9—6 "北上广深"城市公共服务情况比较

	北京	上海	广州	深圳
学校数（个）	3524	1744	1710	2285
专任教师数（万人）	23.1	16.12	16.8	100
每千常住人口执业医生数（人）	4.64	2.7	3.3	2.5
每千常住人口床位数（个）	5.06	4.6	6.3	3.5
公共图书馆藏书量（万册或件）	6229	7676	2737	3604
博物馆、纪念馆、美术馆（个）	178	125	32	46
电影放映场次（万场次）	228.5	252	96.3	/
文化站（个）	331	213	167	/
公共电汽车（万人次）	369019	239100	241358	186799
轨道交通（万人次）	365934	340106	257119	129213

从卫生资源来看，北京医疗资源也相当丰富，每千常住人口执业医生数在四个城市中排名第一，为4.64，深圳这方面相对落后；每千常住人口床位数广州最多，北京排名第二，千人的床位数为5.06。

文化资源方面，北京的公共图书馆藏书量尽管没有上海多，但远远高于深圳和广州，大概相当于二者之和。这说明，北京图书、阅读等方面的资源比较丰富。同样，无论是"自上而下"政府主导的文化资源，如博物馆、纪念馆、美术馆和文化站，还是由市场主导的电影观影，北京都是异常活跃，明显优于其他三个城市。博物馆、纪念馆、美术馆数量高达178个，大约相当于上海、广州和深圳的总数。

公共交通也是城市公共服务的重要部分。依据数据不难发现，北京的公共电汽车和轨道交通载客量超过了36亿人次，远远高于上海、广州和深圳。上海的轨道交通也相当发达，载客人次仅次于北京，达到34亿人次以上。大概是由于地理条件和人口总数的限制，深圳这方面的数据排名比较靠后。

通过以上分析我们不难发现，北京在公共服务方面保持着总体上的优势和竞争力，但如何把这些总体上的优势转化到城市管理服务的细节上，即实现城市管理服务的精细化，需要进一步下功夫。在调查访谈中，有专家反映，北京正因为资源太过丰富而不加"充分利用"，很多时候都是粗放型的管理服务手段，利用率比较低，而且有时候还出现浪费和破坏。这一点，应该在今后改善城市创新环境时加以重视。

（三）深圳在城市包容性方面明显好于北京、上海、广州

创意城市研究著名学者佛罗里达在《创意阶层崛起》一书中指出，创意人才比较喜欢包容性城市环境。他用美国各地区同性恋指数来说明城市的包容性，并建立与科技人才流动的关联性。然而，

在中国,对于同性恋这样的话题"讳莫如深",似乎很难查到这方面数据,更谈不上有科学系统的数据可以利用。不过,由于历史文化不同,大多数人对于"离婚"的态度比较负面,和美国人对于同性恋的态度有着较大相似性。换句话说,一个地方对于"离婚"现象的接受程度,从某种程度上可以反映这个地区的包容性。除了用离婚率来测量城市包容性外,我们还加入了外来人口比例这一维度来进一步佐证城市包容性。

表9-7显示,从离婚率来看,四个大城市离婚率都在35%以上,说明城市包容性都比较高;但从外来人口占总人口比例来看,深圳的城市包容性要明显优于其他三个城市,北京城市包容性明显不如深圳、上海和广州。结合深圳最近十年的发展来看,科技创新人才和创意人才对于城市发展起到关键作用,很多新兴产业和新就业机会都来自这些群体的推动。这从侧面说明,深圳城市包容性对于人才吸引与聚集的作用明显。

表9-7 "北上广深"城市包容性比较

	北京	上海	广州	深圳
离婚率(%)[1]	39	38	35	36.25
外来人口比例(%)	37.2[2]	40.1[3]	38.0[4]	67.7[5]

---

[1] 本组数据来自民政部相关数据。

[2] 根据《北京统计年鉴2017》显示,截至2016年底,北京常住人口2172.9万,常住非户籍人口约807.5万。

[3] 根据《上海统计年鉴2017》显示,截至2016年底,上海常住人口2419.7万,常住户籍人口为1450万。

[4] 根据《广州统计年鉴2017》显示,截至2016年底,广州常住人口1404.35万,常住户籍人口870.49万。

[5] 根据《深圳统计年鉴2017》显示,截至2016年底,深圳常住人口为1190.84万,常住户籍人口为384.52万,常住非户籍人口为806.32万。

五、城市创新的趋势与特点

正如《创新美国报告》中指出的那样，创新是通向未来的钥匙，也是一个国家或地区在世界舞台上保持竞争优势的关键。北京、上海、广州、深圳作为经济社会活动的聚集地，也正成为创新的重要区域。在当今全球化背景下，城市创新能力逐渐成为世界经济发展的主要决定力量。通过对"北上广深"四个城市的分析，城市创新的趋势与特点可以概括为以下几个方面。

第一，北京、上海常住居民数量占有绝对优势，城市创新能力的发展具有良好的基础。稳定增长的人口规模、高素质的劳动力队伍和能够提供多种服务的人口环境，是城市创新主体之一的居民保持创新优势的关键。北京、上海常住人口均超过 2000 万，为这两座城市的可持续发展提供了坚实的储备。数据也表明，北京、上海在经济、科技、教育、艺术等方面均取得了显著的成绩。随着城市中各行各业的均衡发展，居民的数量、素质、受教育程度、社会融入能力等逐步成为背后的重要决定因素。未来城市创新建设中，一方面，要重点加强广州的人口吸纳能力。广州人口密度与深圳相差无几，而面积却是深圳的 3 倍多，常住人口仍未突破 1500 万大关，因而在居民数量仍有较大的增长空间，广州很可能是下一个人才聚集地。另一方面，针对上海、深圳人口密度较高的现状，未来如何在增加常住人口数量与建设宜居生存空间之间寻求平衡，成为城市转型升级需要考虑的重要问题。

第二，城市包容性逐渐成为中高收入人群择居、择业的重要考虑因素。对一个城市来说，其人口具有较年轻的人口结构、较高的平均受教育水平以及人口的开放性及多样性，是衡量城市创新能力的重要方面。深圳作为新兴移民城市，在全社会形成"鼓励创新、宽容失败"的社会价值观，具有很强的包容性，因而人口多样性特点显著。近几年，政府利用政策、环境、薪酬等手段吸纳各领域人才资源，成为我国科技、工业、贸易领域最活跃的中心。北京则相对注重"户口制度"，无形之中形成一定的排外性，对人才的引进造成了一定的阻力。上海城市创新建设进程中高素质的人力资本相对匮乏，人口增长相对缓慢，人口流动性、多样性与开放性不足。若是能够实施差别化人力资本投资政策、重视为高素质人才提供公共服务以及改进户籍制度等，或许可以有效解决上述问题。

第三，"收入"已不是择居的唯一决定因素。北京的城镇居民人均可支配收入最高，但是人口密度却不是最高的，除了客观政策调控的原因，可以看出，收入已不是高级人力资本选择工作地的唯一或是首要条件。在四个城市中深圳城镇居民可支配收入最低，但是具有最高的人口多样性，同样，人口密度也远远高于其他三个城市，可见深圳对人力资本的吸纳能力是四个一线城市中最强的。由这一现象可以看出，除收入之外的创业创新氛围、自然环境、社会包容性等因素已逐渐成为居民选择城市的重要影响因素，并在一定程度上制约着城市创新能力的提升；这也为城市可持续发展敲响警钟，城市创新能力建设是一个综合、多元、复杂的议题，需要多方入手方能留住创新主体。

第四，北京和深圳的产学研联动网络体系的重要性进一步凸显。产学研合作是促进创新主体互动的重要手段，要加快形成产学研相结合的创新网络。创新主体的互动、创新系统的运行都离不开完善的产学研体系。北京的科研机构数量、高校数量、企业数量独占鳌头，多年积累的科研成果、高度集中的高等院校、发展蓬勃的各类企业为北京的城市创新提供了丰富资源。深圳壮大力量发展教育事业，在硬件跟软件上加大投入。比如，近期，北京大学、清华大学在深圳设立研究生院，香港中文大学、哈尔滨大学、中山大学纷纷在深圳设立分校，南方科技大学、深圳技术大学等一批高校已选址建设，第一家中俄合作办学的高等院校深圳北理莫斯科大学也选择落户深圳。因为高校数量最少的深圳极具危机意识，它意识到没有高等院校和科研机构的支撑，就没有科技成果的转化；没有不断涌现的科技创新成果，企业就很难保持创新动力。因而，建立产学研合作的创新体系，对科技成果供求关系的转变及其结构的调整，对促进科技成果转化，以及形成科技创新的内在机制，都具有重要的战略意义。

第五，文化与经济的关系在城市创新发展过程中亟待得到重视。深圳拥有科技和市场对接的良好条件，大力发展新型科技产业，在信息传输、软件和信息技术领域吸纳了大量的人才，弥补了深圳高校跟科研机构不足的缺陷。但是，可以看出，深圳在谋求经济、科技发展的过程中，忽略了文化领域的发展，文化、体育、娱乐领域规模以上法人单位数量仅为106家。文化应当是经济发展的基础结构，而不应仅仅成为经济和科技发展的锦上添花之物。城市发展文化，一是要发挥文化的基础性作用，并在此基础上实现社会安定的公知教化；二是要大力发展文化企业，培育经济增长、人口就业的新的增长点。因此，在城市创新能力提升的过程中，文化和经济应当做到双轨并行，齐头并进。

专题四
文化消费

第十章　城市文化生活圈
构建与营造探索

　　文化生活圈属于场景营造的一种文化形态，以文化融入生活的方式发挥"以文化人"的作用，并从场景营造的导向出发，在居民日常生活中进行文化的空间设计，营造生活化的文化生态。它强调文化作为一种生长因子在人们日常生活中的蔓生作用，让文化的教化作用在文化活动与各种文化服务中发酵，让人们在参与、交流与学习过程中逐渐建立起一个体系化的学习社会，从而进一步提升人的素养，改善区域空间城市风貌，让在地文化完成生生不息的生活传承。作为新时代城市发展一个极具活力与动能的生态单元，文化生活圈将为满足人民对于美好生活向往提供最佳的生活文化方案。

一、文化生活圈营造的当代价值

　　当前，中国的城市建设已经进入高质量发展的新阶段，面对人们多元的生活需求以及对于高品质美好生活的追求，城市社区的居住形态与建设方式逐渐回归其"人本"核心，文化在城市建设与社区发展当中的动力作用日益凸显。在此背景下，构建以满足居民基本生活需求为出发点，以实现城乡居民高品质公共文化服务的均等优质为落脚点的文化生活圈，既是实现国土空间向均衡资源分配、保障社会民生、维护空间正义与组织地方生活等方面发展的必然要求，也是将人的尺度和体验作为城市更新核心，实现城市场景在优化社区配置、创新社区生态、改造社区品质、重塑社区价值等方面跃升的基本诉求。

（一）文化生活圈的双重属性

一是围绕文化生活基本面完善硬体设施建设。20 世纪 60 年代，为应对城市化过程中出现的资源过度集中、城乡差距拉大等问题，日本政府提出"地方生活圈"与"定住圈"等概念，以促进城乡均衡发展、实现居民定居。随后"生活圈"概念扩散至韩国、中国台湾等亚洲地区。其中，韩国的住区规划深受日本日笠端氏分级理论的影响，开始建立起由居住区、邻里、组团构成的三级体系，并按照生活圈的等级来配置公共设施。而中国台湾地区也在 1979 年编制的综合开发计划中采用了"地方生活圈"概念，根据人的活动所需，开展土地规模、交通网络及社会基本设施的整体性规划，以促进区域均衡发展，提升居民的生活品质。在生活圈规划和实践中随着人们对文化供给和文化消费诉求的不断提升，文化生活圈开始成为民众自主意识觉醒之后的有效尝试，也成为扶持在地文化，实现创新传承的有效尝试。在这一背景下，文化生活圈作为满足人民基本文化生活需求以及完善公共文化服务体系的一种方式，逐渐见诸城市建设行动计划中，许多地区通过文化生活圈的营造，充分激发自下而上的社区自治，凝聚社区共识，扶持在地文化，形塑地区特色，发展地区经济，更好地满足了新时代居民对美好生活的追求和期待。

二是立足高品质文化诉求开始关注文化生态建设。当前，我国正处于消费不断升级的时代浪潮中，精神类消费逐渐取代物质类消费成为生活主流，多元、综合、高品质的文化消费成为人们生活的主流文化诉求，此外，5G 时代的到来创造出数字文化消费的新形式，数字文化成为连接文化与城市的全新文创力量，传统图文类的文化产品也在借助 IP 与数字技术融合发展。文化生态环境的重塑对于城市文化建设提出了更高的要求，城市的发展方式逐渐由硬性的物质建设向着文化、创意等软性因子深度融入的方向转变。文化生活圈的核心功能是基于人的文化诉求实现城市文化功能的提升，它是新时代城市建设向着高品质发展的一种新形态与新尝试，作为一种融合了城市更新与社区营造因子的空间设计方案，文化生活圈以文化深度融入生活空间的方式形塑了更为多元的城市功能形态与更高品质的城市文化生态，包括文化景观的营造、文化活动的开展、文化事业的提升、文化产业的发展、历史文脉的传承、在地特色的形塑等各个方面。

（二）美好生活的二重视角

一是以优质公共服务的均等化缩小时间尺度，优化空间正义。生活圈是有效提升城市品质的刚性需要，在生活圈的营造中，应避免"大而全、小而全"，打破地方分割，形成更大范围的生活圈域，这样既能保证多样化服务的质量和水平，又能降低成本、提高效率。例如步行生活圈或社区生活圈的构建，这一通过构建步行社区网络，串联设施节点，改变城市更新方式，开始进入我国城市更新的实际进程中。如上海市在其新版城市总体规划中提出营造"15分钟社区生活圈"，以创新、协调、绿色、开放、共享新发展理念为指导，以步行生活圈的营造落实城市有机更新。[①] 雄安新区在《河北雄安新区规划纲要》中，提出构建社区、邻里、街坊三级生活圈，不同的层级提供不同的服务，满足不同的需求，以达到便民目的。此外，北京、广州、长沙、济南等地都纷纷提出生活圈的相关规划，社区步行生活圈虽然并不直接等同于文化生活圈，但是比

①《北京朝阳："四级网络"打造一刻钟百姓文化生活圈》，新华网，2018 年 6 月22 日。

起"保基本"的公共服务设施建设，注重人文提升的软性文化内容营造却是社区生活圈营造过程当中培育社区内生动力、凝聚社区共同意识、提升社区文化活力的核心部分。事实上，以"以人民为中心"为主旨的文化生活圈营造，相较于传统社区更加关注全面的人文关怀。优化社区公共空间，精准配置文化设施，构建步行友好的邻里交往格局，打造人性化尺度的功能空间格局，营造包容协调活力开放的人文氛围等，成为营造文化生活圈的基本要求。

二是以优质公共服务的有效供给提高人们的幸福感、安全感和满意度。当前，我国社会主要矛盾转化为人民日益增长的美好生活需要与不平衡不充分的发展之间的矛盾。从马斯洛的需求层次理论来说，是从注重生理物质需求向着更高层次的社交需求、尊重需求以及自我实现需求转变。一方面，互联网时代对于人所造成的交往隔离，对原有邻里交往空间的解构，使人与人之间的关系愈加疏远，构建邻里和睦、交往友好的社区空间，满足人的社交需求成为社区营造的重要内容，这也是大尺度的文化空间设计所不能实现的。事实上，小街区规划所体现出的交往友好在 20 世纪 90 年代美国新城市主义运动中可见一斑，新城市主义运动倡导回归欧洲传统城镇的小尺度、紧凑型与高密度的空间规划模式，以此来保护原有的邻里社区结构、历史文脉与人际关系，具体手段便是通过公共交通的尺度控制设计来实现步行友好，这也是文化生活圈在空间营造过程中非常重要的交通设计维度。另一方面，当今社会是一个终身学习的社会，人在不断地追求自身需要的满足以及自我价值的实现，这也是为什么广场舞能够成为一种全民热衷的文体活动，也是公众关注度最高的一种生活方式，但是这也从侧面反映了文化产品生产供给与文化消费需求之间的结构性错位，迫切需要更多种类、更高质量的文化产品来满足人们旺盛的需求。美好生活的文化实现要回归到"生活"与"文化"，最基本要义就是要满足人的文化需求，因此也就需要文化的在地思维转化，让文化因子深度嵌入社区邻里的生活空间。因此，文化生活圈不仅仅是从文化上满足了人们的基本需要，更从生活单元当中提升了文化生活品质。文化生活圈包含着创意的成分，是一种创意赋能的生活空间有机更新的方式，也是一种营造美好文化生活的创意思维路径。

二、文化生活圈营造的现实困境

在生活圈的时间转向和空间演进中，文化功能和价值的呈现，经历了从硬性场馆设施建设到软性文化内容经营，从区域性发展到功能性发展的转型阶段，并逐步进入专注于在地团体的培育和区域禀赋的赋活阶段。但是，这一阶段的文化生活圈营造，仍然停留在以文化事业为主的资源空间摊派阶段，其目的仍然是满足群众基本的文化需求，不管是在地方文化产业的发展、不同层面主体参与的活力，还是社区文化空间的创新再生、文化资源的整合共享，均有一段很长的路要走。

（一）文化生活圈营造创新动力不足

以社区空间设计营造多元文化景观、开展多元文化活动是文化生活圈激活社区内生动能、激发社区文化创意的主要方式，盘活存量空间、创生公共空间也是社区尺度有机更新的重要方式。当前，文化生活圈在空间营造方面面临的困境主要体现在两个方面：一方面，文化空间所承载的文化活动并不适应社区民众的需求，尤其是社区内大部分的老年人口以及低龄人口的参与积极性难以调动。另一方面，文化景观与社区格格不入，难以彰显社区文化特色，忽视了街区本身肌理的保留与重现，尤其是随着文化与旅游融合的不断深入，一些社区街区不断以文旅消费场景拓展社区活动的边界，但是过度的文旅开发却容易引发对社区本身的历史文化的滥用甚至是破坏，如何在产业经营的同时守住文化的精神底线，实现更为健康的持续发展，也是当前社区营造与城市更新面临的问题。

文化生活圈的营造要创造出一个弹性的活跃的文化社区，需要通过文化空间的创生、文化资源的共享去拓展社区的边界，促进资源的利用效率，引导街道空间功能的合理布局，激活社区的交往功能。生活圈是一个"共同体"，资源的共享带来的是物与物的关联、人与人的沟通。但在现实中，文化生活圈的边界往往又是模糊的，一个社区与具备同样文化特质的社区，其边界会逐渐趋于融合，一个社区内的居民不可能只在一个社区内活动，而是跨地域的，因此共享的社区同样也是一个理想的交往场景。然而，我国的文化生活圈营造很大程度上依靠文化据点来带动，如社区综合文化服务中心、文体活动室、社区文化广场等社区公共的文化空间，要想营造一个永续发展的文化社区，这些文化据点对于资源的整合带动能力就变得极为有限，诸如文体活动室、文化服务中心等场馆的建设仅仅是服务于社区居民的基本文化需求，而学校、医院等机构也不可能实现最大限度地对公众开放，因此文化生活圈营造的重点仍然集中在社区街道的生活空间当中。

（二）公共文化服务活力不足

文化产业的发展是文化生活圈实现可持续构建的关键，而当前文化产业的经营表现出乏力的状态。一方面，当前大部分的文化生活圈实践仍然将重点放在提供均等的文化保障，即文化事业的发展方面，并未树立起地方文化产业发展意识；另一方面，将文化产业发展纳入文化生活圈营造计划的地区，在文化或者产业的经营方面存在着错位失衡的状况，在文化资源的资本转化方面能力不足，缺乏完善的培育体系。

我国的文化生活圈营造仍然处于以文化事业发展为主的阶段，或是通过文化空间的创意营造来为文化事业赋能，或是直接通过政府支持与购买服务来实现文化产品供给，作为政府完善公共文化服务体系、优化公共文化服务效能的方式而存在。北京市朝阳区的"一刻钟百姓文化生活圈"，即是在政府一系列关于公共文化服务发展政策的调控指导之下构建起来的，通过"区级—地区级—街区级—社区级"四级公共文化服务网络的构建，实现从城到乡的文化服务配送。我国台湾地区将产业发展的内容纳入文化生活圈，但是其"产业"的定义却不仅限于文化产业，而是包括小吃、农产品、工艺等在内的更大范围的地方产业，如台南滨海区溪仔墘社区的布娃娃、拖鞋产业，松安社区的香草产业等都在文化生活圈文化资产经营的范围之内。

文化生活圈中的产业概念可以无限拓展，但是根本目的在于通过扶持地区产业形塑地方特色、促进文化资源的"文化资本"转化，以形成持续的发展力。在当前文化旅游深度融合的大背景下，营造文化生活圈，对于促进当地文化旅游产业的发展有着很大助益，尤其是对于一些农村社区，随着乡村振兴与新兴城镇化战略的不断推进，文化振兴成为乡村振兴的重要内容，城乡一体、协同带动成为必然之势，文化生活圈的营造可以有效激活乡村文化市场，为实现乡村文化产业的内涵式发展与在地化经营提供有效路径。

（三）社区文化参与活力不足

政府、群众，以及企业与团体等社会力量是文化生活圈营造的三大主体，如何把握这三大主体之间的关系，不仅是文化生活圈营造运行面临的难题，也是城市建设与社会治理面临的难题。

我国台湾地区的文化生活圈营造奉行自下而上的社区主导模式，培育发展据点与在地团体，以社区参与的经验激发社区文化活力，促进社区之间的联结合作并且建构分区网络平台，也是台湾文化生活圈营造的主要手段。台南市滨海文化生活圈就是以社区型计划来推动文化生活圈内部的串联互动，如溪仔墘社区与松安社区，基于两个社区共同面临的妇女劳动问题，结合蚵灰窑过去采蚵的劳动历史文化，探求发展采蚵产业的新想法，共同促进妇女就业。通过这样的社区合作，实现生活圈之间的跨域联动。社区据点与团体的培育，是滕尼斯"共同体"意识的直接反映。在对地区发展的问题上社区无疑具备最优发言权，台湾文化生活圈营造或者说是社区营造政策，直接将这种发言权充分下放，在政策规划的马车上，社区居民成为真正的驾车人。大陆地区的文化生活圈营造则趋向于自上而下的政府主导模式，巨大的地域发展差异要求必须通过政府的管理来保证政策的有效运行。近年来，政府也在不断寻求着角色的转变，旨在进一步发挥市场的主导性，如在与社会力量的合作方面，北京市朝阳区通过政府与社会力量共建共治的方式解决文化供给问题，还利用区内的文化产业园区，开展园区与街道社区的合作，带动园区与社区的互融共生。

但是事实上，单纯的自上而下与自下而上推动模式都存在着诸多不足，当前文化生活圈营造所面临的主要是上下合作的问题，是政府、群众与社会力量之间如何协商共治、激发不同层面主体参与文化生活圈营造活力的问题。毫无疑问，政府在文化治理、社会治理、城市治理当中的作用不可或缺，即便是在公认的自由化程度最高的美国，其城市更新的过程也是在政府潜移默化的引导扶持之下进行，政府需要运用底线思维通过宏观管理来保证基本导向的正确性。社会力量也是城市建设当中最具活力、最为接近市场的一部分，专业的文化团体以及文化企业是文化生活圈营造文化景观、重构文化空间、形塑文化磁场的核心活力主体。群众则是社区单元的主要构成者，也是文化生活圈所服务的人群，群众的参与是文化生活圈营造是否发挥作用最直接的评判指标。融合自上而下与自下而上的管理方式，协同政府、社会与群众三方力量，是构建共建、共治、共享社会治理格局的必然。

三、生态尺度下文化生活圈营造的本质

对于文化生活圈本质的理解与营造理念的思考，需要从文化与生活的融合角度去考虑。文化生活圈既包含了文化生态的塑造，同样还包含社区营造的基因，社区营造的"人、文、地、产、景"五大面向为文化生活圈营造提供了基本的方向指导，因此，从这五大面向出发，融入文化的软性因素，可以对文化生活圈的本质与理念有更加深入的认知。

（一）构建有机更新的文化生态单元

文化生活圈有着社区有机更新的基因，也有着大文化与大生态的理念。文化生活圈蕴含着社区营造的基因，日本宫崎清教授所提出的社区营造的五大面向——"人、文、地、产、景"，对于文化生活圈营造来说有了新的定义，"人"是人的文化需求的满足，"文"是历史文化的传承、文化活动的经营以及终身的文化学习，"地"是地方特色文化的保育、在地性的延续，"产"是地方文化产业的发展，"景"则是文化景观的营造。由此，基于社区营造以及文化生态学的相关理念，文化生活圈的本质可以理解为"一个有机的文化生态单元"（见图 10-1）。具体来说，一个社区是一个基本的文化生活圈单元，这个社区既包括城市社区，同样也包括农村社区，新型城镇化与乡村振兴战略要求，城乡发展必须一体，而文化生活圈的营造同样适用于城乡一体化背景下的乡村文化。在文化生活圈的单元中，政府、群众以及社会力量共同组建基于在地文化发展的核心队伍，创生文化空间，塑造文化景观，举办文化活动，优化街道功能布局。不管是在地的居民，还是其他社区的群众，或者是来自四面八方的人，都可以享受到文化资源共享所带来的文化创造与学习，人本身的文化需求得到极大满足，并且不断诞生新的文化创意，文化旅游或者是其他地方的文化产业可以借助文化生活圈的平台实现更好的发展，社区与社区之间构建起文化生活营造的策略联盟，从而实现共赢发展。通过文化生活圈的营造，在地文化得以生生不息的传承，人本身的文化素养得以潜移默化的提升，区域的文化风貌也得以整体优化，文化与生活得以深度融合。

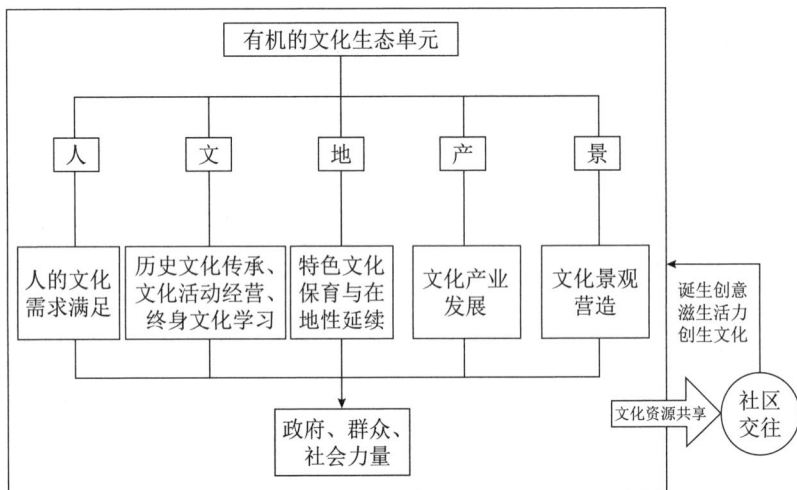

图 10—1　有机的文化生态单元

（二）打造活化传承的文化共生群落

活化传承是文化生活圈内传统文化资源的理念定义，也是文化生活圈形塑地方特色的核心定义。传统文化生生不息的传承，尤其是地方特色文化的保存是文化生活圈营造的重要部分。传承意味着保护与活化，既要保留传统文化的韵味，也要适应当前时代的发展，尤其是对于非物质文化遗产的传承，如地方特色手工艺，以及民俗节庆等的传承，需要适应时代的变化使其永续流传下去，这是文化生活圈营造的责任与使命所在。

文化生活圈除了可以活化传统文化资源以外，还应当包容万象，体现交往友好与合作共享。交往友好体现的是文化生活圈营造的人文关怀，主要内容为通过打造人性化尺度的出行空间，形成步行友好的街道格局，通过引导街道功能设施的开放性与混合性布局，激发社区交往功能。佩里的"邻里单元"理论，即着重强调街道系统对于构建舒适健康的社区格局的重要性，而在文化生活圈的营造当中，由于有着社区的因子，因此"社区交往"与"步行友好"非常重要，而这都要求社区街道空间格局与功能格局具有较强的适需性。合作共享是指开放合作的资源与共治共享的文化参与。文化生活圈是一个生态系统，它注重社区与社区之间的互动，自然也要求资源之间的共享，通过开放可共享的社会资源，整合可共赢的社区设施来促进资源利用的弹性和效率。此外，文化生活圈也是一个人人参与的系统，它注重人在该系统中文化权利的行使与保障，通过鼓励参与来凝聚社区意识、建立社区认同，从而构建起社区文化生活共同体。

（三）创造动态创新的文化产业界面

文化生活圈营造需要通过对圈域内既有空间的创新盘活，实现功能的置换与文化的注入，探索空间利用的多种可能性，重新创造出活力十足的文化景观，包括存量空间的更新再生、公共空间的创新盘活等空间的创意营造。北京市东城区朝阳门街道的史家胡同在社区营造的实践中，通过对传统胡同风貌的重整，利用现有的四合院落，引入专业的规划设计，创造出史家胡同博物馆、史家胡同文创社、27院儿等独具特色又活力十足的文化景观，如今已经成为史家社区的文化品牌。这些独具特色的文化景观通过承载多样的文化活动，成为文化生活圈营造的空间载体，拓展了空间利用的无限可能性。

要打造一个永续的健康社区，最重要的是实现文化资源的资本化经营与可持续发展。文化资源优势只有真正变身为索罗斯比所说的"文化资本"优势，文化产业的创造性发展才能够真正实现文化与生活的融入以及文化生生不息的传承。尤其是大陆地区的文化生活圈，现在还停留在文化事业的赋能提升方面，而忽视了地方文化产业的创新发展。相比文化事业，文化产业的意义不仅仅在于资本化的利益创收，而更在于其创造性的文化生产，是一种新的生产力形态，文化生活圈要实现永续经营，文化产业的发展必不可少。

四、供需视角下文化生活圈营造的策略

文化生活圈是一个可以连接文化生活供需两端的城市营造策略。它既可以满足居民文化生活需求的基本面，又不断通过文化基因在生活的融入提升人们的文化精神修养；它既以公共服务机构的运作为支撑，又以带动公众的文化参与激发社区发展的内在动力。归根结底，文化生活圈仍是以"人"为核心的生活营造策略。

（一）以地方文化传承为基底

1. 在地文化资源的有机整合

在文化生活圈区域单元内，首先是文化场馆与公共文化空间的整合。对现有的文化场馆进行统计与归纳，运用现代化技术与互联网手段构建整合性的文化设施平台，通过微信、微博、网站、客户端等多种渠道与群众实时互动，此外，应该对本区域内的交通、步道等出行方式进行考量，探讨将文化场馆或者是公共文化空间的网络式布局。其次是特色人文、景观的整合，它们是区域内比较特殊也是最有产业价值的文化资源，可以对此类文化资源进行盘点与思考，探讨如何将其进行"文化产业化"的开发利用。最后是地方文化产业或者是具有地方特色的产业整合，借鉴我国台湾地区文化生活圈的营造经验，探讨对于地方产业重新进行"产业文化化"的可能性。在文化生活圈区域单元之间，依托层级化体系的运行，进行不同层级的文化资源整合，逐渐构建起整座城市的文化资源地图。

2. 特色文化资源的创意培育

特色文化资源的创意培育有多条途经：一是旅游式培育。针对区域内所拥有的历史文化街区、景点、乡村景观等资源发展文化旅游，确定具有本地特色的文化旅游发展模式，规避旅游的同质化。二是赋值式培育。通过深入挖掘地方特色文化内涵，结合地方特色产业，进行文化赋值式培育，通过创意营造推动文化创意产业与在地特色产业的融合发展，如云南的茶叶、山西的汾酒、曲阳的雕塑等，通过文化赋值，不仅能够极大带动地方经济发展，还让一方产业成为地方标志，形塑地方特色。三是IP营造式培育。IP营造是针对地方文化资源进行IP产业链式的创新开发，或是从某一物品出发进行系列产品的创意开发，如我国台湾地区的白米木屐，即是围绕木屐开发出的与其相关的展览、集会，以及聘书、结婚证书等多种形态的产品，也可以围绕固定的文化形象来进行IP的系列开发，如"熊出没"系列、"迪士尼"系列的电影、书包、文具、配饰、玩偶等。IP开发不仅局限于具有地方特色的文化产品，同样也适用于当地的博物馆、图书馆等。近几年，博物馆文创、图书馆文创逐渐发展起来，以故宫博物院为代表的博物馆文创在博物馆的产业化转型方面开辟了一片新天地，因此，可以借鉴故宫博物院IP的发展经验，结合在地文化资源，发展出具有地方特色的文化场馆IP。

（二）以文化融入生活为核心

1. 有文化的市民生活

文化融入生活的第一个面向是文化的生活，倾向于文化事业的角度，既包括多元丰富的文化活动，也包括便捷可达的文化服务。

首先需要强调的一点是，文化活动不能盲目地进行组织，要有针对性，要充分了解本地区群众的文化需求，同时也要注重将地方特色传统文化融入文化活动的组织当中，如现在我们所实行的文化惠民政策中便有"戏曲进校园、进社区"活动。需要提出的一点是，传统文化是一个地区的宝贵财富，虽然有些传统文化不适应现代化社会的发展，但是任何的传统文化都需要通过"取其精华、去其糟粕"来不断地发展更新从而适应时代的变化，如此才能不断传承下去。其次是便捷的文化服务，这是文化生活圈之所以成为"一个圈"的空间布局要点。通过区域内街道、公路、绿地等的串联、织补将家与文化网点的距离控制在一定的时间范围之内，让人们生活在一个"文化大院"当中，文化生活圈试图通过这样的空间布局去构建"门前即文化，人人在学习"的文化景观。

2. 生活化的文化资本经营

文化融入生活的第二个面向是生活化的文化，倾向于文化产业的角度。地方文化产业的发展，如果按照我国台湾地区文化生活圈的逻辑来说，不能完全按照"文化"产业来讲，因为凡是具有当地特色的产业都可以通过文化的赋值来进行"再创造"。比如说老婆饼，事实上全国各地都有，但是却属广东的老婆饼最为正宗，因为老婆饼起源于广东潮州，其背后还有着朱元璋率兵起义的故事，因此，当产品加上文化（故事），地方的文化便能够立即凸显出来，可以说，特色的背后都是在地文化的生活展现。这些蕴含在日常生活中的市井小品，不同于陈列在博物馆中的文物，它们是活生生流传下来的文化。文化如何传承？传统文化真正的意义并不在于其蕴含着的古人智慧，也不在于其悠久历史，而是在于能够"古为今用"。文化生活圈当中，通过生活文化经营的手段让传统文化在当今社会发挥价值，不仅仅是对文化的尊重，也可以让传统文化的智慧在生活化的经营中生生不息地流传下去。

（三）以社会共同参与为手段

1. 行之有效的参与机制

共同参与并不等同于自主参与。共同参与意味着参与的主体不止一个，在地居民、企业、组织与政府都是文化生活圈的参与主体。共同参与也意味着社会力量的参与是基于合作导向的，与政府协商共治。政府、社会力量与在地居民都要拿捏好自己的角色，建立行之有效的参与机制。一方面，政府要简政放权，但是也不能完全放开，通过积极培育在地团体组织，激励并支持他们的文化艺术创作，鼓励各种非营利组织进入社区，提供文化资源与中介服务。另一方面，政府要建立多元角色，保证文化生活圈的有效运行。社会力量可以使文化生活圈充满活力与价值，他们在文化生活圈的参与机制中担当创作的角色，我国台湾地区文化生活圈的文化活动创造几乎都是出自在地团体之手，因此社会力量的参与需要一定的自由度，他们的文化创造不应该由政府主导，只要坚持正确的意识导向进行自由创意即可，只有这样，才能创作出高质量的文化精品。居民是文化生活圈所服务的对象，居民虽然在过去一直扮演"享受型"的角色，但是当今时代，居民的角色需要转变，因为他们对于本地的文化情况最为了解，也最有发言权，古代常说"得民心者得天下"，在文化生活圈当中则是"民参与者得治理"。

2. 共建共治共享的治理格局

"打造新时代共建共治共享的社会治理格局"是习近平总书记在党的十九大报告中所强调的内容，同样也适用于文化生活圈的治理。首先，对于公共事务与公共生活，需要改变以往自下而上或自上而下的权利结构模式，政府角色需要多元化，要鼓励多方参与，形成以社区共识和认同为基础的，政府、市场、社会多元互动的网络型运作模式，充分发挥社区的积极性与自主性。其次，不断促进社区的制度创新，保持社区参与者之间的适度分权，明确不同参与者的权利，或是决策权、执行权，或是监督权、管理权，通过协商进一步明确社区公共事务的共同目标和实施方式，确立多元主体的自愿平等合作关系。最后，社区居民同样有权力去了解事关自身社区发展的一切公共事务，社区居民也同样需要培养社区共同意识，这就需要政府赋权居民去进行社区的日常管理，让居民能够有机会管理社区，这不仅能够让社区变得更好，也让居民自觉树立起责任意识。

我国台湾地区开展了大量社区营造实践，使得人们对社区营造的概念达成广泛共识，其在空间创意营造方面的经验非常值得借鉴。其通过社区民众的自主参与，建立在地文化的培育体系，在以新故乡社区营造计划与农村再生计划为代表的政策指导之下，生态博物馆、社区协力、软都市主义等概念被广泛地应用于街区、社区的更新改造中，文化据点与在地团体协力合作，共同推进社区参与与空间营造。台北大稻埕地区迪化街的"年货大街"活动就是社区营造的典型案例，通过地方行政部门、NGO 组织和居民委员会共同讨论、策划，扶持大稻埕传统特色南北货产业。大陆地区的文化生活圈集中于某一社区单元的小尺度范围内，小尺度的空间设计能够更加贴合居民的生活需要，是一种"微更新"的形式。北京市东城区朝阳门街道的史家社区，在政府"疏整促"专项行动计划的推动之下，通过引入北京 ONE 艺术机构、北京城市规划设计研究院等机构，对于传统的胡同与四合院进行保护更新，创建了 27 院儿、史家胡同博物馆等颇具活力的文化景观，这些文化景观不仅是创造多元文化活动的文化磁场，并且成为文创行业与品牌项目沟通交流的黏合剂，在社区文化与创意艺术之间搭建了沟通的桥梁，推动了文化的在地表达，提升了社区整体的文化风貌。

（四）以文化景观营造为支撑

1. 盘活闲置空间

文化生活圈充分利用资源的一个重要方面便是盘活闲置空间。

区域内的一些存量空间因为失去了其原本的功能而被迫闲弃，但是事实证明，很多闲置空间仍然能够在现代社会发挥价值。北京798艺术区前身是国营798电子厂房，如今却变身为艺术的诞生地、北京都市文化的新地标。位于CBD的郎园vintage同样也是由老厂房变身为文化大院，与周边社区、街区融为一体，协同共生。闲置空间不仅可以变园区，还可以变图书馆、变博物馆、变文化中心。闲置空间的重新再利用不仅可以节省文化生活圈布局的空间资源，还可以以闲置空间再营造的方式使其发挥更大的价值，比如说老旧厂房改造的文化产业园区，不仅仅保留了城市的工业记忆，在改造之后发挥出了更大的产业价值以及文化聚集效应。而闲置空间如何利用，需要区域规划者针对文化生活圈的文化空间布局以及存量空间的可利用价值作出谨慎的考量与详细的安排，遵循契合整个文化生活圈的发展原则。

2. 街区空间微更新

小尺度的微更新是未来城市更新的趋势。未来，城市将依靠小尺度的城市更新来实现大范围的城市影响，将以更为人性化的更新方式回应人的价值需求。美国著名社会学家简·雅各布斯在《美国大城市的死与生》中对城市的大规模更新作出了批判，她认为大规模的更新造成了资源的极度浪费，也破坏了城市的多样性，并不能从根本上解决城市问题，这对于文化生活圈的营造同样具有意义。要以微更新的方式营造具备地方特色的高品质场景空间。地方文化如何在文化生活圈的现实空间中发挥作用，答案便是用设计的手段将地方文化以形象化的方式融入空间更新中，设计元素能够让地方的"一方空间"变身为"创意景观"，对此，我们可以从苏州的街道中找到街区设计的灵感。水是苏州城市的灵魂，水的元素也流淌在苏州的街道景观当中，苏州生活区同样也是充满古韵的"苏氏风格"，整体风格统一却也多富变幻。文化生活圈内的街区空间同样也应该通过城市设计的手段来实现风格的营造与特色的凸显，对于形塑地方特色，其在空间上所呈现的效果甚至比地方特色产业以及文化事业的发展更加明显。

（五）以区域风貌提升为目标

1. 特色营造的文化形象

文化生活圈最终完成的是整个区域风貌的提升，而地方特色文化形象的塑造是提升区域风貌的重要方面。文化形象是一个非常抽象的概念，它是人们对一个地方文化气质的整体认知与感受，我们通常认为，其在现实当中的反映倾向于一些符号化的东西，但是那只是表面。一个坚固的文化形象的塑造并不是一蹴而就的，地方本土特色化的文化内涵经过长时间的文化活动映射或者有计划性的城市品牌形象设计，才能加深人们对于某个区域固定的直观印象，比如说"快乐长沙""好客山东""多彩贵州"等。形象不离本土，特色不离生活，文化生活圈通过具备地方特色的文化事业的发展来形塑地方文化生活特色，通过具备地方特色的文化产业的发展来构建地方特色文化品牌，通过系列文化景观的营造来优化地方特色文化生活体验，最终形塑出本区域专属的文化形象。

2. 以文化人的生态单元

区域风貌的提升最根本的是人的精神风貌的提升，在于文化对于人的素养的培育。文化的教化作用古已有之，《易经》中有"'小利有攸往'……天文也；文明以止，人文也。观乎天文，以察时变；观乎人文，以化成天下"。刘向也在《说苑·指武》将"文"与"化"连在一起，"凡武之兴，为不服也。文化不改，然后加诛"。这里的文化都含有教化的意义。文化生活圈中"文化"的概念强调文化作为一种生长因子在人们日常生活中的蔓生作用，让文化的教化作用在文化活动与各种文化服务当中发酵，让人们在参与、交流与学习过程中逐渐建立起一个体系化的学习社会，从而进一步提升人自身的素养，改善区域空间城市风貌，让在地文化完成生生不息的生活传承。因此可以说，文化生活圈不仅仅是单纯的圈域内的文化服务提供者，而是一个极具活力与动能的生态单元，在文化生活圈圈域内，人与人通过参与文化活动与文化服务，在收获文化所带来的幸福感与获得感的同时，强化责任意识，增强凝聚力；在文化生活圈圈域之间，通过加强合作互动不断丰富体系运行与服务供给，实现文化生活圈圈域之间的融合共生。

文化生活圈虽然其名为"文化"与"生活"，但是事实上不仅涉及文化与生活两个方面，还需要从社会治理、产业发展、空间设计、社区营造、城市更新等各个方面进行系统性的设计与综合性的考量，因为文化本身离不开周围环境的作用，文化生活圈所强调的文化与生活的互融共生，不仅是让文化扎根在生活里，也是让生活在文化的作用下得到升华。大陆文化生活圈从文化事业的角度出发进行设计，台湾文化生活圈从在地文化传承的角度进行设计，虽然两者出发点不同，但是最终皆是以文化与生活的融入实现人的发展，回归人的价值本位，可以说是殊途同归。文化生活圈的营造还要从可持续发展的角度去进行文化空间、文化事业、文化产业、传统文化等方面的综合规划，文化生活圈强调文化的"经营"，通过各种文化相关要素的有机链接打通地方文化发展的脉络，为地方的经济社会建设提供文化振兴的思路，让地方借助文化的力量焕发出新的发展活力。未来在文化生活圈的营造过程中，如何融入技术的元素，建立起有效的文化生活圈效益评估机制，构建独具特色的文化生活圈，还是需要深入研究的问题。

第十一章　青年社区消费场景
需求体系分析

　　场景是生活方式的容器，社区消费场景承载着居民对美好生活的向往。满足青年居民对社区消费场景的需求，有利于吸引与留住青年人，有利于提高他们的社区认同感与归属感，同时，有利于促进他们的社会交往与互动、激发一个地区的创新创意发展。本章基于青年需求，利用问卷调查数据，通过因子分析建构青年社区消费场景，形成居住基础、便民服务、购物设施、娱乐设施4个一级指标；并重点关注北京市的青年需求，通过K–均值聚类形成4种具有层次性的北京青年社区消费场景"理想类型"，以提供青年活力社区营造实践的阶段模板。目前，北京应因地制宜、精耕细作，通过青年社区消费场景营造，发挥青年的消费、创新、治理作用，打造青春活力社区样板，在满足包括青年在内的人民群众对美好生活品质需求的同时，助力北京国际一流和谐宜居之都建设。

一、社区消费场景的重要性

　　各具特色的场景正在重新定义社区，传统社区空间正向融空间、生活、情感、价值等于一体的场景延伸。各种社区消费场景应运而生，如以智慧智能为基础的社区服务场景、以多元体验为特征的社区生活场景、以创业平台为载体的社区机会场景。2020 年 6 月，北京市出台《关于加快培育壮大新业态新模式促进北京经济高质量发展的若干意见》，聚焦新基建、新场景、新消费、新开放、新服务。在做好常态化疫情防控基础上，加大高水平社区消费场景供给，激发新消费需求，促进市场回暖，满足人民群众多样、品质化的消费需求，不断回应人民群众对美好生活品质的期待。

社区消费场景由舒适物构成，舒适物也是社区消费场景的物质基础。舒适物是一种舒适性设施、活动或服务，能够给居民带来舒适与愉悦。通常，它们与消费有关。它们是非交易物品与服务，类似于公共物品，供社区居民使用或享用，但是它们不同于提升市场价值或者直接购买范畴的生产性资本。由舒适物组成的社区消费场景体现了社区居民，特别是年轻人对生活美学及文化价值的追求。舒适物既是一个空间意义上的物理设施，也是社区居民凝聚的重要载体，对社区微更新能够起到重要作用。比如，社区舒适物在塑造街区方面效果明显，能够激发社区活力、鼓励居民参与，在社区形成团结和具有创造性的美好生活场景。

社区消费场景要关注青年人的诉求。过往研究发现，对于不同社区和不同人群，社区设施极大影响着居民的居住满意度。青年人意味着更强的活力和创造力，社区需要依托消费场景满足年轻群体的需求。但是过往研究少有针对青年人的社区需求研究，研究的对象以中老年人为主，无论是理论研究还是社区问题研究都突出了传统意义上社区的弱势人群，如老年人、残疾人等，而青年人群被边缘化。为了社区长远的发展，需要关注社区新生代，这有助于更好地增强社区活力。社区应该从下而上挖掘青年人对舒适物的需求，以建构青年社区消费体系，给予青年人更好的生活环境，促进社区的繁荣发展。对于不同的人群，不同舒适物的吸引力也是不同的。相比自然舒适物，年轻人更需要人造消费舒适物（如电影院等）。特别对于年轻的知识型人才，他们定居的地方需要文化舒适物和消费舒适物，而新产业也会根据年轻的知识型人才的地方偏好选址，①这种偏好性的选址也将为社区带来多重发展动能。

就此，本章希望了解青年居民特别是北京青年居民对于社区各类舒适物的需求，通过实证数据构建起本土化的青年社区消费场景体系，了解不同特征青年群体，特别是青年人才对社区消费场景的不同需求，为北京乃至全国的社区消费场景政策、规划、营造勾画模板蓝图。希望以青年群体引导居民生活方式变革，推动消费生态体系与社区公共服务融合，增加社区更新活力，促进社会交往与互动，激发创新创意，以活力创新推动首都城市高质量发展转型。

二、青年群体社区消费场景需求旺盛

（一）研究对象主要为青年人才群体

北京市委党校社会学教研部吴军课题组在 2020 年 5 月进行了一次关于全国社区消费场景需求的问卷调查。由于疫情防控特殊要求，本次调查全部采用网络问卷在线作答。所有地区、所有年龄层的总有效样本数为 823 份，其中 35 岁以下青年 535 份。为了更好地深入研究北京市社区消费场景情况，北京 16 个区均有居民参与答卷，问卷具有一定代表性。就全国 35 岁以下的青年样本情况而言，其中，男性占比 49.7%，女性占比 50.3%；26.5% 为北京常住人口，62.1% 有常住城市的户籍，57.4% 拥有自有商品房。从被调查者家庭人均月收入看，高收入家庭（月均 5 万元以上）占 2.8%，

①　马凌、李丽梅、朱竑：《中国城市舒适物评价指标体系构建与实证》，《地理学报》2018 年第 4 期。

中高收入家庭（月均收入 1 万—5 万元）占 23.7%，中等收入家庭（月均收入 6000—1 万元）占 22.4%，中低收入家庭（月均收入 3000—6000 元）占 29.5%，低收入家庭（月均 3000 元以下）占 21.5%。从被调查者学历来看，大学本科以下学历只占 13.5%，大学本科学历占比 44.3%，研究生及以上学历占比 42.2%。由此可见，本研究样本基本代表了青年人才群体。

社区消费场景由舒适物组成，量表舒适物的初步选择基于文献回顾的结果和中国社区的基本情况，舒适物的选择也结合了中央城市工作会议的重要讲话以及全国各地的社区场景实践，以及研究者在北京市各个社区进行的预调研。问卷要求被调查者对舒适物的需求程度进行回答，每个问题均采用李克特量表，1 分到 5 分表示需求依次增加。最后，为了能够更好地研究青年群体对社区消费场景的需求，并形成青年社区消费场景体系，采取专家评审法在青年群体需求较强的舒适物中选择了 13 个舒适物纳入研究数据。

（二）青年对文化消费舒适物需求较高

从总体看，在青年社区消费场景的舒适物中，文化消费舒适物需求较高。对包括青年和非青年的全样本量表数据进行标准化后，描述性统计结果如表 11—1 所示。无论从全国总体看还是从北京数据看，KTV、卡拉 OK，商圈、百货店、Shopping Mall、主题街区等需求较强，青年群体对它们的需求都超过了 0.05。这表明，当下各个地区的文化消费已经成为青年在社区的重要需求。相比总体人群，社区中的青年居民更加倾向对文化艺术的欣赏、自我表达及其消费。相对而言，传统的社区设施，诸如物业服务、社区养老服务以及公园绿地，青年群体的需求低于人群总体，相比于社区中的传统基础设施，青年群体更加期待社区中的文化消费设施。

表 11—1 青年对各个舒适物需求程度的描述性统计

指标名称	全国	北京
KTV、卡拉 OK	0.175	0.285
电影院	0.080	0.173
婴幼儿照护设施、托儿所、幼儿园	−0.023	0.054
课外教育培训设施	−0.013	0.065
社区养老服务	−0.138	−0.053
便利店、生鲜店等	0.063	0.042
超市、大卖场等	0.076	0.086
商圈、百货店、Shopping Mall、主题街区等	0.152	0.230
物业服务	−0.130	−0.158
社区各种手续在手机办理	−0.002	−0.092
社区医疗卫生服务机构	−0.043	−0.108
社区健身运动场馆	−0.042	0.031
公园绿地	−0.150	−0.033

资料来源：本报告所有数据、图表资料来源于本课题组 2020 年《全国社区消费场景需求问卷调查》。

（三）对舒适物需求由基础设施向文化消费转变

北京青年对各项社区舒适物的需求高于全国平均水平，文化消费更受北京青年青睐。除了便利店、生鲜店等，物业服务，社区各种手续在手机办理，社区医疗卫生服务机构舒适物外，北京青年对社区消费舒适物的需求高于全国。便利店、生鲜店等，物业服务，社区各种手续在手机办理，社区医疗卫生服务机构舒适物均属于社区生活的基础性设施需要，而北京社区基础设施较为完善，青年社区居民已开始转向更高层次的需求。本研究已经发现以 KTV、卡拉 OK，商圈、百货店、Shopping Mall、主题街区等为代表的社区文化消费舒适物是青年更为需要的。而对于北京青年来说，他们对这些文化消费舒适物的需求高于全国青年的平均水平。这在一定程度上说明，北京青年对社区舒适物的需求层次已经高于全国青年的平均水平。相比全国青年社区居民，北京青年居民需要的社区发展动力更早也更深入的向文化消费转变。这从侧面说明，要加紧对北京青年期望的社区消费场景进行研究，以促进北京各个社区发展方式的转变。这一过程有赖于对青年社区消费场景体系的建构，并有针对性地了解北京不同特质的青年群体对社区消费场景的多样化需求。

三、构建青年社区消费场景体系

（一）青年社区消费场景由居住基础、便民服务、购物设施、娱乐设施组成

对青年需求的实证数据进行因子分析，形成由居住基础、便民服务、购物设施、娱乐设施4个维度构成的青年社区消费场景。对量表的数据结果进行标准化后，利用最大方差提取数据，并利用正交旋转法对由具体舒适物组成的二级指标进行因子分析。在因子分析前，首先进行KMO和巴特利特检验。KMO值为0.842，该结果说明各个变量之间的重叠程度较好，适合因子分析；巴特利特检验显著性为$p=0.000<0.001$，拒绝原假设。由此可知，目前可以得到较为满意的因子分析模型。通过因子分析，最终获得4个主要成分，也就是青年社区消费场景的一级指标：第一个因子主要包括社区各种手续在手机办理、社区医疗卫生服务机构、物业服务、公园绿地、社区健身运动场馆，可以将其命名为"居住基础"。第二个因子主要包括婴幼儿照护设施、托儿所、幼儿园，课外教育培训设施，社区养老服务，可以将其命名为"便民服务"。第三个因子主要包括超市、大卖场等，便利店、生鲜店等，商圈、百货店、Shopping Mall、主题街区等，可以被命名为"购物设施"。第四个因

子主要包括电影院，KTV、卡拉 OK，可以被命名为"娱乐设施"。
从青年社区消费场景各个维度的舒适物数量看，居住基础维度的舒适物数量最多，居住基础舒适物在青年社区消费场景中仍占据基础地位（见表 11—2）。

表 11—2　旋转后的因子载荷矩阵

二级指标	一级指标			
	居住基础	便民服务	购物设施	娱乐设施
社区各种手续在手机办理	0.858			
社区医疗卫生服务机构	0.840			
物业服务	0.801			
公园绿地	0.738			
社区健身运动场馆	0.651			
婴幼儿照护设施、托儿所、幼儿园		0.879		
课外教育培训设施		0.837		
社区养老服务		0.815		
超市、大卖场等			0.869	
便利店、生鲜店等			0.831	
商圈、百货店、Shopping Mall、主题街区等			0.797	
电影院				0.859
KTV、卡拉 OK				0.852

（二）青年社区消费场景体系各维度权重呈现金字塔形

根据旋转载荷的计算得出，居住基础在青年社区消费场景中最为关键，占整个体系的 34.59%，这些居住舒适物在社区中发挥着基础性的作用。以婴幼儿照护设施、托儿所、幼儿园，课外教育培训设施，社区养老服务为代表的便民服务占 25.78%，购物设施占 22.64%，娱乐设施占 16.99%。从居住基础、便民服务、购物设施再到娱乐设施，其重要性依次递减，而又呈现出向文化消费转型的趋势，使得青年社区消费场景体系呈现出金字塔式构造（见表11－3）。

表11－3 青年社区消费场景体系指标权重 单位：%

场景体系	一级指标及权重 （具体内容）		二级指标
青年社区 消费场景 体系	娱乐设施	16.99	电影院，KTV、卡拉OK
	购物设施	22.64	超市、大卖场等，便利店、生鲜店等，商圈、百货店、Shopping Mall、主题街区等
	便民服务	25.78	婴幼儿照护设施、托儿所、幼儿园，课外教育培训设施，社区养老服务
	居住基础	34.59	社区各种手续在手机办理、社区医疗卫生服务机构、物业服务、公园绿地、社区健身运动场馆

四、备受青睐的四种社区消费场景类型

北京青年社区消费场景包含4个"理想类型"。为了解北京青年居民对社区消费场景需求的典型特质，并方便为制定政策、规划社区消费场景提供样板，本章以4个一级指标为特征变量，运用K–均值方法对北京青年社区消费场景进行分类，形成北京青年社区消费场景。4个北京青年社区消费场景的"理想类型"尽可能凸显了阶段性和主要特征，在"理性类型"内部其差别尽可能小，而"理想类型"之间的差别则尽可能大。通过对聚类中心的迭代计算获得各个"理想类型"的聚类中心，也就是娱乐设施、购物设施、便民服务、居住基础各个维度在各个"理想类型"中的平均得分，反映各个"理想类型"不同的典型特征。

第一类理想类型是没有需求侧重的社区消费场景低需求类型。根据标准化的不同维度的平均得分可以看出，在第一类社区消费类

型中，没有一个维度的得分超过平均值。因此，在该理想类型中的青年居民对于青年社区消费场景中的任意维度没有侧重。第二类理想类型是侧重居住基础的社区消费场景低需求。相比第一类理想类型，第二类理想类型中北京青年居民对居住基础、便民服务、购物设施的需求均高于全国平均水平，而娱乐设施需求有所降低，大幅低于全国青年的平均需求水平。在该类型中，青年居民对居住基础的需求最高（0.655），因此本类型的主要特点即是侧重居住基础。第三类理想类型是社区消费场景高需求，侧重购物设施。相比第二类理想类型，第三类理想类型对居住基础的需求降低（–1.000），而在便民服务、购物设施、娱乐设施层面，北京青年的需求大幅提升，特别是对购物设施的需求标准化评价得分高于 1（1.224），反映了第三类理想类型侧重购物设施需求这一特点。第四类理想类型是社区消费场景高需求，侧重娱乐设施。在第四类理想类型中，仅购物设施需求平均得分低于平均值（–0.233），居住基础、便民服务、娱乐设施均超过全国青年平均需求得分，其中对娱乐设施需求最高（1.076）。

第十二章　北京城市夜间文化消费
需求及优化路径

随着文化消费的活跃和旅游市场的繁荣，夜间文旅消费日益成为城市经济新的增长动力，尤其是在文化旅游融合背景下，文旅消费逐渐向纵深化、精准化、个性化发展，夜间文旅消费也开始成为许多城市塑造卓越的城市品牌，提高城市国际化水平，提升人们生活幸福感、安全感和满意度的重要维度。在这一背景下，我国夜间经济的发展，时间和空间特征更加突出，文化和经济特性更加明显。例如，城市居民消费夜间高于白天，东部远强于西部。大约60.0%的城市居民消费发生在夜间。夜间经济消费存在"胡焕庸线"，东西差异明显，主要集中在哈尔滨—北京—成都—腾冲一线以东，北京与东南沿海最活跃，并在18:00左右的晚高峰和21:00—22:00夜高峰出现夜间消费的双高峰。而根据滴滴网约车数据，"北上广深"和部分珠江三角洲地区及东部沿海城市佛莞厦被定义为双高峰"不夜城"，北京成为为数不多的夜间消费活跃的北方城市。而在夜间出行前10城市排名中，北京也领先深圳、上海、广州而居于首位。① 这些因素都使北京在夜间消费领域具有较强的代表性。对此，课题组围绕北京夜间文化

---

① 北京第二外国语学院中国文化和旅游产业研究院：《2019年中国夜间经济发展现状、问题与对策》。

旅游消费展开了调研，^① 以期全面了解北京夜间文化旅游的情况、需求特征和存在问题，为提升北京夜间文旅消费，打造具有北京气派、突出首都文化的夜间经济，更好地满足百姓美好生活需求，提供有效建议。

一、北京文旅消费的整体情况

（一）文旅消费整体发展水平较高，进入精进增长阶段

当前，北京经济社会持续健康发展，经济发展质量不断优化提升，北京城乡居民的精神文化需求日益增长，文化中心建设创新动力更加强劲，对外文化交往日益广泛深入，文化中心建设国际舞台更加宽广，全国文化中心的影响力和辐射力不断增强，文化消费升级和文化产业优化的环境氛围更加优越。北京市将文化创意产业作为疏解非首都功能、构建高精尖经济结构的重要支柱产业，近年来发展成效显著，产业规模扩大，对经济的贡献作用进一步提升，增加值占比、文化消费指数、对外文化贸易等多项指标在全国领先；行业发展稳中有进，文化科技融合业态发展强劲；文化与资本接轨深度推进，助力文化创意产业发展态势良好。

数据显示，北京文化创意产业增加值已由 2005 年的 671.4 亿元上升到 2016 年的 3581.1 亿元，占全市地区生产总值的 40.0%，成为重要的支柱性产业。北京市文化消费规模总量接近 900 亿元，

① 本次调研采取线上和线下两种方式。在线上调研中，围绕北京市居民文化消费基本情况采用网络问卷调查的方法，分别通过性别、教育程度、年龄和收入四个指标进行配额，在网络 panel 中选取样本，针对样本试点城市的常驻居民进行网络问卷调查，共发放问卷 421 份，收回有效问卷 388 份。在线下调研中，立足北京夜间文化旅游消费的重要场景和主要商圈，开展文化旅游消费需求的问卷调研和深度访谈，共发放问卷 409 份，收回有效问卷 376 份。

位列全市服务型消费的前三。2017 年，北京市全市新经济实现增加值 9085.6 亿元，按现价计算，比上年增长 9.8%，占全市地区生产总值的比重为 32.4%，比上年提高 0.2 个百分点。随着北京市产业结构不断优化升级，北京市居民文化消费的时间、频次、支出出现大幅度增长。随着恩格尔系数的不断下降，北京市居民对旅游、文化、体育、健康、养老、教育培训等"幸福产业"提质增效的要求进一步加强，对创意、科技、绿色和共享等"新兴业态"创新融合的要求也进一步提高。以传统消费提质升级、数字消费蓬勃兴起为主要内容的新消费，及其催生的相关产业发展、科技创新、基础设施建设和公共服务等领域的新投资新供给，将成为未来北京市文化创意产业发展的重要着力点。

（二）文旅消费基础设施相对较好，消费载体不断丰富

文化基础设施建设是文化消费的根基，反映了城市的精神风貌和文化品位。近年来，北京市以强化文化功能为基础，注重文化基础设施的品质提升、功能更新和均衡布局，积极搭建多样便捷的文化消费平台。对北京市居民夜间文旅消费调研的数据显示，北京市居民经常进行文旅消费和体验的场所排名前 5 位的分别是电影院 / 剧场 / 剧院 / 音乐厅、美食城 / 饭店 / 大排档、综合体 / 商场 / 便利店、景区 / 街区 / 夜市、酒吧 /KTV/ 迪厅，分别占比 89.6%、54.2%、50.0%、5.0% 以及 31.3%（见图 12-1）。夜间消费已经成为北京居民消费结构的重要组成部分。

伴随互联网、多媒体和数字技术的兴起，文化创意产业和科技融合发展深入推进，文化产品和服务更加数字化和网络化，网络消费日益便捷，在线消费、线上支出、虚拟体验已成为文化消费的主流。调研显示，北京市居民进行文化消费的支付方式主要是支付宝和微信，分别占比 51.7% 和 43.5%，使用银行卡进行文化消费占比不到 10%。居民进行文化消费的购买方式也以网络购买为主，

在家看电影/上网/看书/打游戏　25.00%
网吧/游戏厅　4.17%
博物馆/艺术馆/美术馆　12.50%
书店/图书馆　12.50%
美食城/饭店/大排档　54.27%
综合体/商场/便利店　50.00%
酒吧/KTV/迪厅　31.25%
咖啡厅/茶馆　22.92%
健身房/运动馆/体育馆　14.68%
景区/街区/夜市　50.00%
电影院/剧场/剧院/音乐厅　89.68%

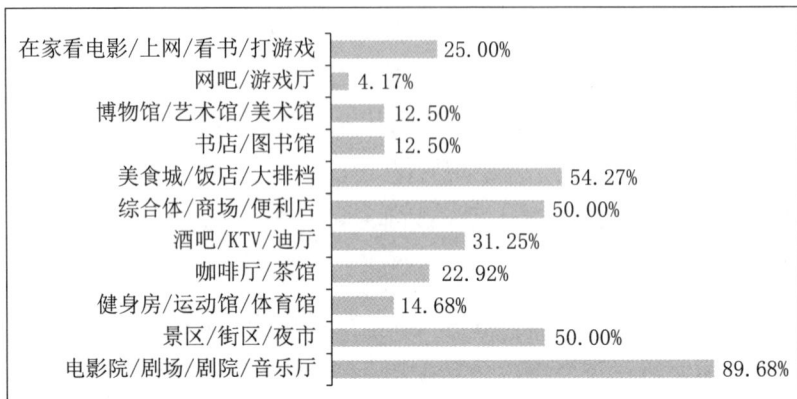

图 12-1　北京市居民夜间文旅消费场所

占比 57.9%，几乎为现场购买的 2 倍。在互联网时代，更多的文化资源从线下转移到线上，文化消费方式的深刻变革将进一步倒逼文化产品和服务与互联网的全面嵌入和融合。在互联网消费中，夜间线上消费是北京市文旅消费的重要组成。

（三）文旅消费类别和动因合理，市场理性并富于弹性

近年来，北京市文化创意产业和旅游产业呈现融合、联动、集聚、创新的发展趋势。2018 年，北京市文化产业实现收入 9250.1 亿元，同比增长 13.1%；旅游总收入 5921 亿元，同比增长 8.3%；旅游总人数 3.1 亿，同比增长 4.5%；旅游购物和餐饮消费额占社会消费品零售总额的 24.2%；文化演出、精品文博、会议会展及文化遗产等文旅融合产品供给丰富。对北京市文化消费开展的数据调查显示，北京市文化消费支出占家庭消费总支出比例排名前六的分别是：教育培训、休闲娱乐、旅游参观、影视欣赏、图书报刊和休闲娱乐，分别为 44.8%、32.7%、32.4%、28.2%、22.3% 和 12.5%。这也进一步说明，随着二胎政策的放开，儿童文创产品的供给将进入一个新的增长期，这既拉动了教育培训、文化艺术以及图书报刊等相关领域的文旅消费，也为其他类别的文旅内容创造了广阔

的消费空间，高雅文化、精英文化的地位也将在教育和知识水平逐步提高的过程中不断提高，对文旅消费将起到正面引导作用。在未来，北京市居民计划提高的文旅消费支出类别排序前三位的是旅游参观、教育培训和文化艺术，分别占比为62.4%、51.2%和40.9%（见图12-2）。上述数据均表明，大多数居民的文旅消费意愿强烈，希望能在文旅消费中得到精神上的满足和愉悦，在文旅夜间消费中获得自由和放松。可见，北京城市居民"美好生活"的文旅需求进入理性成长和弹性发展的阶段。

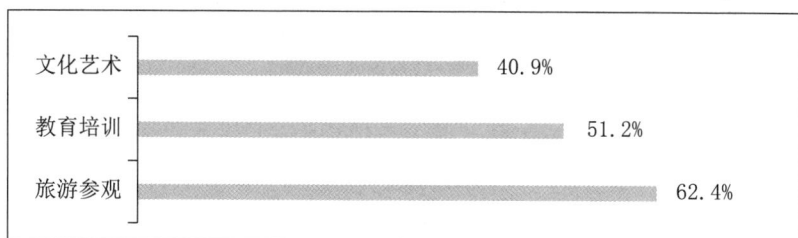

图12-2　北京市居民计划提高的文旅消费类别

（四）享受型和发展型消费增值，产品和服务供给升级

2009年至2018年，北京市旅游区（点）的收入由407070万元增长至867894.1万元，年复合增长率为8.8%。2018年，北京市旅游区（点）收入增幅为近十年来最低，仅为4.9%，首次跌破5%。同时，2018年，北京市文化产业的规模突破了1万亿，达到了10703亿元人民币，其中与旅游产业密切相关的休闲娱乐产业的规模达到了99.8亿元人民币。在文旅融合的大趋势下，北京市文化产业的优势将得以充分释放，"文化＋旅游"的产业规模将进一步扩大。按照国家统计局颁发的2018年度统计标准（2017年及之前年度沿用2011年统计标准），北京市2018年度规模以上文化产业的总收入同比增长11.3%，其中，文化核心领域总收入9292亿元，同比增长14.1%。据公开统计资料，2017年北京市规模以上文化产业的总收入（2011年统计标准）同比增长10.8%，其中与休闲

旅游消费直接相关的文化休闲娱乐产业总收入为 1051.6 亿元，同比增长 1%，在文化产业总收入中占比 6.5%。

随着非首都功能的疏解和北京市城市发展品质的不断提高，北京市居民文旅消费的需求层次不断提高且日益多样化，文旅消费类型正逐步从以中低端文化产品和服务为主的基本文化消费转向注重产品和服务的品质和体验的发展型消费，以及更加注重个性化与精品化的享受型消费。课题组调研数据显示，北京市居民文旅消费呈现出以享受型和发展型消费为主的特征。在未来，居民更愿意提高的发展型消费（教育培训、图书报刊、文化艺术）总占比为 50.4%，而享受型消费（旅游参观、休闲娱乐、影视欣赏）总占比为 45.4%，几乎占据文化消费的半壁江山（见图 12－3）。

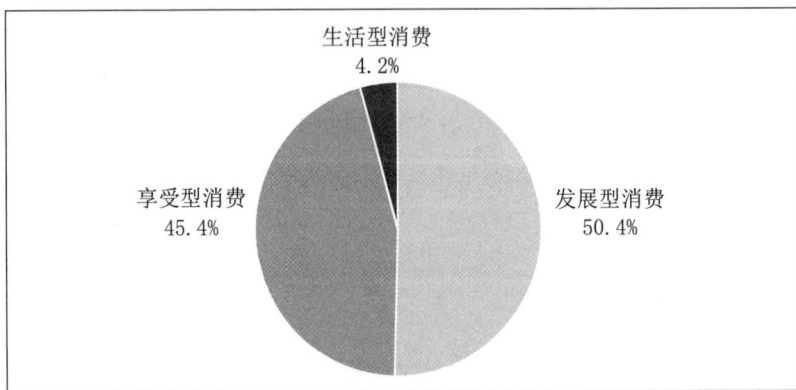

生活型消费
4.2%

享受型消费
45.4%

发展型消费
50.4%

图 12－3　北京市居民计划提高的文旅消费类型

与此同时，北京市居民对于享受型和发展型文旅产品和服务供给满意度相对较高。其中，享受型文化旅游产品和服务供给的满意度评分为 72.2，发展型文化旅游产品和服务供给的满意度评分为 71.4，两类文化旅游产品和服务供给均具有不错的满意度评分。但从匹配度来看，享受型文化旅游产品和服务的供给与消费的匹配度要高于发展型文化旅游产品和服务的供给。

二、北京城市夜间文旅消费的需求分析

（一）日常性文旅消费繁荣，夜间消费频次较高

根据调研数据，被访者中有一半有夜间消费活动，每人每次平均消费多在 300 元以内。调查显示，有 75.5% 的被访者日常有夜间消费活动，其中 81.4% 的人每人每次平均夜间消费金额在 300 元以内。每人每次夜间消费金额在 100 元及以下的被访者占有夜间消费的被访者的 18.8%；消费 101—200 元的占 43.8%；消费 201—300 元的占 18.8%；消费 301 元及以上的占 18.8%（见图 12—4）。

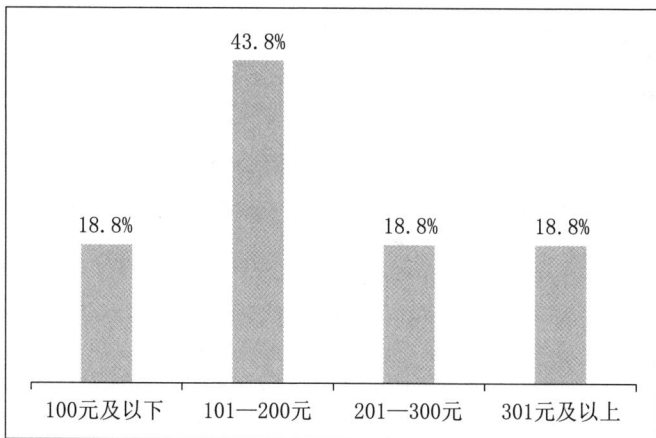

图 12—4　日人均夜间文旅消费金额

从被访者夜间消费活动频次来看，有夜间消费的被访者每月夜间消费活动 5 次及以内的占 91.7%；每月夜间消费活动 6—10 次的占 8.3%（见图 12—5）。

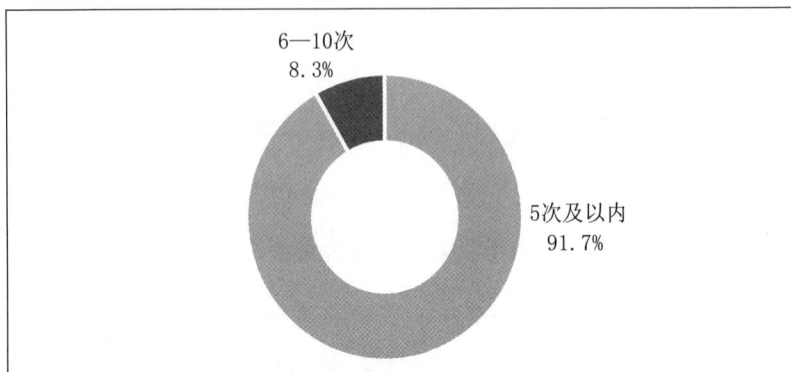

图12—5　月人均夜间文旅消费频次

（二）自由性消费时间较多，消费时间区段集中

从北京市居民文旅消费的可支配时间看，夜间消费具有相对充裕的时间。按照国际惯例，居民的一天可分为五大部分——个人生理必需时间①、工作时间②、家庭劳务时间③、学习培训④时间、个人自由支配时间⑤。从总体来看，2018年北京市居民的一天分布情况如图12—6所示。⑥

---

① 个人生理必需时间包括睡眠休息、个人卫生护理和用餐或其他饮食时间。
② 工作时间即属于国民经济核算体系（SNA）范畴内的生产活动，包括与居民就业、家庭生产经营活动以及与之相关的交通活动时间。
③ 家庭劳务时间包括家务劳动、照料辅导孩子和家人等时间。
④ 学习培训指初等、中等、高等学历教育学习，成人技术培训、成人非学历高等教育等继续教育学习，以及与之有关的家庭作业、预习和课后复习等学习活动，各类短期培训（外语、计算机、驾校、商业和文秘、个人娱乐爱好等），参加资格认证课程、为职业考试进行的复习课程、参加职业考试（没有单位资助）等活动。不包括与工作有关的单位上岗前培训和脱产学习等，也不包括护送辅导孩子学习。
⑤ 个人自由支配时间包括健身锻炼、听广播/音乐、看电视、阅读书报期刊（含电子介质）、休闲娱乐和社会交往的时间。
⑥ 北京统计局调查总队对全市1700户（城镇1280户、农村420户）居民家庭开展了入户调查，调查对象为15周岁及以上常住成员，实际调查4238人，其中，男性2063人、女性2175人。下面根据此次调查的结果对北京市居民时间利用的特点和变化进行分析。

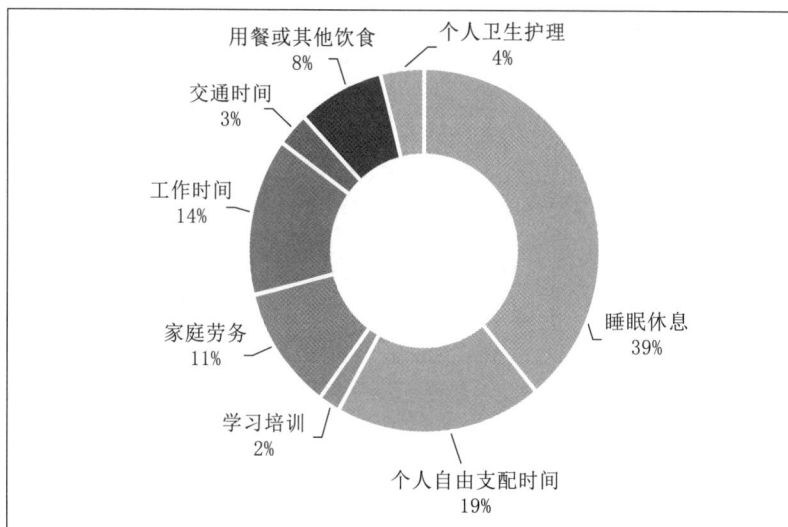

图 12-6　北京市居民一天的时间分布

调查结果显示，北京市居民可用于夜间文化消费的时间为，用餐或其他饮食时间 1 小时 57 分钟；个人自由支配时间 4 小时 30 分钟［其中，健身锻炼时间 51 分钟；听广播 / 音乐时间 8 分钟；阅读书报期刊（含电子介质）时间 16 分钟；看电视时间 1 小时 47 分钟；休闲娱乐时间 1 小时 9 分钟；社会交往时间 19 分钟］；使用互联网①的时间 6 小时（其中，工作日上网时间 3 小时 14 分钟；休息日上网时间 2 小时 46 分钟）。这一方面说明，北京市居民夜间文化消费的时间相对较为充沛，另一方面也说明，在自由支配的时间中，用于夜间消费尤其是高品质的文旅消费的时间还有待挖掘。

在个人支配的时间中，老年人个人自由支配时间最多，青年人休闲娱乐时间更长。老年人的个人自由支配时间平均达到了 6 小时 45 分钟，中年人为 4 小时 32 分钟，青年人为 3 小时 41 分钟。看

---

① 使用互联网是指各类主要活动通过互联网来实现，指某项主要活动是通过智能手机、pad、台式电脑、笔记本电脑等设备进行的上网活动。如果上网活动只作为某种主要活动的伴随行为，则不计入使用互联网时间。

电视、健身锻炼和休闲娱乐是个人自由支配时间的三大模块。在青年人中，休闲娱乐占据了大部分的个人自由支配时间，平均时间为1小时36分钟，看电视次之，平均时间为50分钟；在中年人中，看电视是主要的自由活动时间，为1小时52分钟，休闲娱乐次之，平均时间为1小时，健身锻炼也达到了55分钟；在老年人中，看电视是最主要的自由活动时间，为3小时12分钟，健身锻炼次之，为1小时29分钟（见图12—7）。

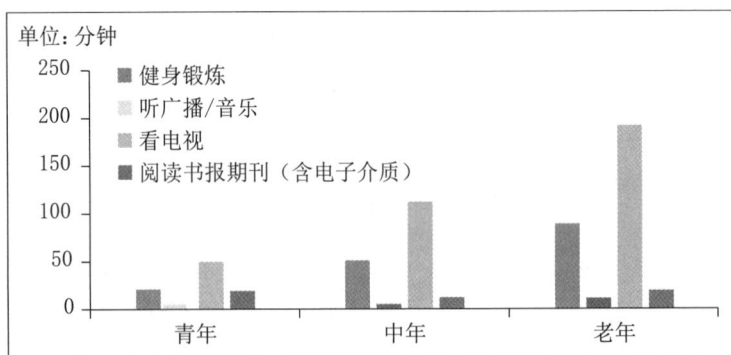

图12—7 不同年龄段人群自由时间对比

根据调研数据，被访者一般每天用于夜间场所的消费时间平均在3个小时左右，日平均夜间活动时间在3个小时以内的占据93.7%，（见图12—8），个别场所如酒吧/KTV/迪厅以及美食

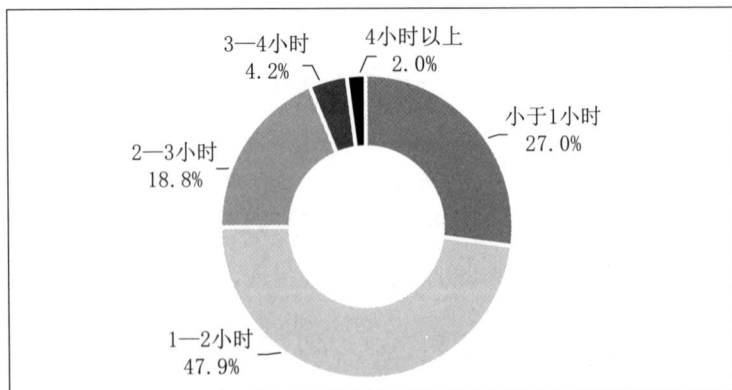

图12—8 被访者日平均夜间消费时间

城／饭店／大排档等会逗留4个小时以上，同时也有相当一部分人选择更多的时间待在家里看电影、上网、看书、打游戏（见图12—9）。

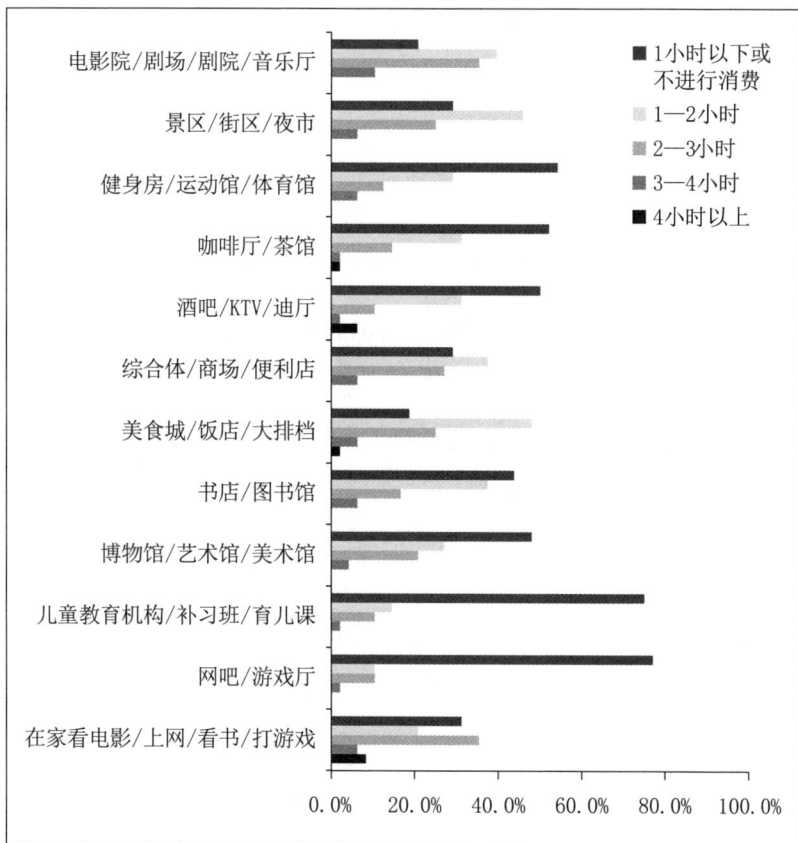

图12—9　被访者在各类夜间场所消费时间

此外，从北京城市被访者夜间消费时段来看，18:00—23:00是消费较为集中的时段。调查显示，逾9成有夜间消费的被访者集中在23:00之前进行消费。其中，56.3%一般在18:00—20:00进行消费；35.4%在20:00—23:00进行消费，还有8.4%在23:00以后进行夜间消费（见图12—10）。

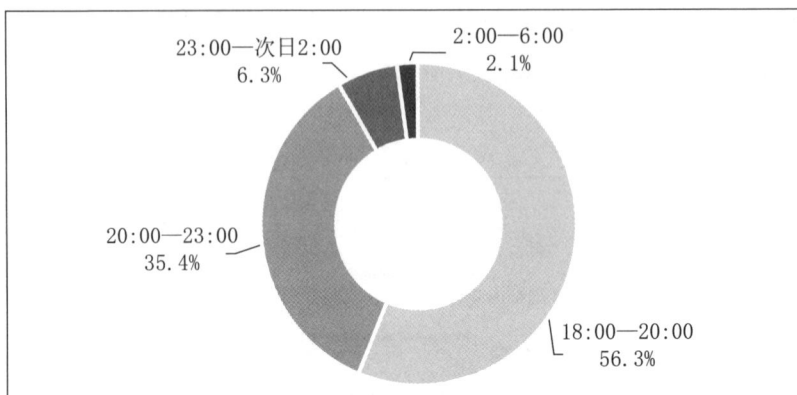

图 12—10　被访者夜间消费时段偏好

（三）生活类餐饮需求旺盛，精神消费形态丰富

调查显示，北京市消费者夜间消费形式丰富多样。其中，精神消费最受夜间消费者青睐。有 75.0% 的被访者选择晚上看电影 / 话剧 / 音乐演出，31.0% 的被访者选择游览景区 / 体验风光 / 感受风情，也有 14.6% 的被访者选择晚上进行阅读学习 / 扩充知识。此外，美食和购物仍然是人们夜间消费的主要形式，有 39.6% 和 52.1% 的被访者选择晚上品尝美食 / 聚餐以及购物 / 逛街等活动（见图 12—11）。这也进一步表明，打造夜间消费"文化 IP"，打造

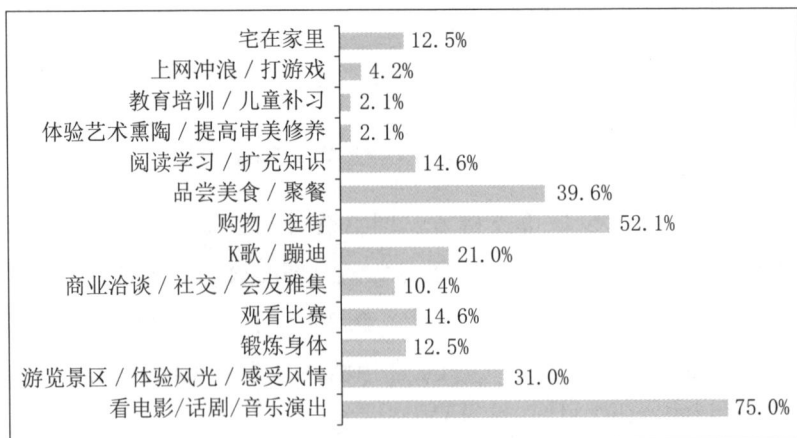

图 12—11　被访者夜间活动形式

以戏曲、相声、电影、歌剧、音乐、读书等为主题的"夜京城"文化休闲活动，将成为夜间文旅消费的新方向。

此外，调查显示，首批"夜间经济十三条"对于北京市夜间消费的促进作用已经显现出来。三里屯（41.7%）、国贸（33.3%）、蓝色港湾（29.2%）、朝阳大悦城（25.0%）等地标、商圈仍然是夜间消费的热门地点，此外，簋街（16.7%）、合生汇（14.6%）、五棵松（12.5%）、世贸天阶（12.5%）、前门大栅栏（12.5%）、食宝街（10.4%）、郎园（10.4%）、荟聚（10.4%）对消费者的吸引力均在10%以上（见图12-12）。而中粮·祥云小镇以及奥林匹克公园的夜间消费吸引力还不尽如人意，这表明，北京市要进一步丰富夜间消费业态，提升夜间文化活动的互动体验，创造激发夜间经济活力的新动能。

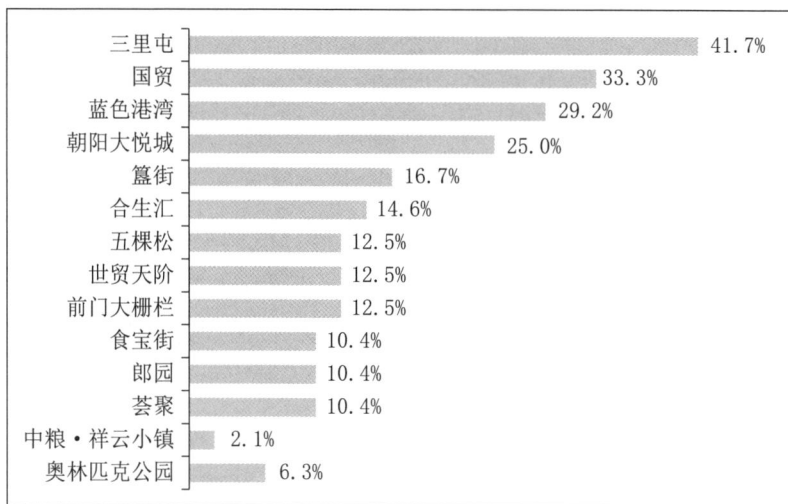

图 12-12　北京市"夜京城"消费统计

（四）城市群文旅消费活跃，新生消费主导市场

随着京津冀文化旅游市场的一体化，城市群间文化旅游消费的激增，促进了北京夜间文旅消费市场的繁荣。调查显示，夜间

消费时，公交或地铁（75.0%）成为最常用的交通方式，步行次之（41.7%），37.5% 的有夜间消费的被访者选择打车；选择自驾或代驾的有夜间消费的被访者为 27.1%；骑车的有 14.6%（见图 12—13）。在京津冀城市群内，特别是临近社群内，商圈文旅消费成为主要的夜间文旅消费形态。例如，以北京文旅消费者的手机归属地为例，主要集中于北京、上海、天津、江苏、广东、浙江、河北、四川、湖北、河南等地区。具体到城市，北京文旅消费用户主要集中于北京、上海、苏州、天津、广州、成都、南京等 20 个城市，用户规模合并占比 56.9%。用户归属地数据表明，北京本地居民（以手机归属地为准，不考虑户籍问题）的需求占比较高。

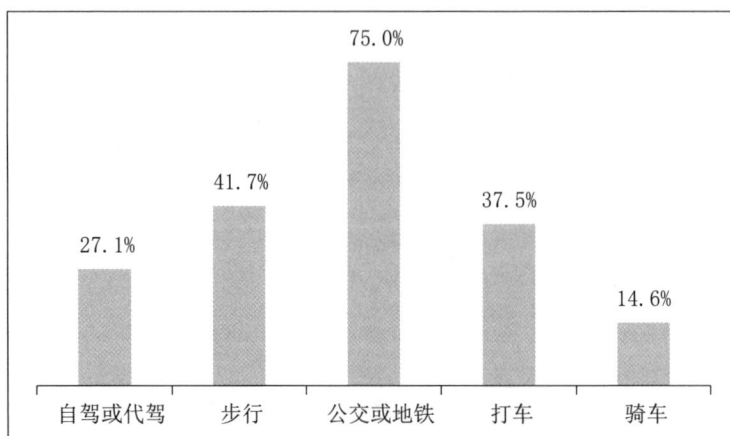

图 12—13　被访者夜间出行交通方式

而从北京市夜间文旅消费群体的特征看，夜间消费对 40 岁以下被访者的吸引力较强。"00 后"被访者的次均消费金额和月均消费频次均为最高，分别为 239.3 元 / 次和 5.2 次 / 月；"90 后"次之，分别为 228.6 元 / 次和 5.1 次 / 月；次均消费金额最少的是"50后"，为 145 元 / 次，月均消费频次最低的为"70 后"，为 4.3 次 /月（见图 12—14）。

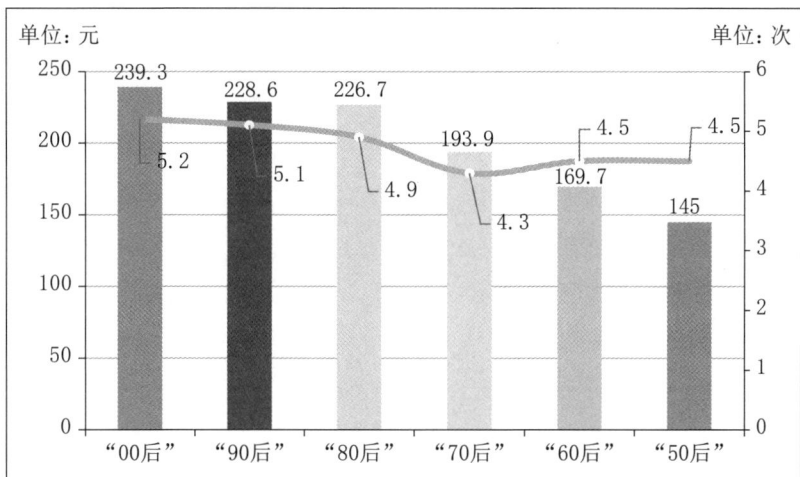

图 12-14　不同年龄段的被访者夜间消费情况

　　具体到文旅夜间消费的场景，剧场等北京市核心文化产品的消费人群性别结构基本与旅游产品相同，但年龄结构有较大差异。同程旅游数据显示，剧场等北京市核心文化产品的消费用户年龄整体相对偏大，40 岁以上占比 41.0%，19 岁以下的青少年占比仅为 1.0% 左右（见图 12-15）

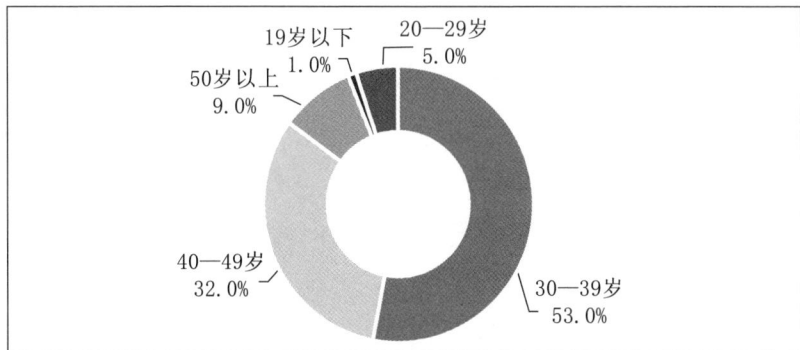

图 12-15　剧场等北京市核心文化产品消费用户年龄结构①

　　从北京夜间文化旅游产品的消费结构看，传统曲艺表演（相声、京剧表演等）占据绝对优势，占比 60.8%，旅游演艺（打铁花等）次

————————

之，占比 26.5%，艺术展（馆）类占比 7.6%，各类现代艺术园区等其他文旅产品占比 5.2%（以在线游客流量统计）（见图 12—16）。

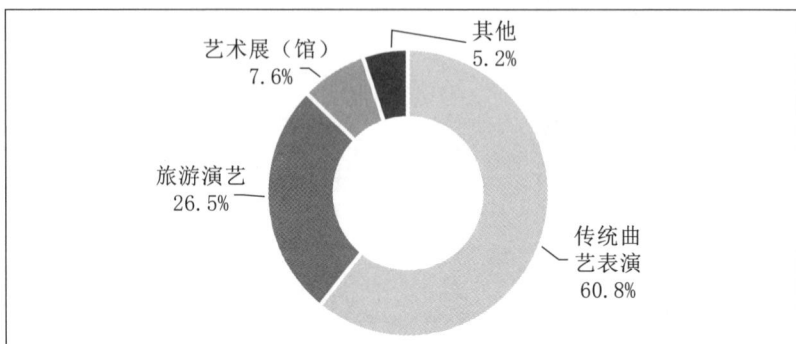

图 12—16　北京文旅产品消费分析 ①

但是，调查也显示，剧场消费的用户更加集中于北京本地，大约占比 51.0%，此外，来自上海、济南、天津、广州、成都、武汉、深圳、郑州等地的用户也占有较大比例（见图 12—17）。这说明，高铁、快速公交等便捷的交通工具，为构建夜间文旅消费城市圈，奠定了良好的基础。

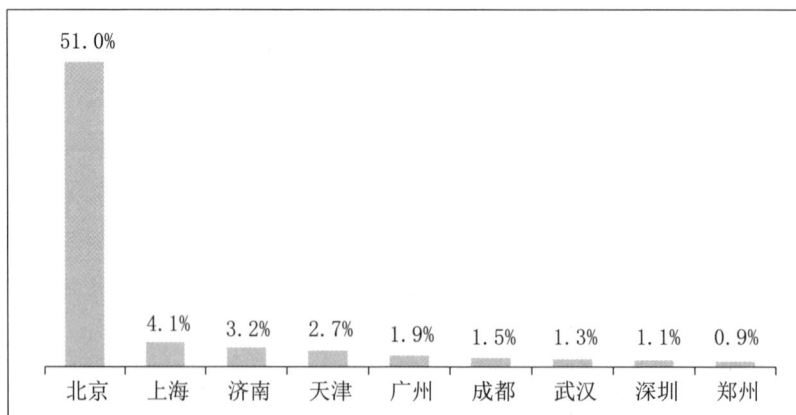

图 12—17　剧场等北京市核心文化产品十大客源城市 ②

---

① 数据来源：同程旅游。
② 同上。

三、北京城市夜间文旅消费的短板分析

（一）夜间消费认知不足，文化旅游供给侧亟待创新

文化的多元化使文化产业呈现出综合性、渗透性、关联性比较强的特征，文化生产、消费和传播也因此与多个产业存在天然耦合关系。[①] 正是因为文化消费的多元混合性，使得对文化消费的认知和实操一直以来难于界定并存在多重误区，如在文化活动的开展过程中，对文化消费和文化惠民、公共文化服务的关系阐释不清，或在专项工作中存在着职能交叉、工作重复问题等。这也进一步凸显出文旅消费作为一种以产业引导释放内生动力的市场行为，存在一定的理论误区和现实困境。而在对文化消费本身的认知和理解上，传统消费观念和保守经济理念仍是当前制约北京市文旅消费升级的主要原因，而消费方式的升级和消费渠道的变化则不断对传统消费形成冲击和挑战，并且随着北京市人均收入和精神生活水平的提高，人们的文化需求层次不断提高且日益多样化，对注重个性化与精品化的发展型和享受型消费需求更加强烈，人们对文化消费的需求变化和文化旅游产业发展方式之间的矛盾将愈加凸显。从调研情况来看，50% 的被访者之所以没有夜间文化消费活动，很大程度上是因为其认为北京市夜间文旅消费活动的互动体验性不高、夜间文旅消费的信息获取不方便以及夜间文旅消费设施不完善等（见图12—18）。在当前，北京市非首都功能疏解、人口调控任务依然艰巨，区域发展不平衡、不协调、不可持续问题仍然存在，文化旅游产品和服务的供给与北京市构建高精尖产业体系、实现提质增效还有一定的差距，北京市文化旅游产业全域供给创新势在必行。

---

① 齐骥：《文化产业促生经济增长新动力研究》，《山东大学学报》（哲学社会科学版）2017 年第 3 期。

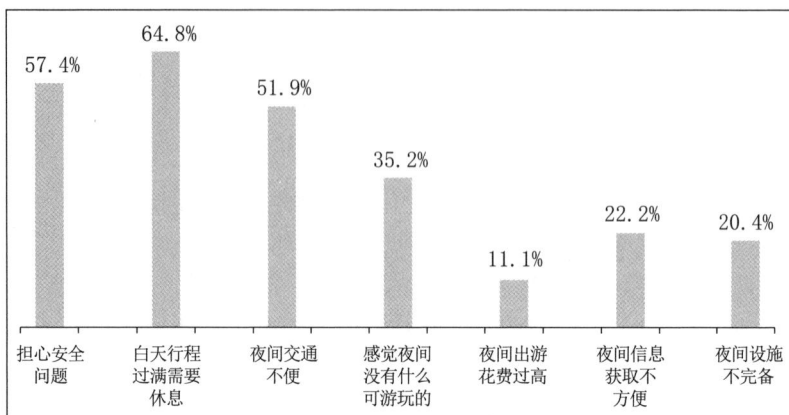

图12-18　夜间消费活动影响因素

　　从消费的观念认知看，需求结构和经济结构对文化消费的触点爆发构成一定制约。当前我国居民需求结构仍然不够协调，投资率偏高，消费率偏低。加上我国的传统消费观念相对保守，趋于稳健性消费，居民边际消费倾向相对较低，发展型、享受型消费需求增长较缓慢。保守的消费观念使我国整体居民消费率偏低，文旅消费的支出受到一定的制约，开发新的产品和服务形态，以优质供给促进文化消费迫在眉睫。而从文旅消费的管理层面看，大多数政府部门对文旅消费的概念内涵、统计标准、发展路径还不太清楚，系统的文旅消费培训也亟须提上日程，特别是针对夜间文旅消费的规划设计不足。从文旅消费的方式和渠道看，消费方式的快速变化推动着北京市消费领域供给侧改革。当前，首都经济发展的新动力正在异军突起，数字经济和互联网消费构成了新经济发展的巨大动力。根据调研数据，在北京市居民文化消费的购买方式中，网络购买占据了57.9%的比重，互联网使服务可以跨越时空，网络购物、广告、租车、旅游、教育等网络消费的兴起，一方面对北京在地文旅消费的实体、门店经营模式带来挑战，另一方面对北京在场文旅产品和服务的优质供给提出了更高要求。

（二）内容消费高峰欠缺，特色精品类消费亟待挖掘

随着北京市文化创意产业发展环境的不断优化，以及文化旅游融合的不断深入，文旅消费产品和服务的供给内容和方式更加丰富，居民文旅消费的内容和形式也更加多样化。但整体来看，具有北京特色和首都风貌的文化资源开发不够，具有北京文化气派和中华文化精神的文化服务和文化精品供给不足，尤其是夜间开放场馆中，体现北京文化旅游优势的场景尤为不足。

同程旅游大数据显示，2018 年北京旅游产品（旅游线路、景点门票等）消费中历史遗迹类占比最高，达 50.3%，以北京故宫、八达岭长城、圆明园、颐和园等为代表；北京的各类公园（收费公园）次之，占比 24.9%，包括综合性公园及动物园等，以青龙湖公园、北京动物园、香山公园、八大处公园等为代表；各类收费博物馆 / 美术馆等占比 12.7%，以北京汽车博物馆、中国古动物博物馆、北京古代建筑博物馆等为代表；城市观光类占比 6.9%，以鸟巢、水立方、中央电视塔等为代表；各类游乐场占比 2.8%，以北

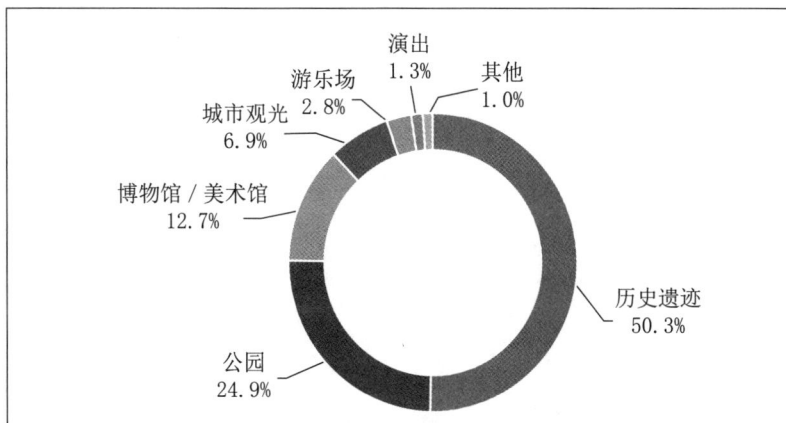

图 12—19　2018 年北京旅游产品消费结构 [①]

[①]　数据来源：同程旅游。

京欢乐谷等为代表；各类剧场及文艺演出占比 1.3%，以国家大剧院、朝阳剧场、德云社剧场等为代表。而在排名前三的消费品中，夜间旅游几乎鲜有（见图 12—19）。

此外，根据对北京市居民文化产品和服务供给满意度的调研数据，文化耐用品的满意度相对较低（倒数第二位），仅为 67.1%，而从计划提高的文旅消费类别中看，文化耐用品的占比仅为 8.8%（倒数第一位）。这说明，相对于文化快销品，文化耐用品的市场前景堪忧，文化精品开发缺少高峰，精品力作缺少长效影响力，居民满意度有待提高。以北京市 24h 书店为例，以上海三联书店为代表的 24h 书店因其集阅读学习与休闲体验为一体广受上班族、学生等群体欢迎，但是调研过程中我们发现，部分受访者表示在北京类似的书店有很多，特色不突出且书籍价格昂贵。从调研数据中我们也可以发现，81.3% 的被访者看重夜间文化活动的互动体验，52.1%的被访者看重夜间文化活动的创新（见图 12—20）。因此，夜间文化产品如何更加凸显特色，提升夜间文化消费活动吸引力和产品质量需要进一步思考。

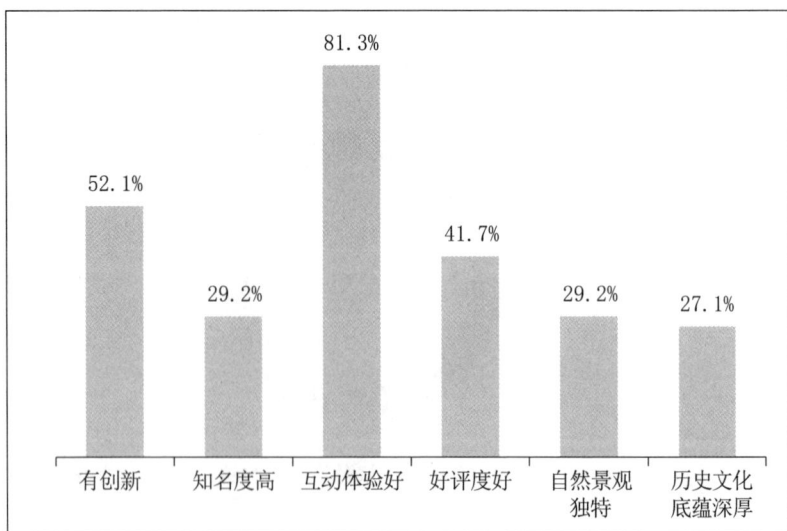

图 12—20　被访者看重的夜间文旅产品特征

对标国际数据可以发现，从文化消费支出占总消费支出比重上看，欧美发达国家文化消费支出占总消费支出比重长期保持在15.0%以上的水平，韩国、新加坡、英国、美国、日本等国家文化消费支出占总消费支出比重甚至已经达到30.0%，而我国文化消费支出占总消费支出的比重一直徘徊在7.5%，远低于发达国家水平。尽管北京市文化消费支出超过10.0%，但与国际水平对标，文旅消费仍有较大的提升空间。综观当前全国文化旅游市场，国内部分领域的旅游消费需求有所下降，而海外相关领域消费却不断激增，需求外移的速度也不断加快。而随着互联网＋的不断发展，以互联网为载体和渠道的教育培训不断发展。北京市居民文化消费潜在市场份额最大的消费类别，均遭遇海外市场和全国市场的双重挤压。

（三）品质消费空间不足，虚拟体验型消费亟待完善

北京市人口众多且分布相对集中，线下文化消费多集中在人口密集地区，文化设施和文化场景也多分布在中心城区，从而导致中心城区人口密度较大，人均场地面积不足，可供开发空间狭小，部分文化基础设施、公共文化服务难以满足居民生产生活的需要，空间改造受到较大制约。根据调研数据，在对北京市文化消费目的和文化产品和服务供给满意度的评价中，以"获取知识"和"培养兴趣爱好"为主要目的的文化消费占比较高，分别达到74.6%和73.9%，但居民对教育培训的满意度相对较低，仅为62.5%。这说明，空间因素制约了提升型文化消费的拓展。

在针对北京市文化消费场景的相关调研中，我们发现，北京市尽管是全国文化中心和科技中心，但在消费中文化与科技融合及其所发挥的市场凝聚力和行业引导力尚未释放出来，主要表现在，传统场景和线下消费较多，虚拟场景和体验消费不足。根据调研数据，在北京市文化消费场景中，以电影院、图书馆/书店、旅游景区等为主导的文化消费，博物馆、剧场/剧院和美术馆等公共文化空间

的消费，于北京市文化消费的排名中均较为靠前，占到半壁江山。这些消费方式相对传统刻板并缺少体验交互。尤其是在对消费服务的满意度调查中，我们发现，北京市文化耐用品和网络文化服务的满意度相对较低，虚拟消费和体验消费不足，影响了文化精品的长效供给和文化内容的优质供给。此外，北京市各大夜间文化场景的消费群体较为单一，如三里屯的酒吧一条街以及时尚购物吸引的主要是上班族以及学生等年轻群体，蓝色港湾则以儿童城主攻亲子市场，前门大栅栏则是以外地游客群体为主，而朝阳大悦城的细分群体则以居住在附近的学生以及居民为主。因此，借助互联网不断丰富夜间消费类型以进一步扩大夜间经济市场，是北京市夜间文旅消费发展的下一个风口。

（四）跨区消费辐射不够，联动性区域消费亟待破题

形成京津冀协同发展、互利共赢的新局面，提高城市发展质量、人居环境质量、人民生活品质和城市竞争力，是北京市十二次党代会提出的发展要求。东城区文化消费的关注重点和实践路径尚未跳出辖区本身，全域型联动式消费亟待破题，以文化消费促进京津冀文化产业协同发展有待进一步突破。从北京市居民文化消费的区域对比看，发展不平衡不充分仍旧是文化领域存在的重要问题。北京市城六区经济相对最为发达，文化消费水平表现也最为突出。而对于平谷区、延庆县等生态涵养发展区，经济较城六区和城市发展新区相对落后，其文化消费综合指数排名也都相对较低。[①] 从北京市主要文化消费集聚地区看，目前北京十大文化消费圈分别是长安街核心圈、东四剧场圈、工体潮流圈、鸟巢休闲圈、南锣文艺圈、潘家园古玩圈、798新锐圈、首体演出圈、天桥演艺圈、五棵松文体圈。这十大文化消费圈主要集中在东城、西城、海淀和朝阳

---

① 金元浦、刘敏：《2014北京市文化消费指数实证调查与分析》，《文化产业导刊》2014年第10期。

四个中心城区，在文化消费的形态上呈现出复合发展和融合发展的特点，但整体而言，以文化消费圈为主要集聚方式的线下消费，辐射范围有限，文化传播幅面较窄，文化消费也难以发挥共享机制。

一方面，北京市远郊区县的文化消费整体相对落后，公共文化场馆、文化场景的配套不足，现代文化消费产品和服务的优质供给相对缺乏，与中心城区的消费市场难以形成要素流动和资源共享。另一方面，京津冀三地之间因为历史原因、现实因素和规制问题等，缺少有效的整合。一直以来，京津冀区域一体化的整体效率偏低，区域发展水平差异较大，文化产业的对接难度也相对较大，在业态布局中，难以形成线路型资源构架。同时，京津冀三地"条块分割"式行政管理模式弊端突出，缺乏高效的协调工作机制，文化产业发展所需的创意、人才、技术、资本等要素"倒流"，未形成统一的区域文化要素市场。[①] 经济发展基础和产业合作环境也对京津冀文化消费市场联动和文化线路整合形成了一定制约，以特色文化线路和创意消费体验破解区域制约和发展掣肘，势在必行。

（五）交通安全影响较大，文旅设施配套亟须完善

北京市居民目前的夜间消费主要集中在周五、周六以及周日的18∶00—23∶00，因此，交通出行与安全问题成为影响人们外出消费的两大重要因素。通过调研数据我们可以发现，在夜间文旅消费的影响因素当中，夜间文旅项目本身的多样性因素影响占到62.5%，有60.4%的被访者关注夜间交通出行是否方便，有62.5%的被访者则关注夜晚出行是否安全（见图12-21）。调研过程中我们也发现，在三里屯、前门大栅栏等夜间消费的热门场所，交通拥堵现象非常严重，这也影响了城市形象。

---

① 郭万超、马明：《京津冀文化产业协同发展的路径选择》，《中国文化报》2015年7月25日。

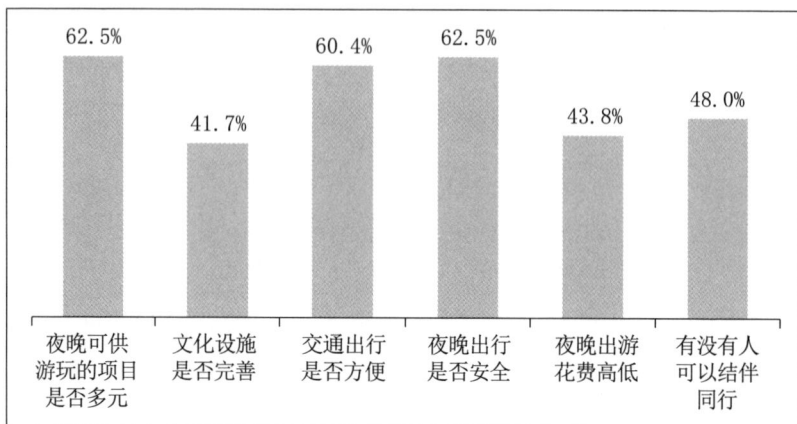

图12—21　夜间文旅消费影响因素

此外，配套设施的不完善也是影响消费者消费体验的一大因素。以三里屯和前门大栅栏为例，厕所、停车场等配套服务设施的缺乏在很大程度上影响了人们的夜间文旅消费热情。在前门胡同，摩托机车以及自行车占道影响人流通行，游客在三里屯找不到厕所、汽车出租车拥堵的现象常见，且严重影响消费体验。因此，完善配套设施，加强城市交通与安全监管，提升夜间文旅消费服务质量，优化人们夜间文旅消费体验，是下一步北京市促进夜间文旅消费工作的重点。

四、优化北京城市夜间文旅消费的创新路径

北京作为首都和全国文化中心，在文化发展中起着重要的引领示范作用。当前，北京市大力实施京津冀协同发展战略，有序疏解非首都功能，为文旅消费升级和文化产业发展打下了良好的基础，也提出了更高的要求。尽管北京市文旅消费整体水平较高，文旅消费的载体不断丰富，供给不断升级，市场愈加完善，消费活力也持续加速释放，但北京市文旅消费仍旧存在着一系列的问题。例

如，对文旅消费尤其是互联网＋时代的消费本质和消费趋向认知不足，消费意图和消费习惯相对传统，消费渠道和消费场所缺乏创新等。如何把握全球经济文化一体化的时代特征，抓住世界消费升级的机遇，在正确认识文旅消费的前提下，以文旅消费促进文化产业发展，以文旅消费重塑文化生活方式，通过科学的文旅消费市场研判和有序的文旅消费行动路径，塑造文化自觉，体现文化自信，打造美好生活的文化高地，成为北京文化创新的应有之义。

（一）重新认识文旅消费，打造健全繁荣的文旅产业体系

新时代，人民的美好生活需要正从过去对物质的需要为主转向对文化、精神、环境的需要，文旅消费的内容更加丰富，形式更加多元。尤其是伴随互联网、多媒体和数字技术的兴起，在线消费、线上支出、虚拟体验已成文旅消费的主流。但从北京市居民对网络文旅消费的满意度看，网络文化服务整体满意度相对较低，虚拟消费和体验消费的有效供给不足、供给品质不高，影响了文旅消费的升级。重新认识互联网时代的文旅消费，推动文化产业供给侧改革，是实现北京市文旅消费升级的关键。

明确文旅消费在北京文化建设和经济发展中的作用。文旅消费不是文化惠民，也不等同于公共文化服务，文旅消费在于发挥消费的市场价值，激活文化的产业属性，重点是确立以消费为引领，以创新为驱动，以市场主导和政府引导双轮驱动的文旅消费体系，从而释放出文旅消费对文化产业发展持续的内生动力。

围绕"北京＋"进行文旅产业供给侧改革创新。一是以北京传统文化为着力点，着力构建以"老北京，新体验"为主题的不离本土的文化生态圈，弘扬传统文化、传承北京风貌，让人们在生生不息、日出而作日落而息的生活生态中，感受到文化自信的力量；二是专注于创造以"老胡同，新生活"为主题的不分彼此的美好生活圈，以疏解北京非首都功能、构建高精尖产业结构体系为重点，让

人们在生活、生产和生态的融合，社区、园区和景区的融合中享受生活之乐；三是创造以"老传统，新阐发"为主题的不同凡响的创意产业圈，以北京建设全国文化中心为载体，以城市更新和文化复兴为驱动，让朝气蓬勃的创业者改造城市单元，让安心栖居的居住者体验创新创业带来的空间改变。

（二）重塑文化生活方式，创造生动的夜间文旅消费场景

2016年，我国第三产业占比51.6%，当时预计到2020年会达到60.0%左右。"十二五"期间，北京的文旅消费年均增速达到20.0%，发展势头向好。当前，北京市第三产业占比已经达到80.3%，全市文旅消费规模总量接近900亿元，位列服务型消费的前三。这一趋势意味着，我们即将进入个性化、多元化、数字化的文旅消费时代，人们的消费需求已经从"吃穿住用"转向"安享乐知"。以安全、享受、娱乐、求知为诉求的美好生活，进一步激发了生动文旅消费体验的市场需求。面向美好生活，重塑"文化浸润百姓生活，文化植入城市更新，文化引领创新驱动"的发展理念，是北京市消费升级的重要诉求。

"固本培元，主客共享"，重塑文化生活方式。一方面，针对北京文旅消费需求的现状，从目前浅层次的技术借鉴、媒介交叉、生产合作逐步向深层次的基础推进，将文化、创意、品牌、情感、价值观和科技融入产品和服务设计研发、生产传播、展示体验、营销策划、增值服务的每一个环节。另一方面，从推进技术创新到实现业态创新、内容创新、模式创新和管理创新的多维创造，进而促进文旅消费与日常起居、公共社群、街区空间、城市更新、乡村生态等有机融合，创造居民和游客共享、生活和创业融合的文化空间。

"产融结合，联动发展"，创造生动的文化生活体验。要利用北京执行新一轮城市规划的契机，将文化经济带、文化生活圈塑造成为文化氛围良好、文化环境优越、文旅消费活跃的发展空间。在长

城文化带、运河文化带、西山文化带建设中，实现文旅消费线性串联和渐进式升级，在胡同更新、旧厂房改造、非首都功能空间腾退中，实现文旅消费的植入式营造和嵌入式更新，通过消费结构升级带动居民消费潜力有序释放，通过城市功能拓展拉动京津冀文旅消费一体化，以文旅消费为"美好生活"的实现加速。

（三）注重消费引导培育，培育持续的夜间文旅消费习惯

2016 年，北京市人均教育文化娱乐消费支出达到 3687 元，占消费支出总数的比重首次超过 10.0%，达到 10.6%，高于全国文旅消费支出占比 7.5% 的平均水平。

围绕消费意愿加强文旅消费的引导和培育。把握文化产业的特征规律，搭建覆盖北京城乡居民并向京津冀辐射的文旅消费服务平台，吸纳文化企业广泛参与平台建设，通过文化产业与旅游、信息、制造、建筑、体育、休闲、会展、商贸、零售等文旅消费形态的深度融合，创造新消费形态，创造北京文化产业新供给。通过优秀传统文化与科技、创意、资本、市场、人才、品牌、渠道等相关消费要素的跨界融合，创造新的生活方式，开辟北京文化生活新体验。

围绕文旅消费相关领域进行协同优化。要加强北京优秀传统文化和优势传统资源的整合，创造文化交流展示、文化博览交易、文化开放共享的全息体验平台、科技阐发平台和嵌入生长平台，更好地满足当前消费习惯和消费追求下城乡居民对美好生活的新期待。还要将文旅消费与文化产业、公共文化服务体系建设结合起来，以公共文化服务满足居民的基本文旅消费，保障居民基本的文化权益；以文化产业满足居民多样化、个性化的文旅消费，提供更高品质的文化享受，以文旅消费与城市发展融合，与居民生活融合，与首都构建高精尖产业结构体系融合，发挥消费升级对改进文化产业产品结构和优化服务形态的作用，提升北京整体文化竞争力。

（四）加强夜间经济治理，打造 24 小时美好生活体验高地

有数据表明，在我国，文旅消费的潜在市场规模与实际规模之间存在着 3.7 万亿元的消费缺口；在人均 GDP 同等水平下，我国文旅消费规模也仅为发达国家的三分之一左右。这既说明我国的文旅消费拥有巨大的发展空间，也反映出我国在文旅消费的有效供给和精准供给方面存在不足。

加强文旅消费理论引导，发挥统计数据的科学性。目前，国内对文旅消费的系统统计和科学监测尚处于"空窗"阶段。作为首善之区，北京有必要将文旅消费列为经济运行的重要衡量指标，在全国率先建立起文旅消费统计监测体系，加强统计、监测、考核。该体系应围绕北京建设"全国文化中心"的城市战略定位和"一核一城三带两区"文化中心建设总体框架，建立健全展现北京"全国文化中心"各项建设的统计指标，全面反映、监测、评价北京"全国文化中心建设"进程。从统计制度和统计方法上完善对文化创意产业的监测评价分析，完善文创功能区、文旅消费、文创投资统计监测制度。

加强文旅消费试点实验，完善和创新文化管理方式。这就要求北京市文旅消费工作必须处理好"看得见的手"和"看不见的手"之间的关系，实现社会效益优化和文化资源配置效率升级，统筹推进体制机制和政策体系的系统性优化，着力加强供给侧结构性改革，以更加完善的体制机制引导和规范文化市场的主体行为，推动形成节约、理性、绿色、健康的现代生产消费方式，努力构建新消费引领新投资、形成新供给新动力的良好环境和长效机制。

未来，北京市需要实施更加积极主动的开放战略，更好利用全球文化要素和世界文化市场，推动文化产业创新驱动和文旅消费结构升级，满足文化日益多元、文旅消费日趋追求高质量的消费需求，为把北京建设成为社会主义物质文明与精神文明协调发展，传

统文化和现代文明交相辉映，历史文脉与时尚创意相得益彰，具有高度包容性和亲和力，充满人文关怀、人文风采和文化魅力的中国特色社会主义先进文化之都，进行创新探索和不懈努力，为全国作出文化样板和发展示范。

参考文献

一、中文著作

［1］［美］爱德华·格莱泽：《城市的胜利》，刘润泉译，上海社会科学院出版社 2012 年版。

［2］［加］贝淡宁：《城市的精神》，重庆出版社 2012 年版。

［3］［美］丹尼尔·贝尔：《后工业社会的来临》，新华出版社 1997 年版。

［4］［加］丹尼尔·亚伦·西尔、［美］特里·尼科尔斯·克拉克：《场景：空间品质如何塑造社会生活》，祁述裕、吴军译，社会科学文献出版社 2019 年版。

［5］费孝通：《乡土中国》，北京大学出版社 2012 年版。

［6］国家统计局：《中国统计年鉴（2019）》，中国统计出版社 2019 年版。

［7］侯亚非、张展新：《流动人口的城市融入：个人、家庭、社区透视和制度变迁研究》，中国经济出版社 2010 年版。

［8］［美］霍利斯·钱纳里等：《发展的型式：1950—1970》，李新华等译，经济科学出版社 1988 年版。

［9］［加］简·雅各布斯：《美国大城市的死与生》，金衡山译，译林出版社 2006 年版。

［10］［美］理查德·佛罗里达：《创意阶层的崛起》，司徒爱勤译，中信出版社 2010 年版。

［11］［美］理查德·佛罗里达：《新城市危机：不平等与正在消失的中产阶级》，吴楠译，中信出版社 2019 年版。

［12］廉思编：《蚁族：大学毕业生聚居村实录》，广西师范大学出版社 2009 年版。

［13］［美］刘易斯·芒福德：《城市文化》，宋俊岭等译，中国建筑工业出版社 2009 年版。

［14］李毅：《社会学概论》，暨南大学出版社 2011 年版。

［15］《马克思恩格斯文集》第 8 卷，人民出版社 2009 年版。

［16］［德］马克思：《资本论》，郭大力等译，上海三联书店 2009 年版。

［17］［德］马克斯·韦伯：《经济与社会》，阎克文译，上海人民出版社 2010 年版。

［18］［加］托马斯·A.赫顿：《城市与文化经济》，张道根、于信汇译，上海社会科学院出版社 2018 年版。

［19］吴军：《文化舒适物：地方质量如何影响城市发展》，人民出版社 2019 年版。

［20］尹志刚、洪小良等：《北京市流动人口移民倾向和行为研究》，北京出版社 2008 年版。

［21］郑也夫：《后物欲时代的来临》，上海人民出版社 2007 年版。

二、中文论文

［1］《人口研究》编辑部：《特大城市如何调控人口规模》，《人口研究》2011 年第 1 期。

［2］陈波、耿达：《城镇化加速期我国农村文化建设：空心化、格式化与动力机制——来自 27 省（市、区）147 个行政村的调查》，《中国软科学》2014 年第 7 期。

［3］陈波、李婷婷：《城镇化加速期我国农村公共文化空间再造：理论与模式构建》，《艺术百家》2015 年第 6 期。

［4］陈敏：《基于 3T 理论的城市创意产业发展路径研究》，《经济问题》2010 年第 4 期。

［5］陈胜、马凌：《高素质人才的城市舒适物偏好及其就业城市选择——以信息产业中的科技人才为例》，《人文杂志》2014年第9期。

［6］陈旭峰、钱民辉：《社会融入状况对社区文化参与的影响研究——两代农民工的比较》，《人口与发展》2012年第1期。

［7］陈旭峰：《社会经济地位对农民文化参与的影响研究——"上楼农民"与"居村农民"的比较》，《浙江社会科学》2012年第11期。

［8］崔艳天：《场景理论视角下艺术区创新活力机制研究》，《中国文化产业评论》2019年第1期。

［9］褚岚翔、黄丽：《影响文化创意产业园区空间分布的地理区位因素分析——以上海为例》，《现代城市研究》2019年第1期。

［10］［美］丹尼尔·亚伦·西尔、特里·尼科尔斯·克拉克：《回归土地，落入场景——场景如何促进经济发展》，马透莲译，《东岳论丛》2017年第7期。

［11］范为：《城市文化场景的构建机制研究——以加拿大多伦多市为例》，《行政管理改革》2020年第5期。

［12］方创琳、马海涛、王振波、李广东：《中国创新型城市建设的综合评估与空间格局分异》，《地理学报》2014年第4期。

［13］方坤：《重塑文化空间：公共文化服务建设的空间转向》，《云南行政学院学报》2015年第6期。

［14］傅才武：《当代公共文化服务体系建设与传统文化事业体系的转型》，《江汉论坛》2012年第1期。

［15］傅才武：《国家文化消费试点城市政策思路与实践模式探索》，《人文天下》2017年第9期。

［16］郭万超、马明：《京津冀文化产业协同发展的路径选择》，《中国文化报》2015年7月25日。

［17］郭嘉、卢佳华：《城市法中的亚场景构建：一项关于北京后海酒吧街的民谣音乐文化的研究》，《中国文化产业评论》2019年第10期。

［18］眭谦、毛万熙：《场景理论视角下老工业基地区域品牌识别系统

构建》,《城市管理与科技》2016 年第 2 期。

［19］何兰萍:《关于重构农村公共文化生活空间的思考》,《学习与实践》2007 年第 11 期。

［20］何立华、杨崇琪:《城市居民住房满意度及其影响因素》,《公共管理学报》2011 年第 2 期。

［21］洪小良:《城市农民工的家庭迁移行为及影响因素研究——以北京市为例》,《中国人口科学》2007 年第 6 期。

［22］胡惠林:《关于文化产业发展若干问题的思考》,《华中师范大学学报》(人文社会科学版)2016 年第 6 期。

［23］胡惠林:《文化资本:现代文化产业和谐发展的能源形态》,《探索与争鸣》2007 年第 1 期。

［24］胡税根、李倩:《我国公共文化服务政策发展研究》,《华中师范大学学报》(人文社会科学版)2015 年第 2 期。

［25］胡小武:《创意经济时代与城市新机遇》,《城市问题》2006 年第 5 期。

［26］黄茹、梁绮君、吕拉昌:《城市人口结构与创新能力的关系——基于中国城市的实证分析》,《城市发展研究》2014 年第 9 期。

［27］季小立、洪银兴:《后金融危机阶段人才集聚启动创新型经济的机理》,《学术界》2012 年第 10 期。

［28］季小立、浦玉忠:《产业创新背景下区域人才集聚效应及管理跟进——以江苏为例》,《现代经济探讨》2017 年第 4 期。

［29］蒋雁、吴克烈:《基于因子分析的创意产业区影响因素模型研究——以杭州四大创意产业区为例》,《上海经济研究》2009 年第 1 期。

［30］金元浦、刘敏:《2014 北京市文化消费指数实证调查与分析》,《文化产业导刊》2014 年第 10 期。

［31］李明超:《创意城市与英国创意产业的兴起》,《公共管理学报》2008 年第 4 期。

［32］李明彧、张辉:《北京市文化创意产业的区域性比较研究——基

于与国内外重点城市的比较》,《天津师范大学学报》(社会科学版)2015年第6期。

[33]李强、陈宇琳、刘精明:《中国城镇化"推进模式"研究》,《中国社会科学》2012年第7期。

[34]李强:《影响中国城乡流动人口的推力与拉力因素分析》,《中国社会科学》2003年第5期。

[35]李永周:《消费文化、消费政策与扩大内需》,《消费经济》2000年第2期。

[36]李惠芬、叶南客:《基于场景理论的区域文化消费差异化研究》,《南京社会科学》2017年第9期。

[37]林聚任、申丛丛:《后现代理论与社会空间理论的耦合和创新》,《社会学评论》2019年第5期。

[38]刘瑞波、边志强:《科技人才社会生态环境评价体系研究》,《中国人口资源与环境》2014年第7期。

[39]马凌、李丽梅、朱竑:《中国城市舒适物评价指标体系构建与实证》,《地理学报》2018年第4期。

[40]马凌:《城市舒适物视角下的城市发展:一个新的研究范式和政策框架》,《山东社会科学》2015年第2期。

[41]马树华:《公共文化服务体系与城市文化空间拓展》,《福建论坛》(人文社会科学版)2010年第6期。

[42]马永强:《重建乡村公共文化空间的意义与实现途径》,《甘肃社会科学》2011年第3期。

[43]马仲良、潘银苗、赫军、鹿春江:《国外大城市调控人口的对策与措施研究》,《城市管理与科技》2007年第5期。

[44]宁吉喆:《中国经济运行呈现十大亮点》,《宏观经济管理》2020年第3期。

[45]牛文浩:《经济伦理话语体系中我国农村居民消费不足问题研究》,《河北科技大学学报》(社会科学版)2012年第3期。

［46］齐骥：《文化产业促生经济增长新动力研究》，《山东大学学报》（哲学社会科学版）2017 年第 3 期。

［47］祁述裕、吴军：《文化场景视角下中关村创业大街发展动力探索》，《艺术百家》2017 年第 4 期。

［48］祁述裕：《建设场景，培育城市发展内生动力：以生活文化设施为视角》，《东岳论丛》2017 年第 1 期。

［49］沈映春、贾雨洁：《京津冀一体化过程中区域产业与人才结构协调适配度研究》，《税务与经济》2019 年第 4 期。

［50］苏楚、杜宽旗：《创新驱动背景下 R&D 人才集聚影响因素及其空间溢出效应——以江苏省为例》，《科技管理研究》第 2018 年第 24 期。

［51］苏倩：《浅析国内外创新型城市建设的典型经验及借鉴》，《时代经贸》2013 年第 17 期。

［52］唐朝永、牛冲槐：《协同创新网络、人才集聚效应与创新绩效关系研究》，《科技进步与对策》2017 年第 3 期。

［53］陶雪飞：《城市科技创新综合能力评价指标体系及实证研究》，《经济地理》2013 年第 10 期。

［54］陶艺军、杜鹃：《北京市民公共文化参与和需求调查分析》，《调研世界》2012 年第 10 期。

［55］［美］特里·N. 克拉克、理查德·劳埃德：《生活文化设施驱动城市增长发展：一种新的范式和关联政策》，吴军、马文君译，《中国名城》2016 年第 12 期。

［56］［美］特里·N. 克拉克：《一起卡拉 OKVS. 独自打保龄球：西方规则转为发展与民主驱动力的场景诠释》，吴军译，《社会学评论》2015 年第 6 期。

［57］［美］特里·N. 克拉克：《场景理论的概念与分析：多国研究对中国的启示》，李鹭译，《东岳论丛》2017 年第 1 期。

［58］田卉、齐骥：《文化惠民让百姓共享文化"盛宴"》，《光明日报》2019 年 2 月 15 日。

［59］童蕊、李新亮：《基于舒适物理论的高新技术开发区人才政策体系分析》，《江汉大学学报》（社会科学版）2015 年第 4 期。

［60］汪群、董叶斓：《长三角创意阶层集聚的影响因素研究》，《现代经济探讨》2020 年第 6 期。

［61］王宁：《地方消费主义、城市舒适物与产业结构优化》，《社会学研究》2014 年第 4 期。

［62］王宁：《劳动力迁移动机的三个理论视角及其整合》，《广西民族大学学报》（哲学社会科学版）2016 年第 1 期。

［63］王宁：《消费流动：人才流动的又一动因——“地理流动与社会流动”的理论探究之一》，《学术研究》2014 年第 10 期。

［64］王晴：《论图书馆作为公共文化空间的价值特征及优化策略》，《图书馆建设》2013 年第 2 期。

［65］文嫭、胡兵：《中国省域文化创意产业发展影响因素的空间计量研究》，《经济地理》2014 年第 2 期。

［66］吴军：《场景理论：利用文化因素推动城市发展研究的新视角》，《湖南社会科学》2017 年第 2 期。

［67］吴军：《场景理论与城市公共政策——芝加哥学派城市研究最新动态》，《社会科学战线》2014 年第 1 期。

［68］吴军：《城市社会学研究前沿：场景理论述评》，《社会学评论》2014 年第 2 期。

［69］吴军：《大城市发展的新行动战略：消费城市》，《学术界》2014 年第 2 期。

［70］吴军、夏建中：《国外社会资本理论：历史脉络与前沿动态》，《学术界》2012 年第 8 期。

［71］吴军：《流动的逻辑：解读创新创业者大城市聚集动力》，《城市发展研究》2016 年第 8 期。

［72］吴军：《市民参与的文化转向——城市公共政策国际理论前沿》，《社会科学战线》2015 年第 5 期。

［73］吴军：《文化动力：一种解释城市发展与转型的新思维》，《北京行政学院学报》2015 年第 4 期。

［74］吴志明、马秀莲、吴军：《文化增长机器：后工业城市与社区发展的路径探索》，《东岳论丛》2017 年第 7 期。

［75］吴理财、邓佳斌：《公共文化参与的偏好与思考——对城乡四类社区的考察》，《中华文化论坛》2014 年第 8 期。

［76］吴理财、夏国锋：《农民的文化生活兴衰与重建——以安徽省为例》，《中国农村观察》2007 年第 2 期。

［77］吴良镛、吴唯佳、武廷海：《论世界与中国城市化的大趋势和江苏省城市化道路》，《科技导报》2003 年第 9 期。

［78］吴秋晴：《生活圈构建视角下特大城市社区动态规划探索》，《上海城市规划》2015 年第 4 期。

［79］吴志明、马秀莲：《流动的三种文化逻辑：解读高校毕业生大城市聚集》，《中国青年研究》2015 年第 10 期。

［80］吴志明、马秀莲：《文化转向：大学毕业生城市流动的新逻辑》，《当代青年研究》2015 年第 1 期。

［81］吴志攀：《"大众创业、万众创新"的局面何以形成？——对北京大学部分青年校友创业情况的观察与初步分析》，《北京大学学报》（哲学社会科学版）2015 年第 3 期。

［82］向勇、张相林：《文化创意人才现状与开发对策》，《中国人才》2008 年第 1 期。

［83］向勇：《创意创业家精神：文化产业管理专业人才培养的探索》，《中国大学教学》2017 年第 10 期。

［84］肖希明：《图书馆作为公共文化空间的价值》，《图书馆论坛》2011 年第 6 期。

［85］肖作鹏、柴彦威、张艳：《国内外生活圈规划研究与规划实践进展述评》，《规划师》2014 年第 10 期。

［86］谢志岿、李卓：《移民文化精神与新兴城市发展：基于深圳经

验》，《深圳大学学报》（人文社会科学版）2017 年第 5 期。

[87] 徐彬、吴茜：《人才集聚、创新驱动与经济增长》，《软科学》2019 年第 1 期。

[88] 徐雅琴：《从设施到场景：城市更新的文化策略——基于 Z 省 P 市的个案研究》，《浙江树人大学学报》2019 年第 1 期。

[89] 许诺、吕拉昌、黄茹、胡海鹏：《中国城市人口迁移和创新》，《地域研究与开发》2016 年第 2 期。

[90] 杨开忠：《构建"美丽生活圈域"》，《领导科学》2017 年第 34 期。

[91] 叶晓倩、陈伟：《我国城市对科技创新人才的综合吸引力研究——基于舒适物理论的评价指标体系构建与实证》，《科学研究》2019 年第 8 期。

[92] 易林、史海涛：《打造社会资本：自我表达价值观时代的藏族自主创业者》，《西北民族研究》2019 年第 2 期。

[93] 尹德挺、陆杰华、忽新泰、向玮：《影响流动人口流动间隔的社会经济因素分析：以深圳为例》，《南方人口》2005 年第 1 期。

[94] 尤建新、卢超、郑海鳌、陈震：《创新型城市建设模式分析——以上海和深圳为例》，《中国软科学》2011 年第 7 期。

[95] 游丽诗：《从呼吁公众参与到以公众为核心：历史保护的一种新视角——评〈集体记忆、公众历史与城市景观——多伦多市肯辛顿街区的世纪变迁〉》，《都市文化研究》2019 年第 2 期。

[96] 余丽蓉：《城市转型更新背景下的城市文化空间创新策略探究——基于场景理论的视角》，《湖北社会科学》2019 年第 11 期。

[97] 翟振武、段成荣、毕秋灵：《北京市流动人口的最新状况与分析》，《人口研究》2007 年第 2 期。

[98] 詹绍文、王敏、王晓飞：《文化产业集群要素特征、成长路径及案例分析——以场景理论为视角》，《江汉学术》2020 年第 1 期。

[99] 张鸿雁：《中国新型城镇化战略面临的十大难题及对策创新》，

《探索与争鸣》2013 年第 11 期。

［100］张继焦：《"自上而下"的视角：对城市竞争力、老商街、老字号的分析》，《广西民族大学学报》（哲学社会科学版）2015 年第 2 期。

［101］张佳宁、李立勋：《珠三角人才空间分布格局演变与影响因素》，《中山大学学报》（自然科学版）2020 年第 2 期。

［102］张庭伟：《1990 年代中国城市空间结构的变化及其动力机制》，《城市规划》2001 年第 7 期。

［103］张小莉、邓佳斌：《农村公共文化参与：式微与重构》，《求实》2015 年第 1 期。

［104］张子霄、吕晨：《京津冀城市群与波士华城市群空间结构对比分析》，《湖北社会科学》2018 年第 11 期。

［105］赵海霞、郑晓明：《工作使命感研究现状与展望》，《经济管理》2013 年第 10 期。

［106］赵建吉、曾刚：《创新的空间测度：数据与指标》，《经济地理》2009 年第 8 期。

［107］郑姝莉：《制度舒适物与高新技术人才竞争——基于人才吸引策略的分析》，《人文杂志》2014 年第 9 期。

［108］郑霞：《政策视角下小微企业融资机制创新研究》，《中央财经大学学报》2015 年第 1 期。

［109］周京奎：《城市舒适性与住宅价格、工资波动的区域性差异——对 1999—2006 中国城市面板数据的实证分析》，《财经研究》2009 年第 9 期。

［110］周佳：《场景理论视角下城市商业文化对城镇居民消费的影响研究》，《商业经济研究》2018 年第 15 期。

［111］朱一荣：《韩国住区规划的发展及其启示》，《国际城市规划》2009 年第 5 期。

［112］左学金、王红霞：《大都市创新与人口发展的国际比较——以纽约、东京、伦敦、上海为案例的研究》，《社会科学》2009 年第 2 期。

三、英文著作

[1] Andersson and Ch Mellander, "Analysing creative cities", *Handbook of creative cities*, Edward Elgar Publishing Limitied, 2011.

[2] Castells, *The informational City*, Oxford: Blackwell, 1989.

[3] Clark, T. N., *The Theory of Scenes*, University of Chicago Press, 2013.

[4] Clark, Terry, *The City as an Entertainment Machine*, Amsterdam, *Netherlands*; *Boston*, MA: Jai/Elsevier, 2010.

[5] Daniel Aaron Silver and Terry Nichols Clark, *Scenescapes: How Qualities of Place Shape Social Life*, The University of Chicago Press, 2016.

[6] Daniel Bell, *The Coming of Post-Industrial Society*, Basic Books, 1973.

[7] Edward Glaser, *The Future of urban research: nonmarket interactions*, Brookings—Wharton Papers on Urban Affairs, 2000.

[8] Glaeser, E. L., *The new economics of urban and regional growth*, The Oxford handbook of economic geography, 2001.

[9] John Urry, *Consuming Places*, London: Routledge. 1995.

[10] Peter Drucker, *The Age of Discontinuity*, New York: Harper Collins, 1969.

[11] Simmel, *The Metropolis and Mental Life*, On Individuality and Social Forms, (Selected Writings) Edited by Donald N. Levine, The University of Chicago Press, 1971.

[12] Terry Clark and Daniel Silver, *The Theory of Scenes*, Press of University of Chicago, 2013.

[13] Terry Clark and Vincent Hoffmann-Martinot, *The New Political Culture*, Westview Press, 1996.

[14] Terry Nichols Clark, *The City as an Entertainment Machine*, Rowman

& Littlefield Publishers, 2010.

四、英文期刊

[1] Argent, Neil, Matthew Tonts, Roy Jones and John Holmes, " A creativity-led rural renaissance? Amenity-led migration, the creative turn and the uneven development of rural Australia", *Applied Geography*, 44, 2013.

[2] Audretsch, David B. and Talat Mahmood, "Firm selection and industry evolution: the post-entry performance of new firms", *Journal of Evolutionary Economics*, 1994.

[3] Banks, Mark, Andy Lovatt, Justin O'Connor and Carlo Raffo, "Risk and trust in the cultural industries", *Geoforum*, 2000.

[4] Basant, Rakesh and Pankaj Chandra, "Role of Educational and R&D Institutions in City Clusters: An Exploratory Study of Bangalore and Pune Regions in India", *World Development*, 2006.

[5] Berry, "Geographic perspectives on urban systems: with integrated readings", *Prentice Hall*, 1970.

[6] Bettencourt, Luis, José Lobo and Deborah Strumsky, "Invention in the city: Increasing returns to patenting as a scaling function of metropolitan size", *Research Policy*, 2006.

[7] Chuluunbaatar, Enkhbold, Ottavia, Ding-Bang and Luh, Shiann-Far Kung, "The Role of Cluster and Social Capital in Cultural and Creative Industries Development", *Procedia-Social and Behavioral Sciences*, 2014.

[8] Clark, T. N., Lloyd, R., Wong, K. K., et al., "Amenities drive urban growth: A new paradigm and policy linkages, the city as an entertainment machine", *Research in Urban Policy*, 2004,

[9] Clark, T. N., Lloyd, R., Wong, K. K. and Jain, P., "Amenities drive urban growth", *Journal of urban affairs*, 2002.

[10] Clark, Terry, "Amenities Drive Urban Growth", *Journal of Urban*

Affairs, 2002.

[11] Cohen, Floris and Mokyr, J., "The Gifts of Athena—Historical Origins of the Knowledge Economy", *Journal of Economics*, 2004.

[12] Dora Costa and Matthew Kahn, "Power Couples: Changes in the Locational Choice of the College Educated, 1940–1990", *National Bureau of Economic Research*, Working Paper, No. 7109, May 1999.

[13] Dörry, Sabine, MaritRosol and Fee Thissen, "The significance of creative industry policy narratives for Zurich's transformation toward a post-industrial city", *Cities 58*, 2016.

[14] Drinkwater, Bahar and Stephen Platt, "Urban development process and creative clustering: The film industry in Soho and Beyoglu", *Urban Design International*, 2016.

[15] Edward Glaeser, Jed Kolko and Albert Saiz, "Consumer and Cities", *Research in Urban Policy*, 2003.

[16] Feser, E., Renski, H. and Goldstein, H., "Clusters and Economic Development Outcomes: An Analysis of the Link Between Clustering and Industry Growth", *Economic Development Quarterly*, 2008.

[17] Fleming, "Recombinant uncertainty in technological search", *Management Science*, 2001.

[18] Florida, R., "Bohemia and economic geography", *Journal of Econometrics*, 2002.

[19] Florida, R., "Cities and the Creative Class", *City & Community*, 2003.

[20] Glaeser, E.L., et al., "Consumer city", *Journal of economic geography*, 2001.

[21] Glaeser, E. L., et al., "Economic growth in a cross-section of cities", *Journal of monetary economics*, 1995.

[22] Glaeser, E. L., Saiz, A., Burtless, G. and Strange, W. C., "The

rise of the skilled city [with comments]", *Brookings-Wharton Papers on Urban Affairs*, 2004.

[23] Glaeser, Edward, "The Urban Innovation Model", *Boston Globe*, 2013.

[24] Glaeser, E.L. and Kahn, M. E., "Sprawl and urban growth", *Harvard Institute of Economic Research*, 2003.

[25] Greenwood, Michael, J., Gary, L.Hunt, Dan S.Rickman and George I.Treyz.Migration, "regional equilibrium, and the estimation of compensating differentials", *The American Economic Review*, 1991.

[26] He, Shenjing and Jun Wang, "State-led creative/cultural city making and its contestations in East Asia: A multi-scalar analysis of the entrepreneurial state and the creative class", *Geoforum*, 2019.

[27] Hu, Yi-Chung, Jen-Hung Wang and Yu-Jui Huang, "Nurturing qualified personnel for ceramics industry", *Asia Pacific Management Review*, 2018.

[28] Hutton, Thomas, "Spatiality, Built Form, and Creative Industry Development in the Inner City", *Environment and Planning A*, 2006.

[29] Hutton, Thomas, "The New Economy of the inner city", *Cities*, Vol.21, 2004.

[30] John, "Quality of Life and Economic Development Policy", *Economic Review*, 1998.

[31] Kajornboon, Annabel Bhamani, "Using interviews as research instruments", *E-Journal for Research Teachers 2*, No.1, 2005.

[32] Laitinen, Osborne, M. and Stenvall, J., "Complex regional innovation networks and HEI engagement-the case of Chicago", *International Journal of Knowledge-Based Development*, 2016.

[33] Murphy, Fox-Rogers and Redmond, "Location decision making of creative industries: the media and computer game sectors in Dublin, Ireland",

Growth Chang, 2015.

[34] Nohara, Okamura, Y. and Kawahara, S., "Research for a comprehensive and active planning method in an industrial-residential mixed area-focused on ota creative town vision in ota ward", *Journal of the Malaysian Institute of Planners*, 2016.

[35] Ovidio and Alberto Cossu, "Culture is reclaiming the creative city: The case of Macao in Milan, Italy", *City, Culture and Society*, 2016.

[36] Paul Fussell, "Class: A Guide Through the American Status System", *Journal of Economic Sociology*, 1983.

[37] Paul, G.Residential Amenities, "Firm Location and Economic Development", *Urban Studies*, 1995.

[38] Potts, "Why creative industries matter to economic evolution", *Economics of Innovation and New Technology*, 2009.

[39] ReichRobert, B., "The Work of Nations", *challenge*, 1991.

[40] Richard Glaeser, Jed Kolko and Albert Saiz, "Consumer Cities", Cambridge: National Bureau of Economic Research, Working Paper No.7790. July 2000.

[41] Rodríguez-Gulías, María, Sara Fernández-López and David Rodeiro-Pazos, "Innovation in cultural and creative industries firms with an academic origin (CCI-USOs): The role of regional context", *Technovation*, 2018.

[42] Ling, S. and Martins, J. T., "Learning and innovation in network: Online communicative practices of a local enterprise partnership sector group", *Regional Studies, Regional Science*, 2015.

[43] Sasaki, Masayuki, "Urban regeneration through cultural creativity and social inclusion: Rethinking creative city theory through a Japanese case study", *Cities*, 2010.

[44] Shen, Jianfa, Lei Wang, "Urban Competitiveness and Migration in the YRD and PRD Regions of China in 2010", *China Review*, 2016.

［45］Ullman, "Amenities as a factor in Regional Growth", *Geographical Review*, 1954.

［46］Wenting, Atzema and Frenken, "Urban amenities and agglomeration economies? The locational behaviour and economic success of Dutch fashion design entrepreneurs", *Urban Stud*, 2011.

［47］Wojan, Lambert, M. D. and McGranahan, A.D., "Emoting with their feet: Bohemian attraction to creative milieu", *Journal of Economic Geography*, 2007.

［48］Wonho Jang, Terry Nichols Clark and Miree Byun, "Scenes Dynamics in Global Cities: Seoul, Tokyo and Chicago", *Seoul Development Institute*, 2011.

［49］Wu, Cary, "Moving from Urban Sociology to the Sociology of the City", *The American Sociologist*, 2015.

后 记

深刻理解城市、准确把握城市发展规律是开展一切城市工作的基础和前提。城市发展到今天，历经农耕文明、工业文明和知识经济时代（有学者称其为：后工业社会或信息社会）三个阶段，不同阶段的营城逻辑各有侧重，从古人营城对军事、政治和宗教的强调，到工业时代对产业营城的重视，再到今天的以生活质量为中心来营造城市。尽管不同地区、不同专业和不同历史背景下的研究者对"如何驱动城市发展"的诠释不同，但越来越多的研究者会在学术争论中达成一些共识。本书对于创意阶层等创新性人力资本的研究将加入到这种学术讨论之中。本书希望给读者提供一种新的视角，理解知识经济时代下的城市发展的逻辑。

本书包括 12 章，具体分工如下：第一章（吴军）、第二章（吴军、郑昊）、第三章（吴军）、第四章（吴军）、第五章（吴军、张娇）、第六章（吴军）、第七章（吴军、郑昊）、第八章（齐骥）、第九章（吴军、刘柯瑾）、第十章（齐骥、亓冉）、第十一章（吴军、郑昊）、第十二章（齐骥、亓冉）。由于这是一个全新的城市研究领域，我们的水平有限，本书内容难免存在不足，敬请学界同行提出修正意见。

感谢人民出版社曹利女士对书稿做了耐心、细致的编辑工作。感谢单位领导和同事们的指导与帮助。感谢家人们的支持。

城市研究系列丛书

《文化动力 —— 一种城市发展新思维》，吴军、[美] 特里·N. 克拉克 等著，人民出版社 2016 年版。

《文化舒适物 —— 地方质量如何影响城市发展》，吴军著，人民出版社 2019 年版。

《场景：空间品质如何塑造社会生活》，[美] 丹尼尔·西尔、[美] 特里·N. 克拉克 著，祁述裕、吴军 等译，社会科学文献出版社 2019 年版。

《创意阶层与城市发展：以场景、创新、消费为视角》，吴军、齐骥 著，人民出版社 2022 年版。

《大都市社会治理创新：组织、社区与城市更新》，吴军、营立成、王雪梅 著，人民出版社 2022 年版。